五育融合·中医药文化进校园

孙 强 著

内容提要

本书基于中医药文化与教育五育融合的时代背景与理论基础，分别探讨上海中医药大学附属闵行晶城中学中医药文化与德育、智育、体育、美育和劳动教育融合的实践探索，全面展示学校在实践中取得的显著成效。本书将理论与实践相结合，强调指导性与操作性相统一，适合相关教育理论工作者、中小学教师、家长，以及对中医药文化教育感兴趣的读者阅读。

图书在版编目(CIP)数据

五育融合·中医药文化进校园/孙强著. —上海：上海交通大学出版社，2024.5

ISBN 978-7-313-30539-8

Ⅰ.①五… Ⅱ.①孙… Ⅲ.①中国医药学—文化—中学—教材 Ⅳ.①G634.981

中国国家版本馆 CIP 数据核字(2024)第 066621 号

五育融合·中医药文化进校园
WUYU RONGHE·ZHONGYIYAO WENHUA JIN XIAOYUAN

著　　者：孙　强
出版发行：上海交通大学出版社　　地　　址：上海市番禺路 951 号
邮政编码：200030　　电　　话：021-64071208
印　　制：上海新华印刷有限公司　　经　　销：全国新华书店
开　　本：710mm×1000mm　1/16　　印　　张：14.25
字　　数：287 千字
版　　次：2024 年 5 月第 1 版　　印　　次：2024 年 5 月第 1 次印刷
书　　号：ISBN 978-7-313-30539-8
定　　价：68.00 元

序

孙强是我在上海市中小学骨干教师德育实训基地的学生，在众多学生中，他是我很喜欢的一位。我喜欢他的韧劲。我知道，作为上海中医药大学附属闵行晶城中学（以下简称晶城中学）的校长，他在中医药文化融入学校的各项工作中，做了奠基和开掘的工作。去年春节前，他告诉我他在写一本书，想请我写个序，我爽快地答应了。

晶城中学是一所以中医药文化为载体、融合各项改革、促进学生德智体美劳全面发展的学校。学校自创办至今才七年，很年轻。可贵的是，它已经做出了名气。

校长的成熟领导力，表现在校长有足够的勇气和谦逊的态度，能够找到学校前进的方向。孙强和他的班子，为什么选择将中医药文化融入学校教育呢？首先，学校脱胎于上海中医药大学，它在全国同类型大学中享有声望。利用中医药教育的资源，确立中医药办学特色，是晶城中学的自觉选择，也是全校教师努力的方向。其次，选择了中医药文化，就是选择了传承中华优秀传统文化，因此晶城中学选择了自己的定位和目标：以中医药特色创建为主线，以弘扬中华传统文化为己任，建设一所个性化、现代化、国际化的中学。最后，将五育融合①与中医药文化教育结合起来，必须有自己的哲学思想与理念。而晶城中学的办学理念"天人合一，情理相融"，校训"尚善求真"，价值取向"大爱精诚，大美晶城"，办学愿景"让学校成为我们终生留恋的地方"，皆已成体系。

要推动学校前进，孙强还有一个很重要的教育思想，即"三主体"（即教师、学生、家长）思想，好教育就是好关系，学校非常重视教师、学生和家长的互动与合作，打造家、校、社的"同心圆"，力求让家庭、学校、社区之间能够优势互补、资源共享，形成有效的教育合力。

通读整本书，我发现孙强读书很多，范围也很广泛。他首先碰到的问题是：他要做这件事，必须把做这件事的理论基础讲清楚。他讲了四点：

其一，从马克思主义关于人的全面发展的学说中得到启示。五育融合作为一种育人方式，是在实践中生成的一种教育智慧，其生存符合时代的逻辑价值。在马克思

---

① 五育融合中的"五育"分别指德育、智育、体育、美育、劳动教育。

主义关于人的全面发展的思想中,人的全面发展,不仅是人的体力劳动与智力发展,也是思想、情感、道德的充分发展,是人与社会的协调、统一和全面发展。

其二,从杜威“从做中学”教育思想中得到启示。学生“从做中学”,可以全身心投入自己感兴趣的活动,从而提高自己发现问题、探索问题、解决问题的能力,使自己的创造性思维得到培养。

其三,从陶行知教育思想中得到启示。陶行知曾提出“生活即教育”“社会即学校”“教学做合一”等思想。这些思想,既适合当时的中国国情,也符合当今现代教育的潮流。

其四,从文化传承和认同理论中找到了价值与意义。文化传承本质上是一种继承与发展的过程,它与教育相互依存、相互促进;文化认同指向人的社会属性和文化属性,一般而言,它是稳定的,但有时也具有可变性。即是说,它本质上是对特定文化理念、思维方式和行为规范的选择与认同,体现了人的一定的价值取向和价值观。

本书的主体部分叙述中医药文化如何融入“五育”之中。由于内容过于庞大,不可能面面俱到、一一列举。我选择了两例。

第一,讲讲以“医”润德。

学校在德育工作中追求“情”与“理”的融合,将传统素养、爱国情怀的“情”与国际视野、科学精神的“理”两相贯通,培养一批人格尚善求真、潜能得到发展、社会视野开阔、学习能力突出,并且能自觉传承民族文化的个性化、创新型学生。

怎样加以贯彻呢?孙强在做顶层设计时,就内容而言,从四个方面切入:①让学生从学生时代起就懂得“以人为本,救世济民”的价值追求,培养关心社会民生和体恤人民疾苦的社会责任感。②培养学生有“修炼医心仁爱,重义轻利”的道德情操,有“扶危济困,医治苍生”的善举和仁心。③培养学生有“上下求索,大医精诚”的科学精神,让学生懂得做人的基本修养和准则。④培养学生有“厚植文化自信,赤心报国”的爱国情怀。

孙强认为,在德育的方法论上,也可以以“医”润德,在中医的“施治”过程中,汲取学校德育的养料。①“立足整体,辨证施治。”中医往往通过“望、闻、问、切”来诊断病人病诊,然后有针对性地加以施治。这一方法,对学校德育富有启示。②“以人为本,三因制宜。”中医治病讲究“三因制宜”,即因人制宜、因地制宜、因时制宜。这一思想,体现了“人本主义”精神。它恰恰也是学校德育的精髓:学校德育必须坚持“以学生为本”,尊重学生需求,发挥学生的主体性。③“防治结合,预防为主。”古人早有“治未病”的思想,即“未病先防,既病防变,病好防复”。对学校德育而言,要把握学生身心发展的规律,及时掌握各阶段、各年龄学生的状况,以预防学生成长过程中可能出现的各种问题。

在整体的德育推进上,学校做了三方面的探索实践。

其一,努力建设中医药校园文化,在优雅的环境中熏陶、感染师生性情。比如:每逢校园节日，会换上相应颜色的校标，让学生感受到大自然生生不息的生机与活力；根据中草药的名称和特点，命名学校建筑，教学楼称为“远志楼”，综合楼称为“厚朴楼”，体育馆称为“凌霄楼”，实验楼称为“佩兰楼”。这类命名，既醒目，又让学生欣喜，更蕴含育人价值；学校还用历代中医名家的画像和事迹，打造学校的围墙与走廊，让学生耳濡目染。

其二，着力推进中医药大思政课，在各类活动中润心立德。晶城中学德育的一个特点，就是活动非常多。粗略统计，有主题班会、团队活动、社会考察、职业体验等15个活动大项，倘若再细分，会有几十种活动。以主题教育为例，就有好多种：在清明节期间，学校会组织学生开展“传承·清明英雄祭”活动；到了中秋节、端午节，又会开展形式多样的主题教育。学校举办的“传统文化节”也很多，涉及诗词、书法、青铜文化、五禽戏等。这些活动让师生和家长共同参与，厚植孩子的家国情怀。晶城中学有一项活动，“我和校长有个约会”，富有创意。通过这个“约会”，校长走近学生，了解学生，也将民主、平等、尊重、信任的情怀，根植于学生心中，增进了师生情感。教育家阿道尔夫·第斯多惠说：“教育艺术的本质不在于传授本领，而在于激励、唤醒和鼓舞。”孙强设计那么多活动，其意义就在于此。

其三，借鉴中医药的特色实践，实现在协同中立德树人。这方面的典型案例很多，比如：学校借鉴中医的“三因制宜”，探索和完善全员导师制；依托中医药大学的教师资源，开展了几十次讲座，不仅面向学校，还面向周围区域的师生、家长及社区居民，让大家在感受中医药文化博大精深的同时学到许多中医药知识；学校还开设了“家长课堂”，通过许多讲座，让家长更支持学校的各种做法，感悟到中医药文化所具有的生命智慧之美。

通过这些顶层设计和方法论的贯彻执行，晶城中学的德育形成了自己的特色。学校搭建了德育工作图谱。这个图谱主要围绕三句话，即：“一个中心”，以学生“全面发展与特色成长”为中心；“四个维度”，要培养学生“传统素养，科学精神，爱国情怀，国际视野”四个核心素养；“六个途径”，即德育通过“学科渗透、社团活动、生涯融合教育、社会实践、主题教育、校园节日”六个途径。其实，这些“目标”“内容”和“实施途径”，多数学校都在做。孙强的巧妙，就在于把它科学化和结构化，如此一来，立马使人眼睛一亮，颇有特色。

第二，讲讲以“医”蕴美。

孙强很清楚，美育能够培养学生的人文素质，促进学生对精神生活的追求，增强学生对身边美的感知，发现生活中的真善美，提升自身的艺术素养和美育特质。

在顶层设计上，孙强下了很大功夫，着力提升学生的审美能力和审美素养：①借助美育，养成学生的健全人格。美育不仅可以培养提高学生的审美能力，还可以使学生产生一种积极良好的心理状态，使人心情舒畅、身心放松。②美育能够促进学生追求美妙的精神生活。通过艺术活动，学生不仅能够增强自身艺术体质，培养良好行为习惯，更好地修身养性；还能在校园里，处处感受美、欣赏美、表现美、创造美。③美育可以进一步开发大脑潜能，激发创新性思维，调动思维能力和积极性。④美育是学生德育的有益补充，能够促进学生人格的塑造。

在校园里，怎样让学生处处感受美，又能处处体现美呢？孙强也是匠心独运，颇费心思。比如：学校整个建筑都呈灰白色调，呈现徽派风格，一眼望去，感觉特别质朴、厚重。学校用中医药名命名的四幢楼：远志楼、厚朴楼、凌霄楼、佩兰楼，让学生沉浸在浓重的中医药文化氛围中，品味其独特韵味。学校的校歌、校徽、校标也都以中医药文化符号为主题；教堂、走廊、艺术墙也都如此。学校的创新实验区，包括思邈馆、本草园、中草药种植园等，也是晶城中学独有的。学校的走廊文化区，专门宣传中医药名人故事、中药材的来龙去脉；还设置了休闲阅读区，专门布置二十四节气主题坊。在功能教室中，图书馆、美术教室、梦想剧场、书法教室等，都布置得古色古香、渗透传统文化元素，每个人身处其中，都能感受到浓浓中医药氛围。

可以看出，孙强对美育的设计理念就是要"传统与时尚并存，传承与创新并举"。晶城中学还有一些美育项目设计，与其他许多学校有雷同之处，不一一赘述了。

孙强和他的班子，在学校实践了七年，取得哪些成效呢？在书中，孙强没有对此进行着力描写，我只能搜罗书中信息，粗略归纳如下：①学校涌现了很多优秀的中医药创新作品，丰富了学生的学习生活，激发了学生了解和学习中医药文化的兴趣，提升了他们的健康素养，确立了文化自信。②学校形成了一支有一定国学素养与良好专业修养、视野高远的创新型教师队伍。③学校在科技类、体育类、艺术类比赛中捷报频传，师生荣获市区级奖项百余项。④学校用"课程中医"，融入初中基础课程，使中医药文化知识进校园，达到减负不增负的效果。全校学生，在整体观、系统论和辩证思维方面，打下了良好的哲学基础。⑤师生对于学校有强烈的归属感，社会对学校满意度较高。⑥在教学质量方面，晶城中学以中医药为内容的特色办学日益彰显，成为闵行教育一张亮丽名片。

信笔至此，我在想，一个富有经验、具有强大领导力的校长，他的最大才华在于能够始终清醒自知、高瞻远瞩，其最重要的能力是他不仅自己明确了一个目的地，还能使全校教职工知晓和认同这一目的地，并且带领大家一起出发，直至到达。

王厥轩

（上海市教委教研室原主任、教授）

目 录

第一章
探本溯源:中医药文化与教育五育融合的渊源与理论

上海中医药大学附属闵行晶城中学(以下简称晶城中学)于2017年正式开办,是一所较年轻的学校。创办之初,困难重重,但"精诚所至,金石为开",晶城中学始终怀揣一颗精诚之心,努力探索学校的发展之路。在探索实践过程中,学校结合自身办学的天然优势,主动担负起时代赋予的使命,以"中医药文化"为重要载体,积极弘扬中华优秀传统文化,做好具有中医药文化特色的顶层办学设计,提出"天人合一,情理相融"的办学理念,吹响"大爱精诚,大美晶城"的号角。在此过程中,学校逐渐形成系统的中医药文化融合教育模式,努力实现中医药文化教育与学生德智体美劳全面发展的"双赢"!

第一节　中医药文化与教育五育融合的时代背景

作为上海中医药大学的附属初中,晶城中学开展中医药文化与教育融合是发挥上海中医药大学自身优势的必然选择,是学校在国家大力发展中医药事业的形势下进行基础教育改革的重要举措,是响应传承与弘扬中华优秀传统文化的时代呼声的重要表现,也是五育融合视域下丰富中医药文化教育内涵品质的创新之举。

一、结合学校自身优势下的必然选择

上海中医药大学于1956年成立,是新中国诞生后国家首批建立的中医药高等院校之一,是教育部与地方政府"部市共建"的中医药院校,是国家首批世界一流学科建设高校,也是上海市重点建设的高水平大学。晶城中学作为上海中医药大学的附属初中,在建校之始,就与"中医药"结下了不解之缘,开展中医药文化与教育融合是学校发挥自身优势下的必然选择。

一方面,上海中医药大学拥有国内一流的中医药学科建设。上海中医药大学是教育部"人才培养模式创新实验区"和"特色专业点"建设高校,有中医学、中药学、中

西医结合 3 个一级学科及中医 1 个专业学位类别(领域)博士学位授权点,博士学位授予专业覆盖全部中医药学科。学校有中医外科学、中药学、中医内科学及中医骨伤科学 4 个国家重点学科,中医医史文献学、针灸推拿学 2 个国家重点学科(培育),38 个国家中医药管理局重点学科,4 个上海市高峰高原学科;有 2 个教育部工程研究中心,3 个教育部重点实验室,3 个上海市重点实验室,7 个国家中医药管理局重点研究室。中医学、中药学两个学科连续入选国家"双一流"建设学科高校名单并进入培优建设行列;在教育部公布的第四轮学科评估结果中,上海中医药大学中医学、中药学、中西医结合 3 个学科全部进入最高等级的 A+档,是全国中医院校中唯一取得 3 个 A+学科的高校。另一方面,上海中医药大学拥有雄厚的师资力量,有 5 名两院院士、5 名国医大师、3 名全国名中医、97 名上海市名中医、700 多名高级专家和教授,为国家培养和输送了各级各类中医药专门人才。①

60 余年来,上海中医药大学始终坚持"不重其全重其优、不重其大重其特、不重其名重其实"的办学理念,发展成为全国排名领先的中医药高等院校。

晶城中学作为上海中医药大学的附属初中,充分利用大学中医药教育相关资源,确立中医药办学特色,这是学校的必然选择。晶城中学始终坚持"走出去"和"引进来"相结合,依托中医药大学平台学习中医药相关知识,感受中医药大学深厚的文化底蕴,并将其丰厚的中医药教育资源和典型的中医药文化气质引入晶城中学办学实践中来。可以说,上海中医药大学显著的中医药办学优势,是晶城中学选择开展中医药文化融合教育的底气,更是其不断发展中医药文化与教育融合的坚强后盾。

二、应对国家基础教育改革战略的重要举措

中医药学是中华民族的伟大创造,是中国古代科学的瑰宝,也是打开中华文明宝库的钥匙,它不仅为中华民族繁衍生息作出了巨大贡献,还对世界文明进步产生了积极影响。②

近年来,国家大力发展中医药事业,先后颁布了《中医药健康服务发展规划(2015—2020 年)》(2015 年)、《中医药发展战略规划纲要(2016—2030 年)》(2016 年)、《关于促进中医药传承创新发展的意见》(2019 年)、《关于加快中医药特色发展的若干政策措施》(2021 年)、《"十四五"中医药发展规划》(2022 年)、《中医药振兴发展重大工程实施方案》(2023 年)等文件,积极倡导中医药文化进校园。

---

① 上海中医药大学.学校简介[EB/OL].(2023-04-10)[2023-04-10]. https://www.shutcm.edu.cn/6537/list.htm.

② 中华人民共和国中央人民政府.中共中央 国务院关于促进中医药传承创新发展的意见[EB/OL].(2019-10-26)[2023-04-10]. http://www.gov.cn/zhengce/2019-10/26/content_5445336.htm.

《中医药健康服务发展规划（2015—2020年）》指出了中医药健康服务的重要性，表示应培育发展中医药文化，将中医药知识纳入基础教育。① 随后，《中医药发展战略规划纲要（2016—2030年）》进一步提出中医药进校园，鼓励中医医疗机构、养生保健机构走进校园，倡导将中医药基础知识纳入中小学传统文化、生理卫生课程，大力弘扬中医药文化，展示中华文化独特魅力，提升我国文化软实力，形成全社会“信中医、爱中医、用中医”的浓厚氛围和共同发展中医药的良好格局。② 2016年，《“健康中国2030”规划纲要》也指出要充分发挥中医药独特优势，提高中医药服务能力，发展中医养生保健治未病服务，推进中医药继承创新。③ 2019年，《关于促进中医药传承创新发展的意见》强调要把中医药文化贯穿国民教育始终，中小学要进一步丰富中医药文化教育，使中医药成为群众促进健康的文化自觉。④ 2021年，《关于加快中医药特色发展的若干政策措施》又一次强调要营造中医药发展良好环境，加强中医药文化传播，实施中医药文化传播行动，持续开展中小学中医药文化教育。⑤ 此后，《“十四五”中医药发展规划》指出，要推广太极拳、八段锦等中医药养生保健方法和中华传统体育项目。此举再次表明，应把推动中医药文化贯穿国民教育始终，进一步丰富中医药文化教育。⑥ 2023年2月，《中医药振兴发展重大工程实施方案》颁布，该《方案》指出中小学应开展中医药文化专题教育活动，建设校园中医药文化角和学生社团，进一步丰富中医药文化教育。⑦

中医药是我国重要的卫生、经济、科技、文化和生态资源，传承创新发展中医药是

---

① 中华人民共和国中央人民政府. 国务院办公厅关于印发中医药健康服务发展规划（2015—2020年）的通知[EB/OL].（2015-05-07）[2023-04-10]. http://www.gov.cn/zhengce/content/2015-05/07/content_9704.htm.

② 中华人民共和国中央人民政府. 国务院关于印发中医药发展战略规划纲要（2016—2030年）的通知[EB/OL].（2016-02-26）[2023-04-10]. http://www.gov.cn/zhengce/content/2016-02/26/content_5046678.htm.

③ 中华人民共和国中央人民政府. 中共中央　国务院印发《“健康中国2030”规划纲要》[EB/OL].（2016-10-25）[2023-04-10]. http://www.gov.cn/zhengce/2016-10/25/content_5124174.htm.

④ 中华人民共和国中央人民政府. 中共中央　国务院关于促进中医药传承创新发展的意见[EB/OL].（2019-10-26）[2023-04-10]. http://www.gov.cn/zhengce/2019-10/26/content_5445336.htm.

⑤ 中华人民共和国中央人民政府. 国务院办公厅印发关于加快中医药特色发展若干政策措施的通知[EB/OL].（2021-02-09）[2023-04-10]. http://www.gov.cn/zhengce/content/2021-02/09/content_5586278.htm.

⑥ 中华人民共和国中央人民政府. 国务院办公厅关于印发“十四五”中医药发展规划的通知[EB/OL].（2022-03-29）[2023-04-10]. http://www.gov.cn/zhengce/content/2022-03/29/content_5682255.htm.

⑦ 中华人民共和国中央人民政府. 国务院办公厅关于印发中医药振兴发展重大工程实施方案的通知[EB/OL].（2023-02-28）[2023-04-10]. http://www.gov.cn/zhengce/content/2023-02/28/content_5743680.htm.

新时代中国特色社会主义事业的重要内容，是中华民族伟大复兴的大事。① 根据相关文件要求，在国家大力发展中医药事业上，教育工作者也应参与其中，责无旁贷。将中医药知识纳入基础教育，推动中医药文化贯穿国民教育始终，是基础教育改革的重要组成部分，是教育工作者在完成好基本教育教学工作的基础上应该努力探索的方向。

近年来，中医药文化进校园活动获得了不少关注，不少中小学也踏上了中医药文化教育的探索之路。作为上海中医药大学的附属学校，在具有中医药教育的天然优势的情况下，晶城中学积极响应国家对基础教育的战略部署，把中医药文化及其教育纳入学校的顶层设计，打造中医药文化融合教育新局面。

三、传承弘扬中华优秀传统文化的时代呼声

习近平总书记说："优秀传统文化是一个国家、一个民族传承和发展的根本，如果丢掉了，就隔断了精神命脉。"②任何国家、民族的发展都根植于自身文化的传承与发展。文化是民族的血脉，是人民的精神家园。中华文化源远流长，在5 000多年文明发展中孕育的中华优秀传统文化，积淀着中华民族最深沉的精神追求，代表着中华民族独特的精神标识，是中华民族生生不息、发展壮大的丰厚滋养，是中国特色社会主义植根的文化沃土，是当代中国发展的突出优势，对延续和发展中华文明、促进人类文明进步，发挥着重要作用。③

一直以来，传承中华优秀传统文化是教育工作中不可忽视的一个议题。《国家中长期教育改革和发展规划纲要（2010—2020年）》指出，要积极推进文化传播，弘扬优秀传统文化，发展先进文化。④ 2014年，《教育部关于全面深化课程改革落实立德树人根本任务的意见》也指出，要大力弘扬中华优秀传统文化，把培育和践行社会主义核心价值观融入国民教育全过程。⑤ 不仅如此，《教育部关于全面深化课程改革落实

---

① 中华人民共和国中央人民政府. 国务院办公厅关于印发中医药振兴发展重大工程实施方案的通知[EB/OL]. (2023-02-28)[2023-04-10]. http://www.gov.cn/zhengce/content/2023-02/28/content_5743680.htm.

② 习近平. 在纪念孔子诞辰2 565周年国际学术研讨会暨国际儒学联合会第五届会员大会开幕会上的讲话[N]. 人民日报，2014-09-25(02).

③ 中华人民共和国中央人民政府. 中共中央办公厅 国务院办公厅印发《关于实施中华优秀传统文化传承发展工程的意见》[EB/OL]. (2017-01-25)[2023-04-10]. http://www.gov.cn/zhengce/2017-01/25/content_5163472.htm.

④ 中华人民共和国教育部. 国家中长期教育改革和发展规划纲要(2010—2020年)[EB/OL]. (2010-07-29)[2023-04-10]. http://www.moe.gov.cn/srcsite/A01/s7048/201007/t20100729_171904.html.

⑤ 中华人民共和国教育部. 教育部关于全面深化课程改革落实立德树人根本任务的意见[EB/OL]. (2014-04-08)[2023-04-10]. http://www.moe.gov.cn/srcsite/A26/jcj_kcjcgh/201404/t20140408_167226.html.

立德树人根本任务的意见》也指出，要全面传承中华优秀传统文化。① 2017 年，《关于实施中华优秀传统文化传承发展工程的意见》进一步强调，应把中华优秀传统文化贯穿国民教育始终，全方位融入思想道德教育、文化知识教育、艺术体育教育、社会实践教育各环节。②

伴随着传承和弘扬中华优秀传统文化的呼声高涨，中小学校也在积极开展传统文化教育。然而，青少年传统文化知识欠缺、传统美德观念淡薄等问题仍层出不穷。因此，有必要探索和创新青少年传统文化教育的形式和载体，适应青少年成长的思想和心理特点，深切把握教育的规律性，切实提高传统文化教育实效。③ 中医药文化是中华优秀传统文化的亮丽名片，凝聚着深邃的哲学智慧，是中医药的根基和灵魂。④《中医药振兴发展重大工程实施方案》中提出，各地要把中医药文化工作纳入中华优秀传统文化传承发展工程总体框架，将中医药文化纳入中华优秀传统文化进校园总体安排，有条件的地方应积极探索将中医药文化纳入中小学教育教学活动。⑤ 中医药文化深厚的人文底蕴和历史积淀，与我国传统文化可谓一脉相承。为此，晶城中学结合自身中医药特色办学优势，以传承中医药文化为重要抓手，积极响应传承和弘扬中华优秀传统文化的时代呼声，落实中华优秀传统文化教育，在不断探索中形成中医药文化与教育的融合。

四、五育融合助推中医药文化教育的内涵品质

五育融合是“五育并举，融合育人”的简称，旨在德智体美劳“五育”协调发展的基础上，实现各育目标之间的深度融合，解决好“五育缺失，育分不育人”等问题，发挥好德智体美劳五个方面兼容并蓄、同心同向的作用。五育融合思想的提出具有深厚的历史基础，并逐步发展成为今天教育工作者的共同目标。

五育融合思想的提出并非空穴来风，而是近现代思想家、教育家基于对国家命运、民族危机和“人的全面发展”的深刻认识和实践基础上提出的。1912 年 7 月全国

① 中华人民共和国教育部. 教育部关于全面深化课程改革落实立德树人根本任务的意见[EB/OL].(2014-04-08)[2023-04-10]. http://www.moe.gov.cn/srcsite/A26/jcj_kcjcgh/201404/t20140408_167226.html.

② 中华人民共和国中央人民政府. 中共中央办公厅　国务院办公厅印发《关于实施中华优秀传统文化传承发展工程的意见》[EB/OL].(2017-01-25)[2023-04-10]. http://www.gov.cn/zhengce/2017-01/25/content_5163472.htm.

③ 易健华. 传统文化与青少年文明素养研究[M]. 北京：世界图书出版公司，2018：40，47.

④ 张洪雷. 习近平关于中医药发展重要论述的时代价值[J]. 南京中医药大学学报（社会科学版），2020(02)：93-98.

⑤ 中华人民共和国中央人民政府. 国务院办公厅关于印发中医药振兴发展重大工程实施方案的通知[EB/OL].(2023-02-28)[2023-04-10]. http://www.gov.cn/zhengce/content/2023-02/28/content_5743680.htm.

临时教育会议召开，蔡元培先生在会上系统地阐明了制定民国教育宗旨的指导思想，提出了德智体美“四育并提”的教育宗旨。我国近代著名教育家经享颐先生在担任浙江省立第一师范学校校长期间提出了“人格为先、五育并举”的教育思想。新中国成立后，德智体美劳全面发展的育人目标逐渐成为共识，全国教育大会对构建全面发展的教育体系进行了确认。至此，“五育并举，融合育人”，成为全体教育人的共同目标。①

2018年，习近平总书记在全国教育大会上指出，要“培养德智体美劳全面发展的社会主义建设者和接班人”，“努力构建德智体美劳全面培养的教育体系，形成更高水平的人才培养体系”。② 大会首次对德智体美劳教育内容提出了明确的要求。2019年，《中国教育现代化2035》指出，要培养德智体美劳全面发展的社会主义建设者和接班人，加快推进教育现代化、建设教育强国、办好人民满意的教育。③ 随后，《关于深化教育教学改革全面提高义务教育质量的意见》出台，该《意见》进一步要求坚持“五育”并举，全面发展素质教育，指出要突出德育实效，提升智育水平，强化体育锻炼，增强美育熏陶，加强劳动教育。④ 同年12月，以“成融合气象，育中国少年——走向德智体美劳全面发展与融合发展”为主题的“全国五育融合研究论坛”在华东师范大学成功举办。“五育并举，融合育人”是新时代中国基础教育变革与发展的重大课题。五育是一个整体，既相互统一，又各有侧重。从本质上说，让学生德智体美劳全面发展，归根到底就是“立德树人”，这是教育事业发展必须始终牢牢抓住的灵魂。⑤ 那么，五育融合与中医药文化教育的关系又该如何理解？

坚持“五育并举”，全面发展素质教育，是新时代教育工作者应秉承的教育主张。为了清除应试教育带来的弊端，教育部不断提出深化义务教育质量，加强德育、美育、劳动教育工作的指导意见，这无一不说明教育的根本目的是立德树人，必须落实“五育并举”。中医药文化中的整体观、辩证观体现出人自身、人与外界的关系，能让人们从中感悟到做人做事的道理，中医药文化所蕴含的人文精神、哲学思维是与素质教育的内涵相契合的。因此，在推行“五育并举，融合育人”教学模式的今天，中医药文化教育或许能成为这个主流发展的一个分支，能够在此基础上开辟出一条新的道路，提

① 宁本涛.“五育融合”与中国基础教育生态重建[J].中国电化教育，2020(05)：2.

② 坚持中国特色社会主义教育发展道路[N].人民日报，2018-09-13(10).

③ 中华人民共和国中央人民政府.中共中央、国务院印发《中国教育现代化2035》[EB/OL].(2019-02-23)[2023-04-10].http://www.moe.gov.cn/jyb_xwfb/s6052/moe_838/201902/t20190223_370857.html.

④ 中华人民共和国中央人民政府.中共中央 国务院关于深化教育教学改革全面提高义务教育质量的意见[EB/OL].(2019-07-08)[2023-04-10].http://www.gov.cn/xinwen/2019-07/08/content_5407361.htm.

⑤ 宁本涛，樊小伟.成融合气象，育中国少年——“全国五育融合研究论坛”综述[J].基础教育，2020(02)：108.

供一种新的选择。①

中医药文化属于中华文化的一大分支，具有独特的文化属性和教育价值。中医药文化教育有助于推动“五育并举”，促进素质教育的落实。反过来，依托五育融合的育人模式，又有助于将具有教育价值的中医药文化融于不同环节的育人工作中，通过完整的教育框架，发挥“五育”的文化传递功能，搭建起富有逻辑性的文化系统，进而丰富中医药文化教育的内涵品质。为此，晶城中学试图将五育融合与中医药文化教育结合起来，开展中医药文化与教育的融合发展。

第二节　中医药文化与教育五育融合的顶层设计

自创办之初，晶城中学以中医药文化为重要载体，提出了“天人合一，情理相融”的办学理念，并设计出具有中医药特色的校风、学风、校园精神等。晶城中学着力抓好青少年中医药文化教育这个主阵地，对中医药特色文化进行创造性的继承与发展，构筑起具有中医药特色的校园文化、具有中医哲学特点的行为文化以及具有中医药特色的教学体系。这些举措都为学校中医药文化融合教育的酝酿与形成打下了坚实基础。与此同时，学校始终坚持“三主体”教育思想，打造“家—校—社”合作的“同心圆”，为中医药文化融合教育的开展保驾护航。

一、办学回顾：学校创建与理念创生

2016年，《中医药发展战略规划纲要2016—2030年》出台，这是新时期推进我国中医药事业发展的纲领性文件，明确了未来15年我国中医药发展方向和工作重点。文件指出：

推动中医药进校园、进社区、进乡村、进家庭，将中医药基础知识纳入中小学传统文化、生理卫生课程，同时充分发挥社会组织作用，形成全社会“信中医、爱中医、用中医”的浓厚氛围和共同发展中医药的良好格局。②

在此背景之下，2017年初，上海市闵行区人民政府和上海中医药大学签署合作办学协议。同年9月，上海中医药大学附属闵行晶城中学正式创办并正式开学。晶城中学是上海中医药大学的附属初中，也是闵行区用心打造的一所一流公办初中。

---

① 欧阳蓉，欧阳斌，符太胜．中小学中医药文化教育的价值意蕴、实施困境及突破路径[J]．教育评论，2022(07)：135.

② 中华人民共和国中央人民政府．国务院关于印发中医药发展战略规划纲要（2016—2030年）的通知[EB/OL]．(2016-02-26)[2023-04-10]．http://www.gov.cn/zhengce/content/2016-02/26/content_5046678.htm.

学校坐落于上海市闵行区梅陇镇朱行路16号，毗邻外环线S20与虹梅南路高架。

办学理念是一所学校办学的总体指导思想，并为学校的特色发展奠定了坚实的思想基础。创办一所新学校，自然离不开对办学理念的思考，它包括对“学校是什么”“学校具有什么使命”“学校发挥什么作用”等基本问题的价值判断和识别。一所学校的办学理念应反映出该校的主体信仰、精神气质和文化特征，构成学校绵延流长、兴旺发展的理想支撑和精神动力。①

著名教育家苏霍姆林斯基曾说，校长对一所学校的领导，首先是教育思想上的领导，其次才是行政上的领导。在办学理念的设计上，校长责无旁贷。作为上海中医药大学的附属初中，晶城中学带着与“中医药”的“不解之缘”，因此在创设学校的办学理念时，自然而然地把目光聚焦在中医药文化上。不负所期，中医药文化的育人价值也为学校创设具有中医药特色的办学理念提供了可能。

中医药文化广泛吸收了中华民族优秀传统文化之精髓，内蕴“天人合一”“阴阳协调”“顺应自然”等世界观、方法论以及“大医精诚”“至真至善”“普救含灵之苦”等价值追求。中医药文化育人旨在通过中医药文化塑造与改变人的思想态度、生活方式，是中华民族优秀传统文化育人的有效路径。②

“天人合一”是中医理论体系的独特之处，最早由庄子阐述，后被汉代儒家思想家董仲舒发展为哲学思想体系，并由此构建了中华传统文化的主体。

“天人合一”的整体观念是中医药文化的突出特征，“天人合一”追求人与自然及社会的和谐，就是要实现生命过程与自然过程及社会过程的协调统一，从而进一步实现生命过程中精、气、神、形的和谐统一，自然、生命和社会之道融会贯通。③

“天人合一”的主要内涵可以简单概括为：人自身生命的和谐，人与大自然的和谐以及人与社会的和谐。“天人合一”的整体观念不仅是中医药文化的突出特征，也成为学校办学理念的重要组成部分。“天人合一”指的是成长方向，人和自然在本质上是相通的，故一切人事均应顺乎自然规律，达到人与自然和谐。“天人合一”体现着人与自然和谐共处的规律，是中华传统文化的主体，也是学校传承中医药大学文化和中医文化的表现。

在“天人合一”整体观的影响下，中医也发展出了“五行”学说，创造了“五行生克”定律。不仅如此，中医也认为人体是一个通过经络“内属于腑脏，外络于肢节”联系的有机整体，在中医分析疾病的病因病机时，也立足于整体，着眼于局部病变的整体病理反应。④ 观其种种，取其精华，中医药文化中透射出一种平衡。在办学过程中，如

① 陈爱录. 践行生长教育　奠基幸福人生[M]. 石家庄：河北人民出版社，2019：6－7.

② 杨耀文，杨芳. 中医药文化育人价值及实现路径研究[J]. 楚雄师范学院学报，2022(05)：62－63.

③ 崔文成，刘清贞，张若维. 中医儿科薪火传承辑要[M]. 济南：山东科学技术出版社，2019：195.

④ 中医中药中国行组委会. 走进中医：领略中医药文化的无穷魅力[M]. 北京：中国中医药出版社，2018：27.

何具象地去体现“天人合一”的思想呢？学校以“情理”作为切入点，找到了二者的关联性。

“情理”这一特殊范畴表达了儒学与中国文化中一种情理交融、以情为源和本，以理为鹄和用的特有文化精神。它具有人本、直觉（情理一体的瞬间判断）、庸常、实践、平实、中庸等特点。这是“情理”这一范畴的形上的、基本的规定性。①

《说文解字》中解释“情”为“从心青声，人之阴气有欲者”；而“理”为“治玉也”，后逐渐演变为代表秩序和沟通的自然规律。中庸之道是中国传统文化的重要组成部分，它的实质内容其实包含了一种“情理精神”，蕴含一种以实现通情达理、合情合理为目的的传统情理教育观。情理之间相辅相成，达到和谐与平衡。情理相融，是实现“天人合一”的重要途径和方式。在具体办学过程中，学校视“情理相融”为成长方式，希望用以情感为基础、以理性为指导的情理交融的理念来实现人的成长。

自此，“天人合一”的成长方向与“情理相融”的成长方式相匹配，共同构成了学校的办学理念——“天人合一，情理相融”。可以说，“天人合一”是办学的前提，“情理相融”是办学的关键。“天人合一，情理相融”的办学理念是晶城中学的立校之魂，连接着学校办学的过去、现在和未来，它不仅牵动着学校管理者的教育决策，还影响着教师的教育行为，更可能对在校学生的身心发展带来影响。

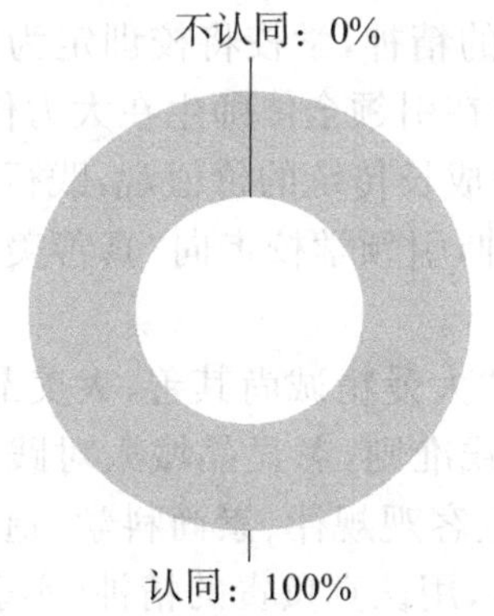

图 1-1　你认同学校“天人合一，情理相融”的办学理念吗？（教师卷）

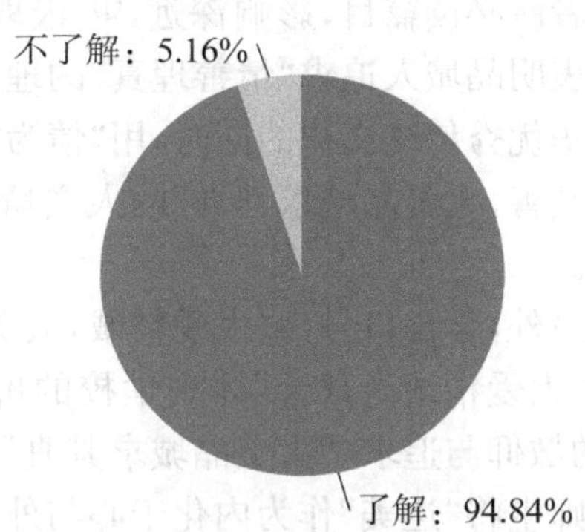

图 1-2　你了解学校“天人合一，情理相融”的办学理念吗？（学生卷）

《晶城中学中医药文化进校园现状调查》结果表明，学校教师对“天人合一，情理相融”这一办学理念均表示认同，近 95%的学生也都了解学校的这一办学理念。从数据结果来看，学校师生对学校的办学理念具有较高的认可度。办学理念渗透在学校的方方面面，在每位教师和学生心中扎根，定会积蓄起一股无形的力量，推动学校发

① 肖群忠. 论中国文化的情理精神[J]. 伦理学研究，2003(02)：37-38.

展，助力学生成长。

围绕“天人合一，情理相融”的办学理念，学校将“情”和“理”的内涵又分别延伸为“情境、情绪、情感、情怀”和“理念、理解、理性、理想”，并由此形成学校的校风、教风和学风。

自建校以来便努力创设“融情融理　同情同理　通情达理　合情合理”的校风：

以心理学为依据，晶城人要在意识上力求“融情融理地思考，同情同理地体会”，从行为上要力求“通情达理地做人，合情合理地做事”。

努力打造“动之以情，晓之以理，导之以行，持之以恒”的教风：

晶城中学的教师教育学生应该以情感来打动，以道理来说服，以行为来引导，以恒心来坚持。

努力营造“情之所至，理之所达；寓情于理，以理御情”的学风：

晶城中学的学生在学习上要做到情感所到之处，也是理性所到之处。通过情境营造、情感打动等感性触动，来更好理解和接受学理、道理等理性内容；同时，反过来又以学理、道理等理性来节制情境、情感等感性。最终通过情理交融的方式来达到更好学习的目的。

结合“天人合一，情理相融”的办学理念，学校也提出了具有中医药特色的校训和口号。《大医精诚》一文出自唐代著名医学家孙思邈的《备急千金要方》，时至今日仍为习医者所必读篇目，影响深远。[①] 汲取“大医精诚”的精神，学校将校训定为“尚善求真”，表明晶城人追求“情善理真”的理想。这一理想在引领全体师生在大力传承与弘扬中华优秀传统文化的同时，用“情为本、理为用”的成长传统的价值观，践行“大爱精诚尚其善，大美晶城求其真”的人文情怀和科学精神，引领学校走向“真善美”的理想境界。

另外，学校口号为“大爱精诚，大美晶城”，取自“大爱精诚尚其善，大美晶城求其真”。“大爱精诚尚其善”体现学校的价值取向和实践准则，彰显晶城人对践行“真善美”的敬仰与追求。“大美晶城求其真”意为学校尊重客观规律、崇尚科学、追求真理，全体师生将“达美”作为内化于心与外化于行的标准，用认真负责的精神、实事求是的态度、科学严谨的方法，去学习真知，最终达到真善美的境界。“大爱精诚，大美晶城”这句口号也被视为学校的校园精神，亦称“晶城精神”。

在“天人合一，情理相融”办学理念的基础之上提出学校的办学愿景：

让学校成为我们终生留恋的地方。

这里的“我们”不仅仅指每一个在学校学习、工作过的学生、教师，还有始终关注学校发展、学生成长的家长，甚至包括每一位心系学校的社会人。

学校的办学目标确立为：

---

① 于泽俊．大医精诚：回族中医马牧西传[M]．北京：华夏出版社，2018：89.

图 1－3　学校门厅（墙上写有校风、校训、学风，地面印有校徽）

以中医药特色创建为主线，以弘扬中华传统文化为己任，建设一所个性化、现代化、国际化大学附中。

学生的发展目标为：

理解并热爱中华文化兼具科学人文素养的、拥有一定国际视野与兼济天下精神的中国人。

教师的发展目标为：

拥有一定的国学素养与良好专业修养的、视野高远的创新型教师。

综上所述，学校以“中医药文化”为重要载体，提出了“天人合一，情理相融”的办学理念。围绕此办学理念，努力营造和谐、温馨的校园人际关系以及活泼、严谨的工作氛围，以“让学校成为我们终生留恋的地方”为办学愿景，以中医药特色创建为主线，努力践行“尚善求真”的校训，发扬“大爱精诚，大美晶城”的校园精神，致力打造出一所以传承与弘扬优秀中华文化为主要方向，具有开放包容的国际视野的、人文与科技特色相结合的、个性化、现代化、国际化高质量大学附中。

二、赓续前行：传承中医药特色文化

习近平总书记指出，中华优秀传统文化创造性转化，就是要按照时代特点和要求，对那些至今仍有借鉴价值的内涵和陈旧的表现形式加以改造，赋予其新的时代内涵和现代表现形式，激活其生命力。[①] 中医药学是中华民族的伟大创造，兼具文化、医学等多重属性。中医药文化是中医药事业的根基和灵魂，如何守正创新、传承发

---

① 中共中央宣传部. 习近平总书记系列重要讲话读本［M］. 北京：学习出版社、人民出版社，2014：101.

展，将中医药文化继承好、发展好、利用好，是当代中医药人面临的重要任务。[①] 青少年是祖国的未来和希望，“文化的传承，根本在引导，根基在孩子”[②]。因此，学校在“天人合一，情理相融”办学理念的引领下，着力抓好青少年中医药文化教育这个主阵地，对中医药特色文化进行创造性的继承与发展。主要思路可分三点论述：

（一）建设具有中医药特色的校园文化

校园文化是重要的教育资源，中医药文化传承的关键是要守住老底子的根脉，并在传承的基础上有所创新。学生大部分时间是在学校里度过的，所以校园环境文化能在很大程度上影响学生道德品质和价值观的形成。为此，晶城中学努力挖掘中医药文化的合适元素，将其融入学校文化建设过程中，以期营造无处不在的中医药文化氛围。

苏霍姆林斯基曾说：“让学校的每一面墙都开口说话。”学校的校容校貌，表现出一所学校整体精神的价值取向，是具有强大引导功能的教育资源。校园文化作为一种环境教育力量，对学生的健康成长有着巨大的影响。校园文化建设的终极目标就在于创建一种氛围，以陶冶学生的情操，构筑其健康的人格，全面提高学生素质。[③] 建设具有中医药特色的校园文化，创设具有中医药韵味的学校氛围，有助于在潜移默化中引导学生关注中医药、爱上中医药文化，使中医药成为新时代师生学习生活中的喜闻乐见。

1. 让校徽“活”起来

校徽是一所学校的精神文化象征与标志，是学校文化核心理念的载体，凝聚着学校的历史和文化。结合学校校名、办学理念和办学特色，学校的校徽形体上从“晶城中学”的“晶”字演化而来，三片叶子是中草药的叶子，彰显中医药特色，代表学校作为上海中医药大学的附属学校之重要性。同时，三片叶子也代表学校办学主张的“三主体”。另外，学校校徽按照季节分为四种颜色：绿色、红色、黄色、蓝色，其中以绿色为主色。

图 1-4　学校校徽（从左至右，颜色分别为：绿、红、黄、蓝）

① 马松，楼招欢，刘雨诗，刘泽莹，方平鸽．新时代中医药文化传承创新策略[J]．中医药管理杂志，2022(20)：242.

② 郭敏．中医药文化进课堂是中医复兴的重要抓手[J]．国医论坛，2021(03)：64.

③ 梁晓珊．高校校园文化建设[M]．长春：吉林人民出版社，2021：1.

在构建中医药特色的校园文化过程中，具有特色的校徽能够很好地反映学校独特的个性和精神。在长期的实践中，校徽也可以产生一种品牌效应，对内可以增强学生的归属感，对外有利于提高学校的知名度。

在校徽设计上，学校力图让校徽"活"起来。让校徽的颜色因季节而变换，即是赋予了校徽生命力。结合学校"科技节""传统文化节""艺体节""国际文化节"的举办时间和特色，选用不同颜色的校徽。校徽广泛地运用在各种场合，象征着学校的精神文化，如同一根纽带，牵动着每位师生的心。广而用之、灵活用之的校徽，也使得师生产生强大的认同感和归属感，在校园文化建设过程中形成一股合力，有助于形成相对稳定的校园文化氛围。

2. 让建筑设施有"名片"

自创办之初，学校就致力于打造以中医药文化为特色的教育。中医药文化是中华传统文化的瑰宝，为了契合这种极具传统文化氛围的办学，学校以"传统与时尚并存，传承与创新并举"为建设思路，将学校建筑群打造为徽派建筑风格，彰显传统文化底色。

图 1-5 学校掠影

建筑是校园物质文化中最主要的组成部分，建筑是凝固之音乐，好的建筑往往是一所学校的标志。建筑是历史与现实的结合，是一种实用和审美相结合的艺术，是民族精神、科学技术、人文及民族传统的结晶。建筑的造型、色彩、空间布局、功能等表现了一定的时代精神和价值追求。①

在学校的建筑设计上，我们不仅要让建筑群有传统韵味，还要让每个建筑都有一张极具中医药文化特色的"名片"。学校在正式开学之后，发动全体师生家长，从上千

① 余海波. 高校校园文化建设和少数民族学生培养[M]. 北京：民族出版社，2018：179.

味中药中选出兼具育人价值的四位中药，命名四栋主体建筑。

(1) 凌霄楼——凌霄，耐寒耐旱，活血化瘀，“凌霄不屈己，得地本虚心”，这就是体育馆：顽强刻苦，坚韧不拔。

(2) 厚朴楼——厚朴，止痛平喘，明目益气，“革浮华之气，养厚朴之元”，这就是综合楼：不薄不奢，朴实无华，厚爱他人。

(3) 远志楼——远志，功能养心安神，“非淡泊无以明志，非宁静无以致远”，这就是教学楼：立下志向，静心读书。

(4) 佩兰楼——佩兰，气味芳香，提神醒脑，屈原曾以“纫秋兰以为佩”表达自己君子的追求，这就是实验楼：求实谨慎，诚信笃行。

图 1-6 以中药命名的四栋主体建筑
(按从上到下的顺序为：凌霄楼、厚朴楼、远志楼、佩兰楼)

最终选取凌霄、厚朴、远志、佩兰四味中药，分别命名学校的体育馆、综合楼、教学楼和实验楼。实际上，这四味中药也与学生的生命成长息息相关。“凌霄之情，厚朴之理，远志之智，佩兰之趣”意在：凌霄喜阳，适应性强，喻情绪饱满，情感丰富之意；厚朴性温味苦，让人思考生活之理；远志利于安神益智；佩兰健胃清暑，让人感念生活的趣味。

另外，学校的建筑内部，采用古色古香的装饰，着力体现中国传统元素和中医药特色。大厅文化墙摘取《黄帝内经》篇章作为背景墙，《黄帝内经》为后人树立了“以人为本，博闻强识，孜孜以求”的医者形象，它从医生的个人修养、行医规范和医患关系等方面对医生的道德进行了详细阐述，旨在让学生能够弘扬历代医家的道德典范，学习温谦恭谨、重义廉洁、精湛不倦等品质。大厅冷僻字小药箱的设计旨在解决两个问题：一是解决疑难杂症；二是实现人格上的知行合一。学校的内部设施也拥有一张特色名片，如饮水间借古代著名中医学家命名，有“扁鹊坊”“时珍泉”“华佗坊”和“仲景阁”。学校五层楼分别用“木火土金水”五种物质，对应进行颜色设计，用来阐释事物之间相互关系的抽象概念，五脏（肝、心、脾、肺、肾）对应五行，而这样的设计也与“德智体美劳”全面发展教育理念产生了联动效应。“德智体美劳”全面发展教育理念正符合“木火土金水”五行规律，体现其整体性和系统性。

此外，学校还设有三大中医药特色活动区：走廊文化区、休闲阅读区和创新实验区。走廊文化区为学生展示中草药宣传画、学生本草绘制图提供了平台。在走廊文化区，学生可以随时随地学习中医药名人故事、中药材数字故事。在休闲阅读区，学生可以在二十四节气阅读角领略四季的变幻，了解我国传统文化生活方式，感受传统文化的魅力。此外，学校创建了思邈馆、本草园、中草药种植园等中医药特色创新实验区。例如，思邈馆是学校重点打造的中医药特色教学和实践实验室，馆名取自古代著名中医药大家“药王”孙思邈，寓意思高远、习超卓。馆内设有中药房、诊疗室，馆藏人参、黄芪、当归等中草药 310 味，配备智能推拿手法参数测定系统、针灸发光模型以及数字化脉象模型，为学生提供了中医诊疗、理疗、中药等全方位的中医药学习实践空间。三大活动区深深烙上了“中医药”的特色名片，有助于培养学生对中医药的兴趣，丰富青少年的思想，营造良好的中医文化氛围，厚植中医药学习土壤。《晶城中学中医药文化进校园现状调查》问卷结果表明，学校近 900 名学生中，91.47%的学生也表达了对这类活动区的喜爱之情。

图 1－7　思邈馆内景

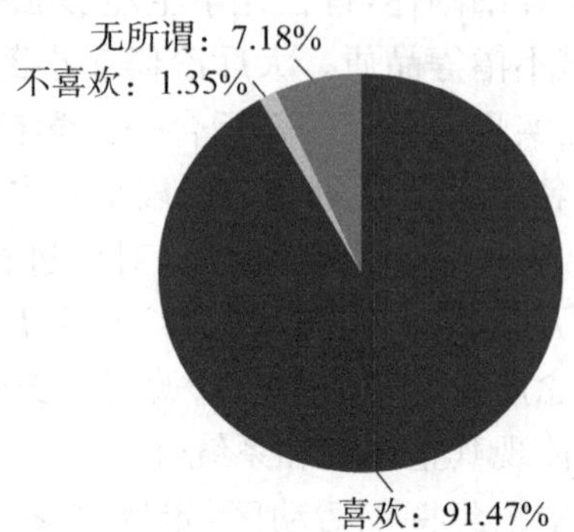

图 1-8　你喜欢在百草园、思邈馆等场所学习吗?(学生卷)

整体而言,学校以中医药特色命名建筑设施,创建中医药特色活动区,不仅营造了中医药特色校园文化氛围,还有助于激发学生对于中医药文化的好奇心。看到一张张陌生的“名片”,学生可能会动手查一查,又或者问问身边同学,请教请教教师,如此一来,中医药文化的学习氛围也就自发形成了。以中医药特色文化为重要抓手,学校的传统文化氛围也得以形成,从而助力学校开展更为广泛的中华优秀传统文化教育。

(二) 建设具有中医哲学特点的行为文化

“治未病”是中医学中的重要观念,早在春秋战国时期《黄帝内经》中就有“上工治未病,下工治已病”的记载。这句话实际上是强调“防”重于“治”的观念。所以,古人一直是以“治未病”为原则,思考如何对待人们的身体状态,防重于治,以防疾病发生。“治”,为治理管理的意思。“治未病”即采取相应的措施,防止疾病的发生发展。

“治未病”亦是中医养生学中的重要观念,与养生概念既有交叉也有区别。养生强调的是“养护”,着眼于生命的诸要素。“治未病”强调的是“治”,着眼于预防危害健康的疾病,强调要“治于未病之先”,亦即未病先防。因此它的范围比养生更广泛,包含疾病前后及过程中的整个阶段。……《黄帝内经》将这种思想应用于医疗,提出“不治已病治未病,不治已乱治未乱”(《素问·四气调神》)。其具体的含义又包括三方面,如《灵枢·逆顺》说:“上工,刺其未生者也;其次,刺其未盛者也;其次,刺其已衰者也……故日上工治未病。”这三个方面可以概括为:未病先防、既病防变和病后防复。①

21 世纪以来,医学从“注重治疗”向“注重预防”发展,从“疾病医学”向“健康医学”发展,“治未病”可以说是思想先进、发展超前的预防和治疗疾病理念。② 实际上,

① 张其成. 中医哲学基础[M]. 北京:中国中医药出版社,2016:184.
② 黄建波,张光霁. 论“治未病”理论体系建设[J]. 中华中医药杂志,2017(03):911.

中医"治未病"哲学思想，以其重视预防的先进观念，对学校管理工作也具有重要的启示意义。自建校之始，晶城中学就将中医"治未病"的哲学思想积极融入学校的日常管理行为之中。

例如，学校在教育教学工作管理上，思考"治未病"模式下主动运用信息技术的教学新探索。自创办以来，学校十分重视信息化智慧校园建设，积极开展教师信息化培训。"未病先防"的办学设计在上海市闸北第八中学也初见成效。依据《晶城中学信息化校园建设三年规划》的要求，学校积极参与由线上教学中刘京海校长主持的教育部科学技术与信息化司重点课题《智能环境下的自适应学习应用共同体》的子课题研究，并在 2020 年 1 月放寒假前完成了两轮对全体教师的信息化平台操作培训。学校教师基本上掌握了熟练操作平台的技能，使得能够从容应对在线教学，获得非常好的在线教育效果。这种"治未病"思想的践行，让学校在 2022 年"停课不停学"工作中，由被动应对向主动应对转变，由事后采取措施向提前布局、提前平台调试转变。相关成果也被评为"上海市基础教育信息化应用经典案例一等奖"。实践证明，学校"未病先防"办学设计的意义凸显，成效不容小觑。

不仅如此，学校于 2017 年创办之初，就积极响应国家"办人民满意的教育"的方针政策。考虑到学校对口学生家庭的群体特征，针对学校门口主干道存在交通拥堵和安全隐患，学校从"既病防变"的视角出发，在缺少地方政府配套政策支持的情况下，坚持每天到晚上 6 点的课后服务和每天到 8 点的晚自习，为有需要的学生提供了方便，获得了家长和社会的广泛好评。2021 年，教育部发布相关文件政策，要求切实做好义务教育课后服务工作。事实上，从 2017 年至 2021 年，晶城中学已积累了一定的课后服务经验。这些成效都理应归功于学校所持有的中医"治未病"思想。这种先进的哲学观对学校教育管理行为产生了很大影响。

（三）搭建具有中医药特色的教学体系

打造中医药特色学校，必然离不开搭建具有中医药特色的教学体系。为更好地传承中医药文化，坚定文化自信，开阔学生视野，弘扬中华优秀传统文化，有必要探寻中医药文化的育人功能，并着手搭建具有中医药特色的教学体系。

学校在理论与实践探索中发现，中医药文化在德智体美劳方面均有育人价值和功效。

在德育方面，中医药文化中的"仁、和、精、诚"核心价值观极具育人价值。医心仁，医道和，医术精，医德诚。"仁"是中医学与中医人的出发点，是内心的信仰；"和"是中医药核心价值和思维方式的集中体现，是中医药学的灵魂所在；"精"是掌握中医药技术的根本要求；"诚"是对中医药从业者伦理道德和行为规范的总体要求。[①] 对于学生而言，"仁、和、精、诚"可以说是每位学生应该追求的品质。中医药文化德育

① 张其成. 中医药文化核心价值"仁、和、精、诚"四字的内涵[J]. 中医杂志，2018(22)：1895 - 1900.

内涵丰富，培养学生的“仁、和、精、诚”或与德育中爱国主义教育、行为规范教育等关联。

在智育方面，中医药文化博大精深，其智育价值源自其丰富的相关理论知识。例如，中医药学的杰出代表人物及其事迹等都可能对学生产生智育价值。有学者指出，中医药文化知识可以分为通识性理论知识和专业性理论知识，与历史、哲学、生物、化学、地理等学科关联性较强。①

在体育方面，太极拳、五禽戏等运动方法都是中医药文化的重要组成部分。以中医药文化育人，不仅有助于帮助学生了解传统运动方法，丰富学生传统文化涵养，还有利于增强学生身体素质，养成健康的生活方式。

在美育方面，中医药文化自古以来便与书法绘画、诗词歌赋等紧密相连。学者杨耀文、杨芳指出，中医药学家格外重视“医”与“药”的艺术化呈现，葛洪、陶弘景、傅青主等人既是一代名医，又是一代书画大家；青黛、半枫荷、金盏银盘等中草药名也都极具艺术气息，并多次出现在《红楼梦》等文学作品中。②

在劳育方面，中医药文化蕴含丰富的劳动教育资源，并有助于拓宽当代开展劳动教育的路径。神农尝百草、张仲景亦医亦政、李时珍为编写《本草纲目》跋山涉水等著名典故都是当代开展劳动教育的重要传统文化资源，彰显了古代人民的劳动精神；制作茶饮和药膳、进入中医药种植园采药等中医药文化活动也有助于丰富劳动教育的开展形式。③

综上所述，博大精深的中医药文化确有育人价值。而在学校的办学实践中，学校师生弘扬中医药文化的积极态度，也为学校搭建中医药特色教学体系增添了信心。

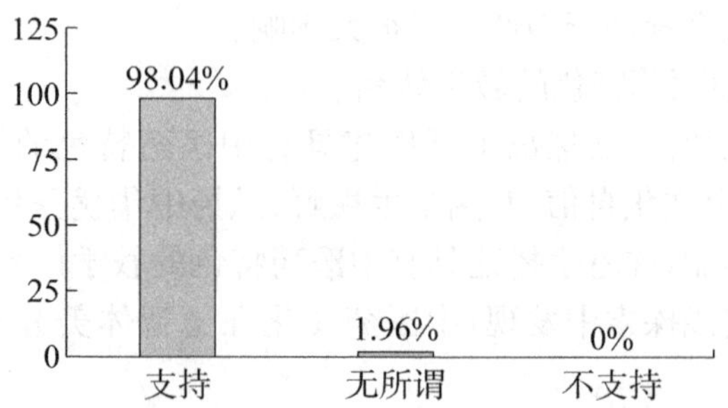

图 1-9　你是否支持学校的中医药文化办学特色？(教师卷)

① 杨耀文，杨芳．中医药文化育人价值及实现路径研究[J]．楚雄师范学院学报，2022(05)：63-64.
② 杨耀文，杨芳．中医药文化育人策略研究[J]．安徽农业大学学报(社会科学版)，2022(06)：131.
③ 杨耀文，杨芳．中医药文化育人策略研究[J]．安徽农业大学学报(社会科学版)，2022(06)：131.

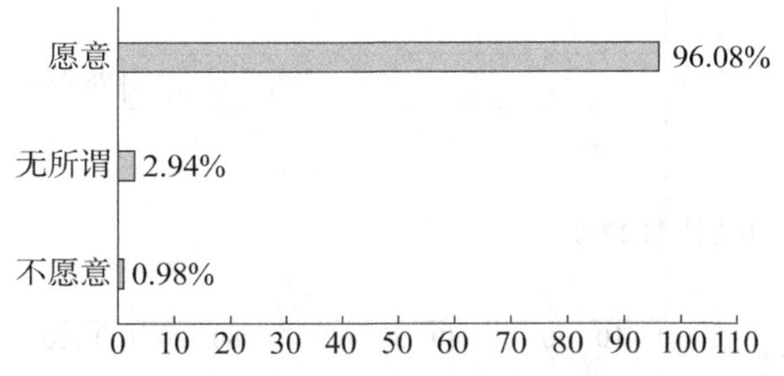

图 1-10　你愿意在平时教学中融入中医药文化吗?(教师卷)

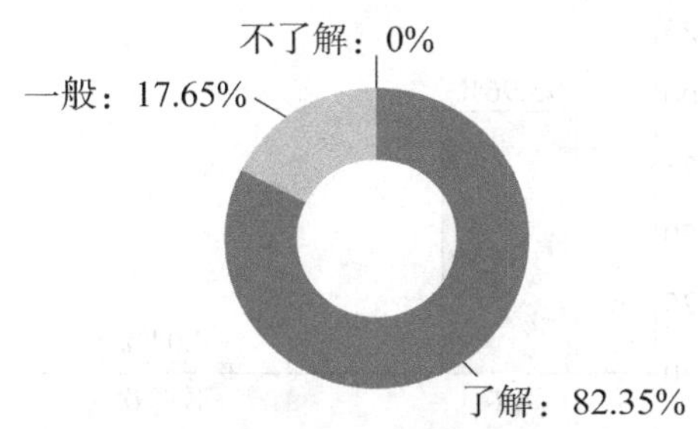

图 1-11　你了解中医药传统文化吗?(教师卷)

在教师层面,《晶城中学中医药文化进校园现状调查(教师卷)》结果表明,98.04%的教师对于学校打造中医药文化办学特色表示支持,96.08%的教师愿意在教学过程中融入中医药文化。教师是学校搭建中医药特色教学体系的主力军,获得学校教师的认可与支持,无疑增添了学校开展中医药特色办学的底气。但在开展中医药文化教育时,学校也应注重教师专业发展,拓宽教师学习中医药知识的路径,努力提升教师中医药文化素养。

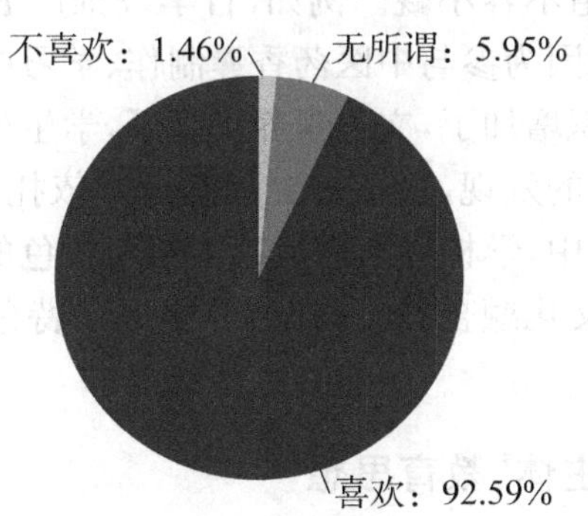

图 1-12　你喜欢中医药文化吗?(学生卷)

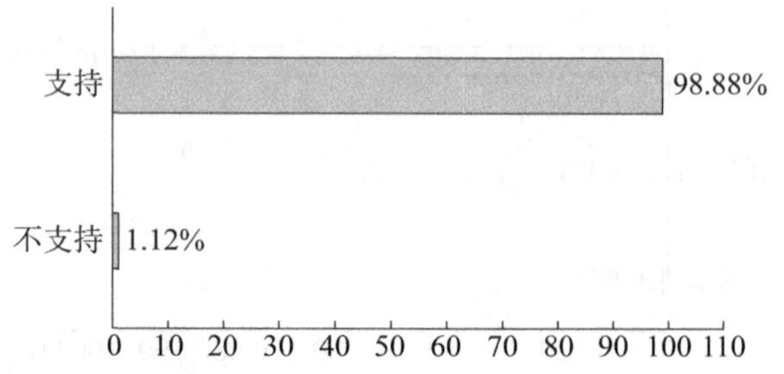

图 1-13 你对中医药文化进校园的态度是什么?(学生卷)

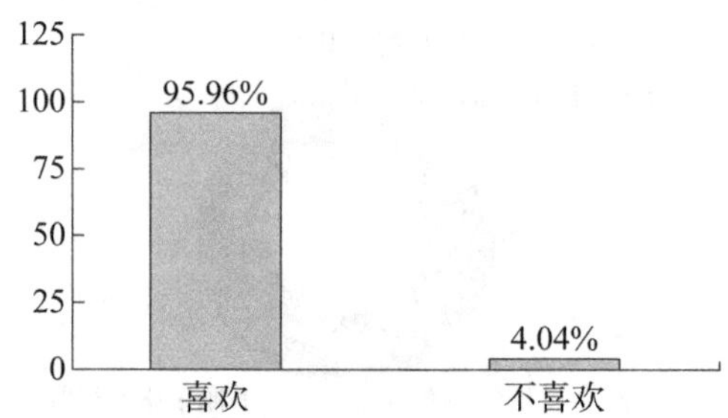

图 1-14 你喜欢参加学校的中医药特色活动吗?(学生卷)

在学生层面,《晶城中学中医药文化进校园现状调查(学生卷)》结果显示,92.59%的学生对于中医药文化表示喜欢,更有98.88%的学生对中医药文化进校园表示支持,95.96%的学生喜欢参加学校的中医药特色活动。兴趣是最好的教师,学生对于中医药文化的喜爱可以转化为学习的动力,推动学生自觉主动地参与中医药文化教育,进而提升中医药文化教育的育人实效。

在学校师生的支持和共同努力下,晶城中学积极开展中医药办学实践。实践证明,中医药文化的育人价值不容小觑。例如,自学校推广五禽戏以来,学生的精气神让人感到欣喜。又或者是因为参与中医药香囊制作、学习中医药相关典故、吟诵中医药歌诀,学生的中医药知识增加了,文化素养提高了,学生变得更加沉静专注,专注于学习。也正是这点点滴滴的发现,让学校更加坚定了依托中医药文化办特色教育的脚步。在不断探索与实践中,学校逐渐搭建起中医药特色的教学体系,结合五育融合理念,形成系统的中医药文化融合教育,在传承中医药特色文化的同时,努力提升育人质量。

三、贯彻始终:"三主体"教育思想

"三主体"教育是指教师、学生和家长作为教育主体相互配合协作,彰显各自的主体性,促进学生全面发展的教育。

从构词来看，“三主体”教育是由“三主体”和“教育”组成。“三主体”表示教师、学生和家长三元主体。但是，在“三主体”教育中，“三主体”的内涵又有新的发展，它指的是在教育过程中如何彰显教师、学生和家长三元主体的“主体性”。因此，从根本上来说，“三主体”教育是指教师、学生和家长作为教育主体相互配合、相互协作，彰显各自的“主体性”，促进学生的全面发展的教育。①

古有云：“一生二，二生三，三生万物。”所谓“三主体”，不能将其局限在教师、学生和家长三大教育主体内部，应该将其扩大至所有心系学校发展的人。回望五年多的办学历程，在“三主体”教育思想的指引下，晶城中学重视教师、家长和学生的互动与合作，将三方紧紧地联系在一起。在学校创办之初，学校发动家长与教师一同清扫校园，为学校开办蓄力；在“家长驻校制”的推行下和学生的民主提议下，学校的建设愈发完善。另外，“三主体”教育思想也让学校更加注重“家—校—社”三者之间的合作，力求让学校和家庭、社会教育的优势互补，资源共享，促成有效的教育合力，为学生提供健康、和谐的教育环境，更加科学有效地提高学生的综合素质。②

简单来说，自创办以来，晶城中学就始终贯彻“三主体”教育思想，打造“家—校—社”的“同心圆”，共同促进学生发展。正是在大家的共同努力之下，学校才能在短短五年之内小有成就，学校教育发展获得社会广泛好评。

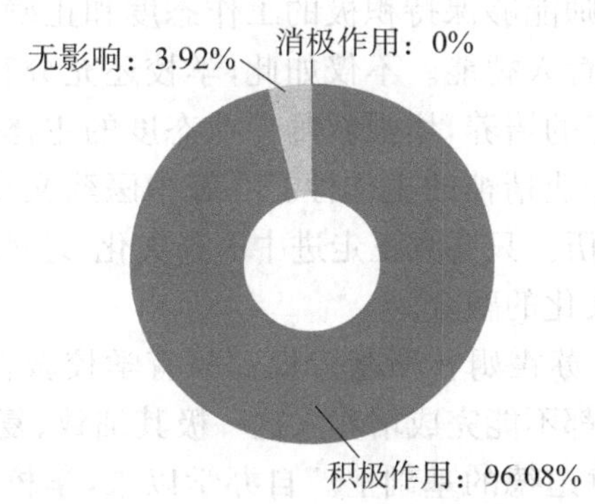

图 1-15　你认为“三主体”思想对开展中医药文化教育有何影响？（教师卷）

根据《晶城中学中医药文化进校园现状调查（教师卷）》结果，九成以上的教师认为“三主体”教育思想对开展中医药文化教育有积极作用。可以说，在“天人合一，情理相融”的办学理念引领下，学校承继中医药特色文化，开展中医药文化融合教育，依旧离不开“三主体”教育思想。没有“三主体”教育思想，中医药文化与教育的融合发展终究“站”不稳，“走”不远。

① 陈玉成，孙鹤娟．“三主体”教育：内涵、性质与价值[J]．教育研究，2012(10)：65．

② 黄志华．家校社协同，让教育有温度[J]．新教师，2022(07)：9－10．

（1）关注学生兴趣。一直以来，学生的主体地位得到了教育者的反复强调，它是进行教学的出发点、依据和归宿，是素质教育的核心，具有能动性、独立性、创造性和发展性四大特征。① 而关注学生兴趣，是尊重学生主体地位的重要表现，也是发挥学生主体性的有效保障。"兴趣是最好的老师"，是个体认识世界、探究事物、获得知识的倾向，是学习动机中最现实、最活跃、最具有强烈情绪色彩的非智力因素，是推动学生学习的内在动力。中医药文化博大精深，如何将广泛的中医药文化相关知识融入中学教育，让中学生听入耳、看入眼、记入心，并非易事。中医药文化育人不仅仅要关注专业性与通识性、科学性与人文性、灌输性与启发性，②也要充分考虑学生的身心发展特点，还要关注学生的兴趣。结合学生已有认知水平，关注学生兴趣，科学合理地设计中医药文化教育内容，提高育人效果，真正让中医药文化成为学生心中"喜闻乐见"的事。

（2）推动教师成长。打造一流的教师队伍，提升教师的专业素养，这是学校创新发展的重要保障。③ 中医提倡"仁者爱人""和谐统一""中正仁和"，这些无不传达着"和谐""平等""尊重""诚信"等理念。学校从"人与社会""人与自然"的和谐共存理念出发，形成"天人合一，情理相融"的办学理念，倡导"四情四理"与"精诚"，追求做人包容豁达、踏踏实实、精益求精、积极进取等。这些优秀的中医药文化无不渗透到学校的日常管理中，旨在让教师能够保持积极的工作态度和正确的教学观，平等耐心、有教无类，充分发挥教师的育人智能。不仅如此，学校还充分利用校内外资源，加强对教师个体中医药文化素养的培养，增强教师专业态度的主体性、专业知识的主体性、专业技能的主体性以及专业精神的主体性。办好中医药文化融合教育，离不开一支懂中医、爱中医的教师队伍。只有真正走进中医药文化，才能用其所用、尽其所能，更好地推动五育与中医药文化的融合。

（3）重视家校合作。苏霍姆林斯基曾说："只有学校教育而无家庭教育，或只有家庭教育而无学校教育，都不能完成培养人这一极其细致、复杂的任务。良好的学校教育要建立在良好的家庭道德的基础上。"自办学以来，学校就十分重视家长在教育中的作用。家长对于学校的评价、对待教师的态度，都可能在潜移默化中影响学生对于学校和教师的判断，进而影响学生在校的学习情况和身心发展。因此，有必要构建良好的家校合作关系。学校积极开展"家长驻校制"等活动，为家长了解学生的在校生活搭建平台，鼓励家长来学校"挑挑刺""找找碴"，让学校更好地适合每位学生的发展。不仅如此，学校还邀请不同行业的优秀家长在校开展讲座，丰富学生的学习生活。中医药文化融合教育的开展，离不开中医药领域的家长群体的倾力帮助，更离不

---

① 卜中海.今天怎样当老师[M].银川：宁夏人民教育出版社，2018：74－75.

② 杨耀文，杨芳.中医药文化育人策略研究[J].安徽农业大学学报（社会科学版），2022(06)：132－133.

③ 岳廷玉.知行之道[M].青岛：中国海洋大学出版社，2018：66.

开每位参与活动的家长的大力支持。

（4）用好社会资源。学校不是孤立的围墙，教育也是一项社会工程。[①] 在“三主体”教育思想的指引下，晶城中学十分重视教师、学生、家长在教育中的地位，并努力构建良好的师生关系、家校关系。不仅如此，学校还重视学校与社会的关系。积极主动地加强与社会的联系，坚持“走出去”与“引进来”相结合，自觉接受社会监督，让社会分享教育资源，构建学校、社会协同的良好教育生态，共同促进学生发展。在设计中医药文化融合教育时，学校也十分重视社会力量，在充分发挥中医药大学附属校办学优势的基础上，努力用好社会资源。一方面，学校可以借助校外场地，开辟中医药校外实践基地，让学生走出校园，在更为动态、开放、主动、多元的学习环境中感知中医药文化的魅力。另一方面，学校将中医药相关专业人士“请进来”，邀请他们为教师开展培训，为师生开设讲座，为学生开设课程等。另外，晶城中学重视与社区的关系，积极探索学校和社区资源共建的新路，构筑学校与社区的良好关系，扩大中医药文化辐射圈。

简言之，“三主体”教育思想如和煦的春风般，一直温暖着学校教师、学生、家长的心灵；如智慧的甘霖，浇灌着学校的过去、现在与未来；如远方的灯塔，照亮学校走向理想的未来。开展中医药文化融合教育，离不开“三主体”教育思想的贯彻执行，学校充分发挥“三主体”教育思想的影响力，积极关注学生兴趣，努力推动教师成长，重视良好家校合作，用好广泛社会资源，为开展中医药文化融合教育保驾护航。

第三节　中医药文化与教育五育融合的理论基础

中医药文化与教育五育融合涉及五育融合理念与中医药文化教育的结合，理论基础包括：马克思主义关于人的全面发展学说、杜威“从做中学”教育思想、陶行知生活教育理论、文化传承与认同理论。其中，马克思主义关于人的全面发展学说为明晰五育融合的生成逻辑、助力学生全面发展提供了最根本的理论指导；杜威“从做中学”教育思想和陶行知生活教育理论为学校中医药融合教育实践提供了理论支持；文化传承与认同理论深化了学校开展中医药文化融合教育的价值与意义。

一、马克思主义关于人的全面发展学说

马克思主义关于人的全面发展学说并不是一蹴而就的，它的提出、形成与发展是有一个过程的，它本身是不断丰富和发展着的。它是马克思主义教育思想的重要组

① 李国.我对教育100个问题的思考[M].北京：中国文联出版社，2007：276.

成部分,也是制定社会主义教育方针、确立社会主义教育目的的理论基础。① 人的全面发展是马克思、恩格斯致力于解答的核心议题,提出实现全人类的解放和人的全面发展,建立自由人的联合体,是马克思主义的崇高目标,也是马克思主义的根本价值。②

在马克思主义的经典著作中,“个人全面发展”“个人自由发展”“个性全面发展”等都是关于人的全面发展的相关提法。马克思在《1844 年经济学哲学手稿》中指出,私有制的扬弃是一切人的感觉和属性的完全的解放。③ 这被视为关于人的全面发展思想的萌芽。有关马克思、恩格斯对于“人的全面发展”的代表性论述,较早可以追溯至《在爱北斐特的演说》和《德意志意识形态》两本著作。1845 年,恩格斯在《在爱北斐特的演说》中提出,每个人都“无可争辩地有权全面发展自己的才能”。1845 年至 1846 年,马克思和恩格斯在《德意志意识形态》中,从哲学的角度,用辩证唯物主义和历史唯物主义的观点探讨了人的发展、片面发展以及全面发展的问题,揭示了社会生产力和交往形式之间的矛盾,指出人的发展受着自己的生产力的一定发展以及与这一发展相适应的交往形式的制约。④ 他们指出:“在共产主义社会里,任何人都没有特殊的活动范围,而是都可以在任何部门内发展,社会调节着整个生产,因而使我有可能随我自己的兴趣今天干这事,明天干那事,上午打猎,下午捕鱼,傍晚从事畜牧,晚饭后从事批判,但并不因此就使我老是一个猎人、渔夫、牧人或批判者。”⑤

1847 年,恩格斯在《共产主义原理》中把“全面发展的人”称作“全新的人”,即是“各方面都有能力的人,即能通晓整个生产系统的人”⑥。这些人能够根据社会需要或自身爱好,轮流从一个生产部门转到另一生产部门。1866 年,马克思从理论与实践的角度具体提出了工人一代的全面发展教育思想,“把教育理解为以下三件事。第一,智育。第二,体育,即体育学校和军事训练所教授的那种东西。第三,技术教育,这种教育要使儿童和少年了解生产各个过程的基本原理,同时使他们获得运用各种生产的最简单的工具的技能”⑦。1867 年,马克思在《资本论》中用唯物辩证法阐述了他的经济学理论,并从经济学的角度出发,进一步论述了人的全面发展理论。他指出:“大工业的本性决定了劳动的变换、职能的更动和工人的全面流动性。”⑧如此,大工业生产本身就要求“工人尽可能的多方面发展”,成为“把不同社会职能当作互相交

---

① 张淑明. 马克思关于人的全面发展学说及其教育意义[J]. 理论月刊,2007(07):14-16.

② 李敏. 马克思主义人的全面发展学说与素质教育[D]. 成都:电子科技大学,2004.

③ 马克思. 1844 年经济学哲学手稿[M]. 北京:人民出版社,1979:87.

④ 卢曲元. 教育哲学探究[M]. 长沙:湖南师范大学出版社,2018:3.

⑤ 马克思,恩格斯. 马克思恩格斯选集(第一卷)[M]. 北京:人民出版社,1995:85.

⑥ 马克思,恩格斯. 马克思恩格斯选集(第一卷)[M]. 北京:人民出版社,1972:223.

⑦ 马克思,恩格斯. 马克思恩格斯全集(第十六卷)[M]. 北京:人民出版社,1964:218.

⑧ 马克思,恩格斯. 马克思恩格斯全集(第二十三卷)[M]. 北京:人民出版社,1972:534.

替的活动方式的全面发展的个人"①。1877年，恩格斯在《反杜林论》的《社会主义》篇中对马克思主义关于人的全面发展学说进行了总结性论述，阐明只有在社会主义与共产主义社会里，才能"造就全面发展的一代生产者"②，人们才能得到真正的全面发展。

整体而言，从1844年至1877年，马克思、恩格斯从哲学、政治经济学等不同角度阐释了关于人的全面发展理论，这些论述既是互相联系的，又是不断丰富和发展着的。马克思主义关于人的全面发展学说的基本内容主要包括以下三个方面：

其一，人的全面发展，表现为人的体力和智力的全面发展。劳动是人存在和发展的方式，劳动创造了人，人们"不仅用脑劳动，而且用双手劳动"③。全面发展的人，必须是把体力劳动与脑力劳动结合起来的人。通过劳动，人在改造客观世界的同时也改造自身，在劳动中获得自身的发展。马克思曾说："我们把劳动力或劳动能力，理解为人的身体，即活的人体存在的，每当人生产某种使用价值时就运用的体力和智力的总和。"④人的体力和智力是人从事一切劳动的生理和心理基础，将体力劳动与脑力劳动结合起来，并不意味着用等量的时间去参加体力劳动与脑力劳动活动，而是指人人都能用脑和手来劳动。在塑造全面发展的人的过程中，要求体力劳动与脑力劳动相结合，也要求人的智力和体力得到充分且全面的发展。

其二，人的全面发展，表现为思想情感和道德的充分发展。马克思在《资本论》中指出，工场手工业把工人变成畸形物，"压抑工人的多种多样的生产志趣和生产才能"⑤。"生产志趣和生产才能"不仅是生产知识和技能，还包括思想情感和道德因素。实际上，人的生存和发展包含多方面的需要，除了物质需要外，还包含精神、道德、审美和情感上的需要。人们不只是生活在物质世界，还需要生活在一个有意义的精神世界里。那种能够替代"只是承担一种社会局部职能的局部个人"，"把不同社会职能当作互相交替的活动方式的全面发展的个人"⑥，不仅仅是知识才能得到多方面发展的人，还应该是在思想觉悟、道德情感、精神情趣等方面得到充分发展的人。

其三，人的全面发展，表现为人与社会的协调统一与全面发展。在马克思看来，一个人的发展取决于和他直接或间接进行交往的其他一切人的发展。人与人之间通过情感、信息等交流，取长补短，进而丰富、发展和完善自身。换言之，一个人"只有在社会中并通过社会来获得他们自己的发展"，人的全面发展离不开社会关系的丰富和发展。不仅如此，个体与社会应是协调统一的，人不是抽象孤立的，人是社会的存在

---

① 马克思，恩格斯. 马克思恩格斯全集(第二十三卷)[M]. 北京：人民出版社，1972：536.
② 马克思，恩格斯. 马克思恩格斯选集(第三卷)[M]. 北京：人民出版社，1972：335.
③ 马克思，恩格斯. 马克思恩格斯选集(第十六卷)[M]. 北京：人民出版社，1964：217.
④ 马克思，恩格斯. 马克思恩格斯选集(第二卷)[M]. 北京：人民出版社，1995：172.
⑤ 马克思，恩格斯. 马克思恩格斯文集(第五卷)[M]. 北京：人民出版社，2009：417.
⑥ 马克思，恩格斯. 马克思恩格斯全集(第四十四卷)[M]. 北京：人民出版社，2001：561.

物,“社会关系实际上决定着一个人能够发展到什么程度”。特定的社会条件是每一时代的人们存在的基础和前提,既促进个体的发展,又制约着个体的发展,人的全面发展既要以社会的全面发展和高度完善作为条件,又要以进一步推动和促进社会的全面发展为目的。①

基于马克思主义关于人的全面发展学说,有学者分析了五育融合的生成逻辑,探讨了“物化”的教育与“片面的人”的生产,指出人全面而自由的发展,需要转变教育育人方式,从“物的”方式育人转为“人的”方式育人,要以人为目的而非手段,突出人的主体性、全面性、自由性。具体为:“物的方式”的教育在当前发展阶段已失去了合理性基础,不可能实现每一个生命主体的全面发展。五育融合作为一种育人方式,是在实践中生成的教育智慧,是对“物的方式”的教育的反思和对“人的方式”的教育的突破,彰显了“人本”的育人方向。五育融合聚焦人的全面而自由发展的当代价值,否认“经济动物”的物化培养取向,否定片面化、非人化的培养方式。我们将看到使人与自身相分离的“五育不全”和“五育割裂”的“物的”育人方式在人类发展进程中逐渐走进历史,促使人与自身相统一的五育融合的“人的”育人方式在反思和建构的助推下开始走向现实。五育融合凸显了教育与人的关系定位,是人的全面而自由发展的有力抓手,是实现人的全面发展及人与自然、社会的和谐发展的重要方式。②

简言之,马克思主义关于人的全面发展学说为五育融合的创生奠定了重要的理论基础。晶城中学在探寻中医药文化与五育融合的过程中,理应将马克思主义关于人的全面发展学说列为最基本的理论依据,明晰五育融合的生成逻辑与时代价值,以期更好地开展中医药文化融合教育,在普及中医药文化相关知识,继承和发扬中医药文化精神的同时,实现学生全面而有个性的发展。

二、杜威“从做中学”的教育思想

约翰·杜威(John Dewey, 1859—1952)是美国实用主义哲学家和教育家。杜威的哲学理论和教育思想对美国乃至世界都产生了广泛而深刻的影响,其代表作有《民主主义与教育》《我的教育信条》《学校与社会》《儿童与课程》《我们怎样思维》《明日之学校》等。关于“什么是教育”的问题,杜威的回答是:教育即生活,教育即生长,教育即经验的持续不断的改造。③ 杜威继承和发展了皮尔斯创立、詹姆士使之通俗化的实用主义哲学,并将其具体运用到社会事物和教育领域中。④ 在杜威的教育哲学中,“经验”占据着重要的位置。主要体现在:

---

① 李敏. 马克思主义人的全面发展学说与素质教育[D]. 成都:电子科技大学,2004.

② 宁本涛,樊小伟. 论“五育融合”的生成逻辑和实践路径[J]. 杭州师范大学学报(社会科学版),2022(05):64.

③ 吴式颖,李明德. 外国教育史教程(第三版)[M]. 北京:人民教育出版社,2015:334.

④ 杨光富. 传奇教育家杜威[M]. 太原:山西人民出版社,2018:129.

其一，杜威克服了经验与理性的对立，认为理性不是凌驾于经验之上，而是富于经验之中，并在经验中不断修正，经验的过程就是一个实验的过程、运用智慧的过程、理性的过程。① 其二，杜威拓宽了经验的外延，"教育即经验的改造"中的经验也就不只是知识的积累，而是构成人的身心的各种因素的全面改造、全面发展、全面生长，绝非"主智主义"的命题。② 其三，杜威强调经验过程中人的主动性，认为经验中有一个"交互作用"原则，也就是说机体与环境相互作用。这个原则要求在教育的过程中应该尊重儿童的身心发展条件和水平，顾及儿童的兴趣，提高儿童参与教育过程的积极性与主动性。③

从克服传统教学的弊端出发，杜威以其经验论为基础，对知与行的关系进行了论述，提出了著名的"从做中学"理论。在《明日之学校》中，杜威明确提出："行动是理解的测验，换一种简单的说法，即从做中学要比从听中学更是一种较好的方法。"④"从做中学"也可以称为"从经验中学""从活动中学"。杜威要求从做中学、从经验中学，要求以活动性、经验性的主动作业来取代传统书本式教材的统治地位。⑤

"从做中学"的提出有三个方面的依据⑥：

第一，"从做中学"是儿童的自然发展进程的开始。通过"从做中学"，儿童能够在自身的活动中进行学习，从而开始自然的发展进程。而且，儿童只有通过这种富有成效和创造性的运用，能够更好地获得、牢固地掌握有价值的知识。

第二，"从做中学"是儿童的天然欲望的表现。在杜威看来，儿童生来就有一种欲望——要做事，要工作。一切有教育意义的活动，主要的动力在于儿童本能的、由冲动引起的兴趣上。针对儿童有要做事和工作的天然欲望，杜威认为教育者应该加以引导和发展，让儿童在真正有意义的活动中进行学习。

第三，"从做中学"是儿童的真正兴趣的所在。杜威认为，生长中的儿童的兴趣主要是活动，对于儿童而言，重要的和最初的知识来源于做事或工作的能力。因此，儿童会对"从做中学"产生一种真正的兴趣，用一切的力量和感情去从事使他自己感兴趣的活动。当儿童参与不受压抑的活动时，他们几乎总是幸福的、高兴的。因此，应该让儿童在学校有一些事要做，让儿童去探究，而不是整天静坐在课桌旁。

"从做中学"主要包括以下要点：

第一，"从做中学"要符合儿童成长与发展的特点。不同年龄阶段的儿童对做事

---

① 吴式颖，李明德. 外国教育史教程(第三版)[M]. 北京：人民教育出版社，2015：336 - 337.

② 吴式颖，李明德. 外国教育史教程(第三版)[M]. 北京：人民教育出版社，2015：337.

③ 吴式颖，李明德. 外国教育史教程(第三版)[M]. 北京：人民教育出版社，2015：337.

④ 约翰·杜威. 学校与社会·明日之学校[M]. 赵祥麟，任钟印，吴志宏，译. 北京：人民教育出版社，1994：286.

⑤ 吴式颖，李明德. 外国教育史教程(第三版)[M]. 北京：人民教育出版社，2015：340.

⑥ 单中惠. "从做中学"新论[J]. 华东师范大学学报(教育科学版)，2002(03)：77 - 79.

和活动会有不同的要求，因此，“从做中学”应与儿童的年龄阶段差异性相结合，参与的活动也因人而异。“指望一个幼小儿童从事的活动像年龄较大的儿童所从事的活动那样复杂，或者指望年龄较大的儿童所从事的活动像成人所从事的活动那样复杂，这是可笑的。”教育者应根据儿童的年龄阶段提出活动要求，安排活动内容以及多样的活动方式。① 适合儿童的活动主要有三个标准：其一，活动应满足儿童的基本需要，如吃、穿、住、行，因其现实性可以直接激发儿童的兴趣和动力。其二，活动要既能引起儿童的兴趣，又在儿童的能力范围之内。其三，活动需要满足社会性。儿童参与的活动不仅仅是他们感兴趣的东西，也象征着社会的情况，并包括儿童能感知和理解的种种关系。②

第二，“从做中学”满足儿童的本能。杜威强调：“现代心理学已经指明了这样一个事实，即人的固有的本能是他学习的工具。一切本能都是通过身体表现出来的。所以抑制躯体活动的教育，就是抑制本能，因而也就是妨碍了自然的学习方法。”学习、活动的本能是教育活动的基础。杜威重视儿童的主动性，反对任何企图压制学习、活动本能的教育。教育者应当扮演好引导者的角色，倘若教育者能真正选择那些具有教育意义、引发孩子兴趣的活动，也许传统的学习方式会发生一场“哥白尼”式的变革。但是，一旦这种生长点被教育者忽视，极佳的教育机会就转瞬即逝了。③

第三，以“兴趣”为学习导向。对于儿童而言，他们更渴望自由，不愿受拘束，渴望亲身实践，运用自己的能力创造独特的成就。在“从做中学”的过程中，通过操作与运用直接材料，以及对知识的实际运用，学生获得比“事实”更加重要的能力，勇于尝试而学习到的东西才真正令人印象深刻。通过“从做中学”，儿童得以全身心投入自己感兴趣的活动，并从中学习。与此同时，儿童发现问题、探索问题、解决问题的能力，以及创造性思维也能够得到培养。教育不应压抑孩子的天性，迫使他们每日静坐学习，而应该让儿童在学习生活中保持愉快的心境和轻松的学习状态。如此，他们自然能够燃起学习兴趣。另外，在儿童成长初期，儿童的好奇心驱使他们对眼前的玩具或游戏都感兴趣，看到新奇的事物一定要去看、去触摸、去询问。实现“从做中学”，教育者也可以发现儿童的兴趣所在，培养儿童真正的兴趣。教育者要以儿童的身心发展、兴趣和关注点为参考，判断他们成长到了什么阶段、在什么时候参与什么活动能兴致高涨、积极主动地学习和活动。④

第四，提供“从做中学”的环境。教育者应提供一个“从做中学”的环境，并指导儿童去选择要做的事情和从事的活动。在“从做中学”时，儿童“仅仅是去做，不管怎样

① 戴伟芬. 杜威画传[M]. 济南：山东教育出版社，2018：72 - 73.
② 单中惠. “从做中学”新论[J]. 华东师范大学学报(教育科学版)，2002(03)：80.
③ 戴伟芬. 杜威画传[M]. 济南：山东教育出版社，2018：73 - 74.
④ 戴伟芬. 杜威画传[M]. 济南：山东教育出版社，2018：74 - 75.

生动,都是不够的",这些活动或设计一定是要在学生的经验范围内,并且和他们的需要相联系。但是,这也"决不等于他们能够有意识地表现出任何的喜爱和愿望"。需要注意的是,一个好的活动设计应该是它是不是足够充分和足够复杂,向不同的儿童要求各种不同的反应,并允许每个儿童自由地去做,而且按照自己特有的方式做出他的贡献。不仅如此,一个良好的活动进一步检验的标志是"它有着一个足够长的时间幅度,为的是把一系列的努力和探究都包括在里面,并且以这样的方式把它们包括起来,那就是每一步开辟了一个新的方面,引起新的问题,唤起对更多的知识的需要,还要在已经完成了什么并在获得知识的基础上提出下一步做什么"。①

整体而言,杜威的"从做中学"教育思想体现了现代教育的特征,有助于儿童的整体发展,"从做中学"在身体层面,促使儿童的身体活动,也促使儿童手和眼的协调;在心理层面,提高儿童的自制力,增强儿童的自信心;在智力层面,使得儿童获得知识,锻炼能力;在道德层面,促使儿童更好地了解社会,培养社会性习惯,以及应对新的环境。② 此外,"从做中学"还引起了课堂教材上的变化,这要求"有更多的实际材料,更多的资料,更多的教学用具,更多做事情的机会"。③ 当然,值得注意的是,杜威提倡"从做中学",并不意味着他将个人直接经验与间接经验对立起来,他并不反对间接经验本身,他所反对的是"传统教育中那种不顾儿童接受能力的直接灌输、生吞活剥式的获取间接经验的方式"④。

反观晶城中学在中医药文化与教育五育融合过程中,如何避免填鸭式的中医药文化知识传授,引导学生获取较系统的知识的同时,能够兼顾他们的心理水平,探索活动性、经验性、探究性课程,杜威"从做中学"教育思想是其重要的理论基础。

三、陶行知生活教育理论

陶行知是我国现代教育史上著名的教育家,他毕生致力于教育事业,"捧着一颗心来,不带半根草去"是他光辉一生的真实写照,毛泽东称其为"伟大的人民教育家"。其教育代表作有《中国教育改造》《教学做合一讨论集》《普及现代生活教育之路及其方案》《怎样做小先生》等。他一生教育思想丰富,有生活教育理论、平民教育思想、乡村师范教育思想等主要理论体系。他不仅创立了完整的教育理论体系,还进行了大量教育实践。他在晓庄学校先后做了《生活工具主义之教育》《教学做合一》《在劳力上劳心》《生活即教育》等演讲,系统阐述了"生活即教育""教学做合一""社会即学校"等理论,形成了他的生活教育理论体系。生活教育是陶行知教育思想的精华和核心,既适合

① 约翰·杜威.杜威教育论著选[M].赵祥麟,王承旭,编译.上海:华东师范大学出版社,1981:260.

② 单中惠."从做中学"新论[J].华东师范大学学报(教育科学版),2002(03):80-81.

③ 单中惠."从做中学"新论[J].华东师范大学学报(教育科学版),2002(03):82.

④ 吴式颖,李明德.外国教育史教程(第三版)[M].北京:人民教育出版社,2015:340.

当时中国国情,又符合世界近现代教育潮流,时至今日依然具有较强的理论指导意义。

陶行知的生活教育思想是针对当时传统教育的弊病提出来的,强调教育与生活的结合,学校与社会的联系,教与学、理论与实践合一。陶行知重视教育与生活的联系是受裴斯泰洛齐启发并受杜威直接影响的。陶行知从1914年至1917年在美国留学,曾师从杜威,其生活教育理论是对杜威教育思想的吸收和改造。杜威认为"教育即生长",并由此得出"教育即生活""学校即社会"的论断。而陶行知生活教育理论的内涵为"生活即教育""社会即学校"。杜威认为教学过程要以儿童为中心,强调"从做中学"。受到杜威的启发,陶行知提出"教学做合一"的理论。陶行知对于杜威教育思想的吸收和改造,是建立在充分认识中国教育传统和现实的基础之上的,他不仅考虑到一般传统教育脱离社会生活的状况,还考虑到中国学校教育的十分不普及和民众极其缺乏教育的现实。

陶行知的生活教育理论的基本观点包括:"生活即教育""社会即学校""教学做合一"。这三大教育原理构成了陶行知"生活教育"概念的内涵和外延,是陶行知生活教育理论的"三大基石"。①

从定义上说:生活教育是给生活以教育,用生活来教育,为生活向前向上的需要而教育;从生活与教育的关系上说:是生活决定教育;从效力上说:教育要通过生活才能发生力量而成为真正的教育。②

(1) 生活即教育。"生活即教育"是生活教育理论的主体,体现了对教育本质的诠释。所谓"生活即教育",就是要求教育与实际生活联系,克服传统教育脱离生活,甚至与生活相对立的弊端。具体包括三层含义:其一,生活含有教育的意义。生活随时随地在发生教育的作用,过什么生活也便是在受什么教育,生活伴随人生始终,人的一生都在接受生活教育。其二,实际生活是教育的中心。教育不能脱离生活,教育的内容与方法要根据生活的需要确定,教育要通过生活来进行,要"用生活来教育",教育与生活要有高度的一致。其三,生活决定教育,教育改造生活。一方面,教育的目的、原则、内容、方法都为生活所决定,是为了"生活所必需";另一方面,教育又能改造生活,推动生活进步。教育不仅改造着社会生活,也改造着每个人的生活。③

(2) 社会即学校。陶行知认为,杜威的"学校即社会"依旧是一种鸟笼式的教育。他认为,应该扩大教育的范围,凡是生活的场所,都是教育的场所。要跨出校门,走向社会,把马路、弄堂、乡村、工厂、店铺等都视为学校,成为课堂,达成学校与社会合一,也就是"社会即学校"。这是"生活即教育"思想在学校与社会关系问题上的具体化。具体包括两层含义:其一,"社会即学校"是指"社会含有学校的意味",或者说"以社会

① 申林静.陶行知生活教育理论研究[D].武汉:华中师范大学,2008.

② 中央教育科学研究所.陶行知教育文选[M].北京:教育科学出版社,1981:267.

③ 孙培青.中国教育史(第四版)[M].上海:华东师范大学出版社,2019:481-482.

为学校”。整个社会是生活的场所,也是教育的场所。“社会是大众唯一的学校”,大众应在社会中学习、向社会学习。其二,“社会即学校”是指“学校含有社会的意味”。学校通过与社会结合,一方面“运用社会的力量,使学校进步”,另一方面“动员学校的力量,帮助社会进步”,使学校真正成为社会生活中不可缺少的部分。学校与社会存在“互济”作用,有必要根据社会需要对传统学校进行改造。①

(3) 教学做合一。“教学做合一”是陶行知生活教育理论中的教学论,是“生活即教育”在教育方法问题上的具体化。主要包括四个要点:其一,“教学做合一”要求“在劳力上劳心”。学生要“手脑双挥”,目前的教育须做到“教劳心者劳力——教读书的人做工”,也要做到“教劳力者劳心——教做工的人读书”。其二,“教学做合一”是因为“行是知之始”。行(做)是知识的重要来源,也是创造的基础,身临其境,动手尝试,才有真知,才有创新。中国的教育须从行动开始,而以创造为结束。其三,“教学做合一”要求“有教先学”和“有学有教”。“有教先学”即“以教人者教己”,教人者应先将所教材料“弄得格外明白”,同时还要“为教而学”,即要先明了所教对象为什么学、要学什么,以及怎么学等问题。“有学有教”即“即知即传”,要求会者教人学,能者教人做,还要求不可保守,不应迟疑,也不能间断。其四,“教学做合一”是对注入式教学法的否定,不能不顾学生的学、不顾学生和社会生活的需要。教与学都必须以“做”为中心,“教的法子根据学的法子,学的法子根据做的法子;事怎样做便怎样学,怎样学便怎样教”。教服从于学,而教、学都是服从学生的需要。②

陶行知生活教育理论反对学校与社会割裂、书本与生活脱节、劳心与劳力分离,鼓励从学生的需要出发,强调教育与生活的联系,主张“教学做合一”等,这些至今都富有启示意义。中医药是中华民族的伟大瑰宝,与学生的日常生活联系紧密。从个体角度来说,学习了解中医药文化相关知识,不仅能够丰富学生的生活常识,还能够涵养学生的文化素养,培养学生的思想品德,促进学生的健康成长。从社会角度来说,中医药文化教育有助于传承与弘扬中医药文化,助力中华优秀传统文化的继承与发展。在开展中医药文化融合教育时,教育者可以根据学生的需要,鼓励学生动手创造,在行动中探索真知,做到“教学做合一”。教师也应该做到“有教先学”“有学有教”。总而言之,陶行知的生活教育理论对于开展中医药文化融合教育具有重要的理论指导价值。

四、文化传承与认同理论

简单来说,文化是指人类发展过程中所创造的物质财富和精神财富的总和。

文化是人类在社会发展过程中,各种风貌综合动态的人文积累,并以传承的方式

① 孙培青.中国教育史(第四版)[M].上海:华东师范大学出版社,2019:482-483.
② 孙培青.中国教育史(第四版)[M].上海:华东师范大学出版社,2019:483-484.

反哺、化育民众，让民众通过传统文化，再创新文明、展现新辉煌。它是人类在社会发展过程中所创持的可代代相传的物质财富和精神财富的总和。①

(1) 文化传承理论。“传”有传递、传授、传于后代、继承等意；“承”有接受、担负、担任、承受之意。每个民族都有自己独特的文化，文化是一个民族之所以为一个民族的根基和标志，文化因传承而得以保存，因传承而得以发展，因传承而得以创新。文化传承实际上就是人类学家所说的文化濡化过程，是指文化在一个共同体（如民族）的社会成员中接力棒似的纵向交接的过程，这个过程因受到生存环境和文化背景的制约而具有强制性和模式化要求，最终形成文化的传承机制，使人类文化在历史发展中具有稳定性、完整性、延续性等特征。②

一个民族的文化在传承过程中具有特有的教育功能。从教育人类学研究的角度来看，民族文化传承对人的影响体现在知识和观念的层面，如故事的讲述、史诗的咏唱等；也体现在对人的智力因素的形成上，如刺绣、围棋、中医诊断等对观察力的影响等；还体现在对人的非智力因素形成上，如在进行游戏和对抗性的体育运动时，③可以说，文化传承具有促进人类发展的教育人类学意义。

文化传承与教育的关联不止于此。文化传承具有教育意义，反过来，教育又是人类文化传承的重要途径，在文化传承中发挥着重要作用。

可以说，教育与文化传承之间互为依存、相互促进。弘扬中华优秀传统文化，是教育的一项重要任务。我国《中华人民共和国教育法》第一章总则第七条明确规定：“教育应当继承和弘扬中华优秀传统文化、革命文化、社会主义先进文化，吸收人类文明发展的一切优秀成果。”民族文化是一个民族的根，是一个民族的骄傲，是教育的重要源泉。教育又是民族文化得以保留和传承的重要途径。通过教育，文化传播到社会个体及群体当中，形成特定的心理倾向、思维习惯、审美意识和道德观念，并逐步积淀下来，凝聚成传统，影响着一代又一代人。④

(2) 文化认同理论。“认同”一词最初源于哲学中两事物相同时“甲等于乙”的同一律公式。《新哥伦比亚百科全书》将其归为哲学的范围，表示“变化中的同态或同一问题”。后来，美国心理学家爱利克·埃里克森(Erik Erikon)将认同引进心理学，认为认同实质是对我/他关系的一种界定，适用于任何实体，包括个人和集体。……一般来讲，认同是指个人或群体在社会交往中，通过辨别和取舍，从精神上、心理上、行为上等将自己和他人归属于某一特定客体。地域、语言、风俗习惯、民族文化、职业、

---

① 郭蕊.“优秀传统文化进校园”的现状及促进策略研究[D].昆明：云南师范大学，2019.

② 谢红雨，肖荷.文化教育人类学视野下民族文化传承的教育路径研究[J].民族高等教育研究，2017(01)：23.

③ 王军.民族文化传承的教育人类学研究[J].民族教育研究，2006(03)：12－14.

④ 谢红雨，肖荷.文化教育人类学视野下民族文化传承的教育路径研究[J].民族高等教育研究，2017(01)：24.

身份、国家制度等通常是认同的媒介。①

“文化认同”是指对人与人之间或个人与群体之间的共同文化的确认。有学者指出：同其他认同形式一样，文化认同的主题是自我的身份以及身份正当性的问题。具体来说，一方面，要通过自我的扩大，把“我”变成“我们”，确认“我们”的共同身份；另一方面，又要通过自我设限，把“我们”同“他们”区别开来，划清二者之间的界限，即“排他”。只有“我”，没有“我们”，就不存在认同问题了；只有“我们”，没有“他们”，认同就失去了应有的意义。这两个方面是不可分割的。文化认同的独特之处就在于，认同的指标不是人们的自然属性或生理特征，而是人们的社会属性和文化属性。由于人们的社会属性和文化属性都是后天的和可变的，文化认同也具有相对性、可变性。一般来说，民族认同、社会认同对于个人而言是相对稳定和不可选择的。文化认同的可变性意味着，它在一定意义上是可以选择的，即选择特定的文化理念、思维模式和行为规范。这些文化理念、思维模式和行为规范，都体现着一定的价值取向和价值观，因为文化本身就是一个价值观念体系。因此可以说，文化认同的核心是价值认同和价值观认同。②

其实，不同学者对文化认同有不同的看法，但也能找到共性，如文化认同中自我身份的认同问题。可以说，文化认同实质是一种“自我认同”。文化认同是民族认同的基础，对于一个民族乃至国家的文化凝聚力起到稳定和维系作用。

当今学界的众多学者从不同的视角对文化认同本质和内涵给予了解读，在这之中最有代表性的观点是价值类型说和态度情感说。两者都认为，个体的文化认同其实是社会文化在个体内心中稳定的体现。其表现为个体对于某种相对稳定的文化模式的确认感，包括宗教信仰、语言艺术、社会价值规范、风俗习惯等的认同，其实质是一种“自我认同”的再现。随着社会文化建设的推进，文化的认同区域已经打破了传统的单一的族群文化认同，已经从血缘扩展为地缘的文化认同，对一个民族乃至国家的文化凝聚力起到稳定和维系作用。③

那么什么是中华民族文化认同呢？有学者称：中华民族文化认同，即以中华优秀传统文化为介质的民族自我肯定、自我同一、自我激励和自我凝聚。中华民族文化认同是对千百年来积累下来的殷厚传统文化和价值观念的认可并予以内化，使中华民族整体更有包容性和亲和力。④

美国著名心理学家埃里克森指出 12 岁至 18 岁，个体处于青春期，开始受到自我

---

① 滕星，张俊豪. 试论民族学校的民族认同与国家认同[J]. 中南民族学院学报（哲学社会科学版），1997(04)：105.

② 孙来斌. 中国梦之中国复兴[M]. 武汉：武汉大学出版社，2015：209 - 210.

③ 陈振勇，等著. 少数民族体育文化促进民族关系和谐的理论与实践研究[M]. 北京：中国广播影视出版社，2016：23.

④ 林伟健. 国家凝聚力：从文化认同到政治认同[J]. 广东省社会主义学院学报，2009(03)：5 - 7.

概念问题的困扰，体验着自我同一性和角色混乱的冲突，简单来说，就是开始考虑“我是谁”这一问题。① 对于个体来说，若不能很好地确立自我同一性，就不利于其心理健康和更好地社会化。同样，对于社会来说，缺少文化认同感不利于社会和谐稳定，不利于社会群体中的个体形成社会同一性。传统文化可以让中学生保持一种强烈的归属感和自我认同。因此，在中学阶段开展传统文化教育，有助于中学生更好地接纳传统文化，塑造文化认同，进而更好地确立自我同一性和社会同一性。②

整体而言，文化传承与认同理论为晶城中学开展中医药文化融合教育奠定了重要理论基础。中医药文化是中华民族智慧的结晶，是中华优秀传统文化的宝藏。一方面，中医药文化本身具有重要的育人价值，例如“天人合一”“大医精诚”等价值体系，以及八段锦、五禽戏等活动形式，都从不同角度影响个体的身心发展。另一方面，中医药文化传承离不开教育，开展中医药文化教育是保留和传承中医药文化的重要途径。此外，开展中医药文化教育不仅有助于加强学生个体身份认同，帮助学生更好地确立自我同一性，还有助于增强学生的中医药文化认同，为中国传统文化的薪火相传贡献一份力量，进一步提升国家软实力。

① 舒晓丽，李莉，吴静珊. 学生发展与学习心理[M]. 广州：华南理工大学出版社，2021：74.

② 李梅，陈富祥. 传统文化在中学生心理健康教育中的作用及发扬途径[J]. 甘肃教育，2015(24)：45.

第二章
以“医”润德：传承国粹，助力学生全面成长

中医理论讲究“天人合一”的理念，体现的是万事万物之间的联系。从道德层面来看，古代“天人合一”的思想认为天有人伦道德，要求人们要顺从天意、倡导德性。儒家理论和传统文化则十分注重“情理精神”，主张“以情为源和本，以理为鹄和用”，形成了以情感为基础、以理性为指导，以实现通情达理、合情合理为目的的传统情理教育观。自 2017 年建校以来，晶城中学发扬“天人合一，情理相融”的办学思想，在德育工作中追求情与理的融合，将传统素养、爱国情怀的“情”与国际视野、科学精神的“理”两相贯通，培养了一批人格尚善求真、潜能全面发展、社会视野开阔、学习能力突出，并自觉传承民族文化的个性化、创新型的优秀学生。学校文化意蕴深厚的教育理念和独具特色的德育模式，给上海市闵行区的教育世界增添了一抹缤纷的色彩。

第一节　中医药文化融入德育的思想基石

中医药文化融入德育，不仅有助于深刻落实立德树人和培育时代新人的目标，而且有利于传承并创新性发展中医药文化国粹。以“医”润德响应时代所需，回应时代召唤，在德育内容和德育方法上均有突出价值。

一、以“医”润德的背景

国无德不兴，人无德不立。党的十八大报告指出，要把“立德树人”作为教育的最终目标。2018 年，在全国教育大会上，习近平总书记强调，要在加强品德修养上下功夫，教育引导学生培育和践行社会主义核心价值观，踏踏实实修好品德，成为有大爱大德大情怀的人。学校办学应始终牢记为党育人的初心，坚定为国育才的立场，坚持以树人为核心，以立德为根本。

中医药文化作为中华优秀传统文化的重要组成部分，蕴含“丰富的医学典籍文

化、名医成才文化、医德医风文化、中医药教育文化”①,可以为中小学德育提供丰富的宝贵资源。当前,党和国家高度重视中医药文化的传承和发展。2016 年,国务院印发《中医药发展战略规划纲要(2016—2030 年)》,纲要明确了未来十五年我国中医药发展方向和工作重点,其中特别提出要推动中医药进校园、进社区、进家庭的举措,使全社会形成“信中医、爱中医、用中医”的浓厚氛围。② 2021 年 6 月,教育部等五部门联合发布《中医药文化传播行动实施方案(2021—2025 年)》的通知,通知明确指出要进一步丰富中小学中医药文化教育,丰富中医药文化进校园形式。③

晶城中学自 2017 年办学以来,积极响应国家政策,将中医药文化与德育有机融合,在深入挖掘中医药文化特色资源的基础上进一步丰富德育内容。

二、以“医”润德的价值

习近平总书记强调“中医药学包含着中华民族几千年的健康养生理念及其实践经验,是中华文明的一个瑰宝,凝聚着中国人民和中华民族的博大智慧”。历经数千年的历史发展,中医药已经形成了独具特色的理论体系、精神文化和实践经验。中医药文化包括精神文化、行为文化和器物文化,其中,内隐的精神文化决定了中医药的行为方式和器物形态,行为方式和器物形态体现了精神文化。④ 一方面,中医药精神文化在理想信念、哲学观念、伦理道德等多方面都蕴含丰富的德育资源,对于培养学生正确的理想信念和良好的道德品质具有重要价值。另一方面,中医药行为文化中的诊断理念和治疗方法具有重要的人文特色,能为学校德育的方法提供有益借鉴。具体而言,中医药文化的德育价值主要体现在内容和方法两个方面。

(一) 内容上的德育价值

在内容上,以“医”润德的德育形式有助于树立以人为本、救世济民的价值追求,修炼医心仁爱、重义轻利的道德情操,培育上下求索、大医精诚的科学精神,厚植文化自信、赤心报国的爱国情怀。

(1) 树立以人为本、救世济民的价值追求。

自古以来,中医药理论体系就注重“以人为本,生命至上”的医学观念。《黄帝内

---

① 张玉亮. 中医药文化与思想政治教育关系研究[J]. 湖北开放职业学院学报,2020(07):96-97.

② 中华人民共和国中央人民政府. 关于印发《中医药发展战略规划纲要(2016—2030 年)》的通知[EB/OL]. (2016-02-26)[2023-04-10]. http://www.gov.cn/zhengce/content/2016-02/26/content_5046678.htm.

③ 中华人民共和国中央人民政府. 关于印发《中医药文化传播行动实施方案(2021—2025 年)》的通知. (2021-06-29)[2023-04-10]. https://www.gov.cn/zhengce/zhengceku/2021-07/07/content_5623103.htm.

④ 张其成. 中医文化是中华文明伟大复兴的先行者[J]. 南京中医药大学学报(社会科学版),2020(02):78-82.

经·素问》中记载“天覆地载，万物悉备，莫贵于人”，说明了人在万事万物中最为宝贵。唐代著名医药学家孙思邈在《备急千金要方》中强调：“夫二仪之内，阴阳之中，唯人最贵。”他认为“人命至重，贵于千金，一方济之，德逾于此”，强调人的生命最为宝贵，医者要尽全力救治，而其医学著作之名“千金方”正是来源于此。南朝梁国简文帝萧纲在《劝医论》开篇中写道：“天地之中，惟人最灵。人之所重，莫过于命。”明代医学家张景岳在《类经图翼·自序》中说：“医之为道，性命判于呼吸，祸福决自指端，诚不可猜摸尝试，以误生灵。”这些历代名家所言无不说明了中医理念具有“以人为本，重人贵生”的人文关怀。

在坚持以人为本的基础上，中医理念还要求医者要有“扶贫济困，救世济民”的责任担当。孙思邈在《大医精诚》中提出：“凡大医治病，必当安神定志，无欲无求，先发大慈恻隐之心，誓愿普救含灵之苦。”“见彼苦恼，若己有之，深心凄怆，勿避险巇，昼夜寒暑，饥渴疲劳，一心赴救，无作功夫形迹之心。”他还身体力行“志存救济，大医精诚”的价值追求，并告诫为医者必须心存救世济民的志向，成为医术精湛、医德高尚的人。医之大者，救世济民。古往今来，医者“悬壶济世”的佳话不胜枚举，弘扬历代名家医师的事迹和精神，有助于青少年树立“以人为本，救世济民”的价值追求，养成真正关心社会民生和体恤人民疾苦的社会责任感。

（2）修炼医心仁爱、重义轻利的道德情操。

“医心仁爱”是中医药医德文化中的核心价值理念。儒家认为，“医者，圣人仁民者也”，这不仅承载着儒家思想中“仁者爱人”的高尚道德情操标准，也成为历代名医自觉恪守的基本职业道德。正如孙思邈在《大医精诚》中所言：“其有患疮痍下痢，臭秽不可瞻视，人所恶见者，但发惭愧凄怜忧恤之意，不得起一念蒂芥之心，是吾之志也。”明代医药学家李时珍在《本草纲目·序》中写道：“夫医之为道，君子用之以卫生，而推之以济世，故称仁术。”清初中医学家喻昌也在《医门法律·问病论》中提到“医，仁术也。仁人君子，必笃于情”。在历史的长河中，无数医家表现出了医心仁爱、济世救人的仁爱精神。

历史上许多名医还保持着一种“淡泊名利，重义轻利”的高尚作风，而“这种不求名利而重道义的精神品格对于扶危济困、医治苍生是最大的善举和仁心”。[①] 名医孙思邈堪称“医者仁心，淡泊名利”的典范，相传他在十八岁时就立志研究医学，二十岁时开始为邻人治病。即便受到皇室的高官厚禄邀请也不为所动，而是过着清贫的隐居生活，倾其毕生精力一心研究医药理论和治病救人，只为解除人民的疾病痛苦。在从医道路上，他时刻以治病救人为先，不分昼夜寒暑，也不顾饥渴疲劳外出诊治。在治病时从不考虑个人得失，不嫌脏臭污秽，一心救护，全力以赴，实为后世之楷模。诸

① 王洪龙，黎红梅，周艳芬. 中医药传统医德精神的内涵特点及德育价值[J]. 文化创新比较研究，2021(33)：123.

如此类“仁心圣手”“杏林春暖”“橘井流香”的故事在民间广为流传，充分展现了古代名医高尚的品格和道德情操。

(3) 培育上下求索、大医精诚的科学精神。

“上下求索”体现的是医者孜孜不倦地精研医学理论，并在实践中不懈探索和发现真理的科学精神。自古就有神农“尝百草之滋味，水泉之甘苦，令民知所辟就，一日而遇七十毒”的神话故事。东汉张仲景亲历瘟疫的肆虐，立志要潜心研究伤寒病的诊治来拯救黎民百姓。他历经十年苦学研究伤寒症，并在行医游历中将所学知识付诸实践，最终著成《伤寒杂病论》的不朽著作。明代医药学家李时珍在数十年行医和阅读古典医籍的过程中，发现了古代本草书存在的一些差错，决心编纂一部系统的、无误的本草书籍，由此开启了他“考古证今，穷究物理”的研究生涯。历经 27 年的考察研究，他博览参考了历代医药书籍 800 多种，又深入各地山川中进行实际调查，最终完成了 192 万字的经典巨著《本草纲目》。

这些中医药名家的事迹不仅体现了敢于担当和上下求索的科学精神，也完美诠释了“大医精诚”的理念。孙思邈在《大医精诚》中提出了医者的两条德行准则。一曰“精”，即医者要有精湛的医术，以医术治病救人是“至精至微之事”，因此学医之人一定要广泛深入地探究医学原理，专心勤奋不懈怠，不能道听途说，一知半解。二曰“诚”，即诚心救人，医者在治病时一定要安定神志、无欲无求，对于病患要有一颗能感同身受的心，“见彼苦恼，若已有之”，不仅要对病者的痛苦表示慈悲同情，也要不避忌艰险、昼夜、寒暑、饥渴、疲劳等困难条件，全心全意地去救护病人。此外，“精诚”还体现在医者的言行之中，学医、行医之人要思维严谨、考虑周详，不可“谈谑喧哗”，也不应炫耀声名，这是医者处世的修养和准则。纵观历代名医，华佗、孙思邈、张仲景、李时珍等无一不是“大医精诚”的践行者，他们经年累月的潜心研究和无数次的医药实践充分彰显了医者精益求精的科学精神。

(4) 厚植文化自信、赤心报国的爱国情怀。

中医药文化根植于中华民族优秀传统文化，是中华文明的瑰宝，历经长期的历史检验和沉淀积累，中医药文化逐渐酝酿生成了独特的精神内核，其核心价值可以凝练为“仁、和、精、诚”四个字，具体而言即“医心仁，医道和，医术精，医德诚”，这充分体现了中医药文化中以人为本、医乃仁术、天人合一、调和致中、大医精诚等精神理念、价值取向和道德观念。① 究其本质，这种文化和精神实际上是中华民族文化、优良美德和博大智慧的结晶。习近平总书记在党的二十大报告中强调“必须坚定历史自信、文化自信”。中医药文化源远流长、影响深远，通过深入学习中医药文化的理论知识和精神文化，有助于增强青少年对传统文化的归属感、认同感，进一步坚定历史自信和文化自信，从而培养爱国情怀。

---

① 张其成. 中医药文化核心价值“仁、和、精、诚”四字的内涵[J]. 中医杂志，2018(22)：1895 - 1900.

博大精深的中医药文化国粹为爱国主义教育提供了丰厚的文化资源。清代著名医学家黄元御曾说“生不为名相济世，亦当为名医济人”，北宋著名政治家范仲淹也说过“不为良相，便为良医”，他们从青少年时期就萌生了一颗为国为民的赤子之心，立志成材报效祖国，这种“天下兴亡，匹夫有责”的责任感和勇于担当的使命感是一代代青年人必须具备的核心素养。深入挖掘历代名医的故事和精神，有助于丰富学校爱国主义教育的题材，推动一代又一代青少年继承中华优秀传统文化和民族精神，在文化熏陶中厚植文化自信和赤心报国的爱国情怀。

（二）德育方法上的价值

在方法上，以“医”润德的德育价值体现为：立足整体，辨证施治；以人为本，三因制宜；防治结合，预防为主。

（1）立足整体，“辨症施治”。

中医理论中的整体观念，一方面是指人体自身具有整体性，例如人的五脏六腑是一个有机的整体，另一方面指人与自然环境、社会环境具有统一性。基于这种整体观念，中医在治病时强调“辨症施治”，通过望、闻、问、切等方法辨别病症，并进行针对性的施治。这一方法对学校开展德育工作具有重要启示。学校德育要树立大局意识，立足整体，辩证看待学生与不同的主体、学生与各种环境之间的关系，从而寻根究源，解决本质问题。学校德育工作切忌“头痛医头，脚痛医脚”，否则对于学生的问题只是治标不治本。

（2）以人为本，“三因制宜”。

《黄帝内经》记载“天覆地载，万物悉备，莫贵于人”，这种“以人为本，生命至上”的理念经历代名家总结和传承，成为中医世代遵循的行医准则。结合这一理念，中医治病讲究“三因制宜”的原则。“三因制宜，即因人、因地、因时制宜”①，《黄帝内经》详细记载了时间、地域、性别、年龄、职业、境遇、体质等因素对于人体健康的影响，要求医者在治病时要具体问题具体分析，对病人进行个性化诊治。中医药文化“以人为本，三因制宜”的这种思想充分体现了“人本主义”的精神，这正是学校德育应具有的内涵。学校德育必须坚持“以生为本”，尊重学生的需求，发挥学生的主体性。因此，学校和教师应充分了解学生的个性特点，在教育教学过程中采取因人、因地、因时制宜的方法，让每位学生在成长过程中不断成为想要的更好的自己。

（3）防治结合，预防为主。

中医讲求防病与治病相结合，尤其以预防为主，这种“治未病”的思想是中医的一大特色。《黄帝内经》中记载：“是故圣人不治已病，治未病；不治已乱，治未乱，此之谓也。夫病已成而后药之，乱已成而后治之，譬犹渴而穿井，斗而铸锥，不亦晚乎？”可见，古人早有“治未病”的思想，经过历代医家的发展，“治未病”理论逐渐完善，其内涵

① 王欣麒，程先宽．浅谈《内经》中的三因制宜思想[J]．云南中医学院学报，2010(03)：16.

可以概括为:未病先防、既病防变、病好防复。这种防患于未然的思想实际上也是学校德育工作中应该贯彻的重要理念。学校德育要贯彻"治未病"的理念,在教育过程中防微杜渐,充分把握学生身心发展的规律,并及时掌握各年龄段学生的状况,以预防学生在成长过程中可能出现的各种问题。例如,学校的心理健康教育就迫切需要"治未病"的理念,贯彻早预防、早发现、早干预的原则,只有通过及早发现、及时干预和有效治疗学生的心理问题,才能帮助每位学生的身心获得健康发展。

第二节　以"医"润德的基本概况

在"天人合一,情理相融"的办学理念引领下,晶城中学积极融合中医文化精粹,搭建德育工作图谱;同时以继承中医传统美德为目标,努力丰富校园德育活动。

一、融合中医文化精粹,搭建德育工作图谱

中医理论讲究"天人合一"的理念,体现了万物相生相克、相互制约、生生相偕的关系。晶城中学的办学理念为"天人合一,情理相融"。从人的发展角度来看,这一理念讲究的是情与理的融合。在"情"的方面要培养具有传统素养和爱国情怀的人,在"理"的方面则要培养学生的科学精神和国际视野。学校在德育方面积极融合传统素养与科学精神、爱国情怀与国际视野这四大元素,促进学生全面发展与特色成长的完美融合。

围绕"天人合一,情理相融"的办学理念,晶城中学设计了"一中心、四维度、六途径"德育课程图谱(见图2-1)。其中,"一中心"是指全面发展与特色成长的德育目标,"四维度"对应的是传统素养、科学精神、爱国情怀和国际视野四大核心素养,"六

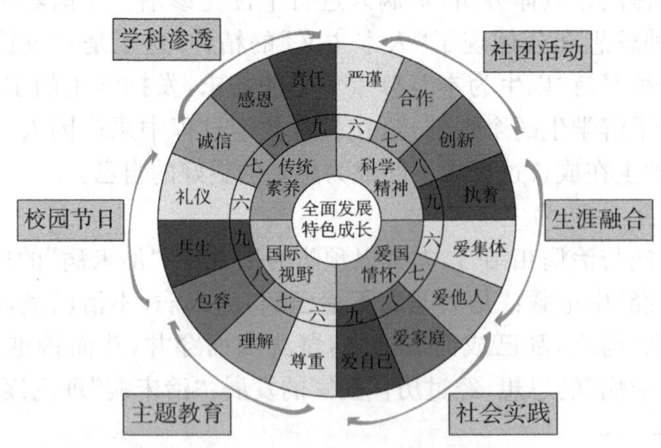

图2-1 "一中心、四维度、六途径"德育课程图谱

途径”是指学科渗透、社团活动、生涯融合、社会实践、主题教育、校园节日六大德育方式。

根据学生的成长规律和年龄特点，学校进一步将情理目标细分为六年级、七年级、八年级和九年级 4 个年级。其中，六年级的目标是“礼仪、严谨、爱集体、尊重”，即养成良好的礼仪规范、严谨的学习态度、集体意识和尊重他人的意识，同时注重培养学生的规则意识、初步的民主意识和集体主义观念。七年级的目标是“诚信、合作、爱他人、理解”，即要求学生诚信待人处事、学会合作、关爱他人和理解他人，形成换位意识、合作精神、初步的自主意识以及敬畏生命的观念。九年级的目标是“感恩、创新、爱家庭、包容”，即让学生拥有感恩的心态、敢于创新、关爱家庭和学会包容，重点培养学生的感恩意识。九年级的目标是“责任、执着、爱自己、共生”，即培养学生的责任感、执着追求、关注自身与社会的关系以及共生的意识，养成民族意识和执着品质，并使其具备初步的公民意识与独立思辨的能力。

二、继承中医传统美德，丰富校园德育活动

晶城中学充分挖掘中医药文化的核心价值，将中医“以人为本，救世济民”的价值追求、“上下求索，大医精诚”的科学精神、“医心仁爱，重义轻利”的道德情操和“文化自信，赤心报国”的爱国情怀与德育中的传统素养、科学精神、爱国情怀和国际视野这四大元素相结合，开展了一系列丰富的校园德育活动。

表 2-1 校园德育活动概览

活动主题	活动途径	活动形式	活动内容
晓之以理	主题教育	升旗仪式	我们的节日、民族精神、爱国主义精神、环境保护等
		主题班会	立规矩，定格花样青春；勇创新，点燃智慧火花；讲安全，营造和谐集体；用包容，发现身边的美好
		团队活动	团前教育、团课、少代会、团日活动等
动之以情	校园节日	科技节	中医大中草药博物馆研学、组装模型竞赛、纸桥承重等
		传统文化节	书法比赛、手绘脸谱、服饰中国、迎新义卖、迎新晚会等
		艺体节	合唱比赛、运动会、美术展等
		国际文化节	国际美食系列、世界英雄系列等
导之以行	社会实践	社会考察	爱国主义教育基地、校级或年级社会考察、国防教育、研学活动等
		公益劳动	校内劳动：班级岗位、校级保洁、校园绿化；校园周边劳动；社区公益活动等
		职业体验	区级统筹中职校体验活动、校级职业体验活动等

（续表）

活动主题	活动途径	活动形式	活动内容
导之以行	社会实践	安全实训	校级应急演练、学校安全体验教室实训等
以理御情	生涯融合	仪式教育	入学、换巾仪式、铭誓言、十四岁生日、毕业典礼等
		心理辅导	团队心理辅导、个性生涯测评与指导、心理咨询等
	社团活动	体育类	射箭、篮球、五禽戏等
		艺术类	民乐、合唱、舞蹈、陶笛、鼓号、电视台等

一是“晓之以理”的系列主题教育。主题教育又分为升旗仪式、主题班会、团队活动三种形式，其中升旗仪式的内容丰富，囊括了我们的节日、民族精神、环境保护、法制教育等；主题班会主要有“立规矩，定格花样青春”“勇创新，点燃智慧火花”“讲安全，营造和谐集体”“用包容，发现身边的美好”等主题；团队活动则囊括了团前教育、团课、少代会等。这些主题活动通过事实的展现和价值观的交流，引发学生思考世界、感受先人的智慧、学习法治规则、生态环境保护知识和劳动技能，从而增强学生的辨别能力和理性意识。

二是“动之以情”的校园四大节日。每年 4 月是艺术体育节，学校开展美术展览、文艺表演和体育运动等活动，助力学生审美能力和身体素质的提高。每年 6 月是国际文化节，引导学生在探索世界文化的过程中开阔眼界，拓宽学生的国际视野，更重要的是在中西文化交流中感受中华文化自身的魅力，增强民族自信心。每年 10 月是校园科技节，由教师带领学生去上海中医药大学参观，具体有聆听教授讲座、观看科技表演和实验操作展示等活动。不仅如此，学校还发动学生参加各类科技竞赛，让他们在动手动脑的过程中探索科学的奥秘，以此培养学生的科学精神。每年 12 月是传统文化节，教师带领学生从饮食、戏曲、舞蹈、国学等专题活动中感受中华传统文化之美，提升文化自信，从而强化传统文化素养和爱国情怀培养。

三是“导之以行”的社会实践活动。社会实践包含社会考察、公益劳动、职业体验和安全实训四类项目，共计 272 学时。其中，社会考察重在培养学生主动探究和体验的兴趣，了解国家的历史文化和基本国情，增强学生的国家意识和社会责任感。公益劳动重在培养学生的劳动意识，珍惜劳动成果，磨炼意志品质，养成服务他人的良好行为习惯。职业体验重在培养学生的职业兴趣，弘扬劳动精神和锻炼劳动能力。安全实训重在提高学生的安全防范意识、应急避险和自救互救能力，引导学生树立珍惜生命、敬畏生命、热爱生命的观念。

四是“以理御情”的生涯融合和社团活动。在生涯融合板块，学校主打仪式教育和心理辅导两类活动。其中，仪式教育包括入学、换巾仪式、铭誓言、十四岁生日、毕业典礼等特色活动；心理辅导则包括团队心理辅导、个性生涯测评与指导、心理咨询等项目。这些活动的目的在于帮助学生养成角色意识，促进其心理健康成长。在社团活动板块，学校设立了射箭、民乐、陶笛等学生社团，一方面，增强学生对优秀传统文化的兴趣，促进民族优秀文化的传承；另一方面，帮助学生在紧张的学习之余发挥自身特长。

第三节　以“医”润德的实践探索

在实践探索过程中，学校努力建设中医校园文化，在环境中陶冶师生性情；着力推进中医大思政课，在活动中润心立德；借鉴中医特色实践，实现在协同中立德树人。

一、建设中医校园文化，在环境中陶冶性情

学校环境是指学生在学校学习和各种活动所处的环境，是根据青少年身心发展的需要而构建起来的一种特殊的育人环境，可分为物质环境和精神环境两大类。① 晶城中学立足自身中医药文化特色，充分发挥环境育人的作用，着力优化学校的育人空间环境，打造具有中医传统特色的校园环境，积极营造中医传统文化氛围，让学生在潜移默化中感悟中医文化之美，在环境熏染中陶冶良好的性情。

（一）共建菁菁校园，浸润美好心灵

晶城中学着力打造菁菁本草文化环境，让学生在生机勃勃的绿色校园中感受中草药之美，感悟大自然周而复始又生生不息的生命力量。

一是在办学的顶层设计上融入中医药文化，引领菁菁校园的创建。在校标设计上，晶城中学融合中草药文化和自然四季更替的理念，设计四色校标，打造“活的”标志。每逢校园节日，学校就会换上相应颜色的校标，真正让学生感受到大自然生生不息的生机与活力。不仅如此，学校在主要建筑的命名上巧用中草药的名称和特点。例如，“非淡泊无以明志，非宁静无以致远”，以远志命名教学楼，告诫学生立下志向、静心读书；“凌霄不屈己，得地本虚心”，以凌霄命名体育馆，意在培养学生顽强刻苦、坚韧不拔的品格。此外，学校还在教学楼内列有历代中医名家的画像与事迹，设置智能扫码讲解的中草药图片墙，打造起极具中医药特色的走廊文化。将中医药文化渗透学校办学顶层设计，让学生在校园环境中处处体会到中医药风格，在耳濡目染中感受中医药文化的魅力，在潜移默化中接受中医药文化中蕴含的道德规范。

二是在校内外开辟了中草药种植园地，这是菁菁校园创建的关键举措。缺乏学生真实体验的学习是苍白无力的，学生的手、眼、耳朵，乃至整个身体都可以成为知识的源泉。早在建校之初，学校就带领学生在室外种植了薄荷、艾草、枸杞、何首乌等中

① 向玉琴.愉快教育理论与实践的探索[M].北京：高等教育出版社，1996：201.

草药。此后，学校还倾力打造了百草园、思邈馆等中医药特色创新实验区，带领学生进行中草药培养实验等，开启中医药的“辨识明理”之旅。此外，学校充分利用校外资源，在上海市奉贤区柘林镇临海村创设了上海市菁菁校园中医药文化宣传教育基地，为学生提供了“从做中学”的平台，进一步丰富学校的德育路径，让学生在实践活动中学习传统文化知识，培养学生吃苦耐劳、坚忍顽强、合作奉献等品质。以“医”润德并非将学生禁锢在经典的“书本世界”，而是应该关照学生的生活经验，引导学生走向生活，在更加广阔的世界中去学习中医药知识，体悟中医药文化，让德育的种子在实践的土壤里生根发芽、长叶开花，最终结出累累硕果。

(二) 营造温馨教室，陶冶道德情操

卓越的班级文化是营造班级氛围的利器，班级精神文化是灵魂，班级物质文化是基础，班级制度文化是保障。① 美化教室，温馨大家。结合学校中医药传统文化特色和分阶段育人目标，晶城中学开展了一系列“温馨教室”的创建活动，通过教室环境设施布置等方式，培养学生的审美能力、想象力和创新创造能力，进一步加强学生对班级文化以及校园文化的认同感和归属感，营造良好的班风、校风，陶冶学生的道德情操，让教室、校园成为师生共同成长的精神家园。

围绕阶段目标，六年级温馨教室的主题定为“习惯养成教育”，其目的在于帮助新生适应初中的学习生活，使其了解和遵守学校和班级各项规章制度，培养良好的学习和行为习惯。让学生在这一阶段成长为爱校、爱班，能融入集体、教师和同伴的人。

七年级温馨教室创建的主题为“青春责任教育”，重点是使这一阶段的学生学会交往和沟通，认同并主动承担学校和家庭的责任，共同建设温馨和谐的家校共同体，引导学生成为爱家、爱父母、感恩他人以及受长辈和邻居喜欢的人。

八年级温馨教室创建的主题为“理想目标教育”，帮助学生建立为社会服务的意识，学会承担社会责任以及树立远大理想，进而引导学生初步形成振兴中华、报效祖国的使命感和社会责任感，其核心是爱国、爱社会，践行合格公民的责任，做一个对社会有用的人。

九年级开展主题为“幸福人生教育”的温馨教室创建活动，这一阶段的目标是教会学生能够为自己负责，学会选择，初步形成抗挫折的能力和强大的意志力，并懂得感知幸福和追求幸福人生，成为一个爱自己、成就自己、享受幸福的人。

基于以上活动主题和要求，学校各班级纷纷结合中医药文化设计中队名称，用奇思妙想布置和装点教室环境，打造了别具特色的温馨园地。例如，六年级四班将本班中队取名为“懋业中队”：

“懋，勉也”，具有勉励、使人努力上进之意。袁燮在《送治杨司直》中写道：“期君懋远业，志气常坚强。”

---

① 黄希庭，毕重增. 心理学(第二版)[M]. 上海：上海教育出版社，2020：270.

牵牛花俗称为“勤娘子”，味苦、性寒、有小毒，功主泻水、下气、驱虫，主治水肿、咳喘等。针对这些，懋业中队以牵牛花为原型设计了队徽，可见图 2-2。

图 2-2　懋业中队队徽

除了队名、队徽，每个班级的小“百草园”也颇具中医药特色。班级“百草园”的植株主要是本队具有代表性的中草药，由本队学生负责种植和养护，有助于培养学生的责任意识。而在学习之余，学生也会好奇地观赏和研究这些中草药，激发其中医药文化学习兴趣。此外，每个教室门上的对联、讲台、文化墙、许愿角、读书角等布置也都营造出浓厚的传统文化氛围。

德国著名教育家第斯多惠曾说，教育艺术的本质在于激励、唤醒和鼓舞。在学校师生的共同参与下，创建一个个“目之所及皆药草，手之所触揽馨香”的温馨教室，营造极具中医药特色的传统文化氛围，这样不仅可以培养学生的合作意识，锻炼学生的动手实践与创造能力，还可以唤醒学生对中医药文化的兴趣，有效增进学生对校园中医药文化的认同感，使学生在潜移默化中受到中医医德的浸润，从而提升自身道德修养。

二、推进中医大思政课，在活动中润心立德

晶城中学立足于中医药文化特色，充分挖掘传统文化的内涵和精神价值，整合利用校内外各种资源，以喜闻乐见的语言、生动鲜活的案例、新颖活泼的形式着力推进“中医”为主的传统文化大思政课建设，形成了以传统节日主题教育、校园传统文化节、“我和校长有个约会”和“校园听证会”等为主的多种形式、多主体参与的特色传统文化活动。

(一) 开展传统节日主题教育，树立正确价值观念

传统节日，是民族精神的集中体现与民族情感的集中表达，是民族文化的重要组成部分。为了更好地弘扬优秀传统文化和民族精神，提升历史自信和文化自信，学校开展了“传承”系列主题活动。现举几例如下：

在春节到来之际，学校组织学生开展“我爱中华传统文化”春节小报制作比赛，举

办“传承中华美德，提升审美能力”小队活动等，鼓励学生在丰富多彩的精神文化和实践活动中感受传统文化之美，树立正确的价值观念。

在清明节前夕，学校组织学生开展“传承·清明英雄祭”活动，讲述革命烈士英勇献身的事迹，促使学生主动了解英烈事迹，关注和追思民族英雄，传承英烈精神。

在端午节来临之际，学校开展“浓情话端午，弘扬民族魂”国旗下讲话活动，向学生介绍端午节的由来和习俗，带领大家了解古代伟大爱国诗人屈原的一生，倡议全校师生学习屈原爱祖国爱人民、坚持真理、宁死不屈的精神以及“可与日月争辉”的人格。

在中秋节，全体师生齐聚梦想剧场，开展“月是故乡明，家国共团圆”“品中秋之韵，颂教师之恩”的主题教育，在节日的氛围中感受学生美妙的《水调歌头·明月几时》歌舞表演，在唯美的乐舞中开启中秋节文化学习的篇章。

中国传统节日凝聚着中华民族的民族精神和民族情感，承载着中华民族的文化血脉和思想精华，中国传统节日文化滋养着中华民族的生命力、创造力和凝聚力。[①] 学校是弘扬传统文化的主阵地，理应做好传统节日文化的保护、传承和利用工作，守住传统节日文化的根脉。学校在开展传统节日主题教育时，也十分重视对中医药文化元素的利用，这点可以端午节主题教育活动为典型。

悠悠艾草香，一岁一安康。艾草代表招百福，是一种可以治病的药草，在我国古代就一直是药用植物。[②] “手执艾旗招百福，门悬蒲剑斩千邪”，端午节插艾草，有着招百福的美好寓意，表达了人们对美好生活的向往。为发挥学校百草园种植基地的优势，晶城中学组织六年级的学生前往百草园采摘新鲜艾叶，师生共同制作艾叶门挂，将浓浓祝福情裹进悠悠艾草香。

图 2-3　六年级学生采艾草，制作艾叶门挂

闻香识端午，巧手做香囊。七年级学生认为端午佩戴香囊，不仅有驱虫之用，还

① 李洪峰.文化责任[M].北京：文化艺术出版社，2009：219.

② 李彬.语言文字知识[M].北京：北京燕山出版社，2009：150.

可以作为配饰佩戴，祈愿整年顺遂如意。为此，他们前往思邈馆，在教师的指导下运用中医药课程中所学到的知识，按方配制本草驱虫香包，制作香囊，希望在端午佳节能够为家人送上平安、健康。

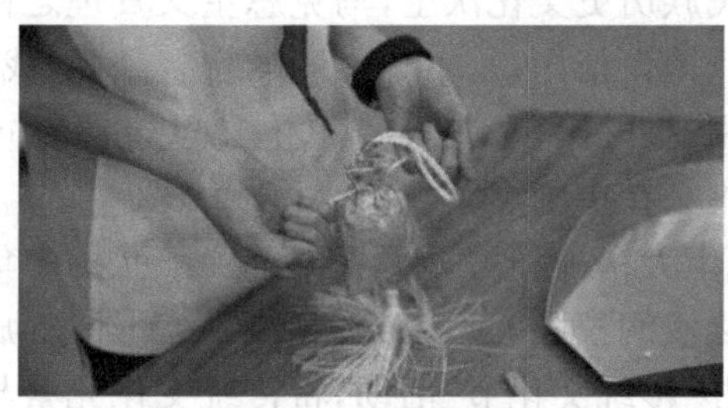

图 2-4　七年级学生在思邈馆制作香囊

端午制团扇，手绘传祝福。八年级学生认为古代文人墨客以“裂纨素兮似雪，制团团兮如月”诉说团扇胜雪之美。团扇，有“团善”美意，表达了合欢圆满的美好祝愿。值此端午佳节，学生在团扇上或画粽子艾叶，或书祝福寄语，为炎炎夏日，送来一阵端午清风。

图 2-5　八年级学生制作端午团扇

春节、清明节、端午节、中秋节是我们中华民族的四大传统节日，具有丰厚的德育价值。以端午节为例，爱国志士屈原“虽九死其犹未悔”，是爱国主义教育的重要素材；“众人划桨开大船”，端午赛龙舟是宣传团队精神的好教材。除了利用这些传统的教育资源，学校还结合自身办学特色，充分利用学校中医药教育资源，让学生能够在亲手采摘、动手制作等多元的活动形式中探寻端午，感受传统节日中折射出的浓郁的文化气息，弘扬并传承端午文化与民族精神。民族文化是一个民族之所以存在的精神源泉，是一个民族之所以发展的精神动力，亦是一个民族之所以自立的精神载体。传统节日具有丰富的民族文化气息，是民族文化传承的重要载体。学校开展传统节日主题教育，是弘扬民族文化的重要途径，也是帮助学生树立正确价值观念的重要抓手。

(二) 举办传统文化节活动,厚植家国情怀

习近平总书记指出,要坚持和发展马克思主义,必须同中华优秀传统文化相结合。只有植根本国、本民族历史文化沃土,马克思主义真理之树才能根深叶茂。中华优秀传统文化源远流长、博大精深,是中华文明的智慧结晶,我们必须坚定历史自信、文化自信,坚持古为今用、推陈出新,把马克思主义思想精髓同中华优秀传统文化精华贯通起来,让马克思主义在中国牢牢扎根。

为深入贯彻党的二十大精神和习近平总书记关于弘扬中华优秀传统文化讲话的精神,推进中华传统文化浸润校园,营造浓厚的育人氛围,晶城中学不仅积极开展传统节日主题教育,还举办“传统文化节”活动,将传统文化元素与学生们喜闻乐见的活动形式结合起来,使传统文化教育在学生当中入眼、入耳、入脑、入心,厚植学生家国情怀。例如,在以“传承文化基因,厚植家国情怀”为主题的第六届传统文化节活动中,学校举办了以下活动:

(1) “诗意四季”诗文配画比赛。

(2) 讲好中华优秀传统文化故事比赛。

(3) 书法比赛。

(4) 青铜文化小报制作。

(5) 传统体育——拔河比赛、五禽戏比赛。

(6) 班班有歌声。

(7) “诗意四季”诗文配画,草本探秘作品展。

这些丰富的活动内容几乎囊括了中国传统文化的精粹,如诗词、书法、青铜文化、五禽戏、中医药等。正是诸如此类优秀的传统文化,铸就了我们中华五千年来的文明,即便岁月流逝,也无法磨灭我们传承经典、弘扬国粹的热情与意志。

图 2-6 爱心义卖活动剪影

活动的高潮是全体师生和家长共同参与的爱心义卖。这一活动的初心在于激发学生强烈的道德责任感,义卖所得善款将捐助给云南保山的对口学校。活动现场,每一个班级的小铺前都摆满了学生提前带来的各种各样的物品,如书籍、文具、玩具或各班设计的文创用品等。各级部的教师也参与活动中,在工会开设的小铺前售卖自己的物品。学校也将传统文化元素融入义卖活动,许多“推销员”身穿汉服,像一个个拎着可爱的小篮子叫卖的“仙女”,还有穿着特色汉服“卖艺”的“书生”,现场还有售卖与互动结合的射箭体验活动。爱心义卖活动不仅有利于学生树立关爱他人的意识,还有利于提高学生的社会责任感,培养

学生的大爱大德大情怀。

在传统文化节的开幕式和闭幕式上，学校师生也积极参与筹划，共同演绎精彩绝伦的传统技艺，营造出浓厚的传统文化氛围。例如，在第五届“传经典文化，扬百年风华”传统文化节闭幕式上，学校民乐团的学生上演了一场名为《战台风》的古筝二重奏，古琴社的教师演奏了唯美的《秋风辞》，舞蹈社团上演的《木兰舞》引领师生和家长身临其境，感受花木兰“戎马关山报国志，魂牵梦绕女儿情”的家国情怀。依托民乐团、古琴社等社团建设，学校举办传统文化节也更加得心应手。而传统文化节也成为学校社团成员锻炼能力、发展个性、弘扬人文精神的大舞台，堪为学校师生主动发展、追求卓越的文化场。

图 2-7 《秋风辞》古琴演奏

(三) 践行“我和校长有个约会”，传承“以生为本”理念

党的二十大报告明确提出，用社会主义核心价值观铸魂育人，完善思想政治工作体系，推进大中小学思想政治教育一体化建设。为落实中共中央、国务院印发的《关于新时代加强和改进思想政治工作的意见》文件精神，加快构建学校思想政治工作体系，晶城中学紧密联系实际，切实推进“天人合一，情理相融”办学理念的贯彻落实，激励全体少先队员听党话、跟党走，以实现中华民族伟大复兴为己任，增强做中国人的志气、骨气、底气。学校在各项主题活动评优的基础上进一步开展“我和校长有个约会”晶城之星评选活动。这是学校德育的特色活动，更是开展思想政治教育的创新之举。

自建校之初，晶城中学就形成了“我和校长有个约会”的特色传统。活动采取以学生为主体的座谈会形式，以求深入学生群体，倾听学生的心声，了解学生的所需，从而提高学校的各项常规管理效能，促进“情理学校”和谐发展。用“约会”来形容这种创新的面对面沟通方式，蕴含着学校“以生为本”、尊重学生的需求、发挥学生主体性的德育理念，其目的在于打造“爱的学校”，促使每位学生在成长过程中不断成为想要的、更好的自己。这也完美诠释了传统中医药文化所倡导的“以人为本”的理念。

每当这样的“约会”来临，校长与学生便围坐在一起亲切交谈。于双方而言，每一次的“约会”都是温馨美好的时光，是信息的交换；是烦恼的倾诉，或是快乐的分享；是爱心的互动，亦是真情的沟通。

例如，2017 年 12 月 22 日，首届“我和校长有个约会”顺利举行。会上，校长讲述了学校清洁工“王叔”的故事，勉励学生热爱学校和学习“王叔”的奉献精神：

“王叔，他每天 6 点就到学校打扫卫生，深夜 10 点还在楼道里劳动，学校并没有要求他这样做。但是他这样毫无保留地奉献自己，只为换来美丽清洁的校园。如果每个人都有这样无私奉献的精神，我们的校园一定会成为高品质的学校。”

听完故事，学生深受感动，也纷纷谈起在学校里的感人瞬间：住宿生互相关怀、全班一起努力画黑板报，等等。在活动最后，校长送给每位学生一本经典书籍——《了不起的盖茨比》，希望他们能够从书本中汲取营养，使自己成为更优秀的人。

2018 年 11 月 12 日，厚朴楼一楼图书馆里开启了一场备受学生欢迎的“约会”——“校长，我想对你说”。座谈会现场，10 位学生将一周以来收集的反馈和问题，以及想对校长说的话汇聚在一起，面对面传达给校长。这些问题包括学校的管理、个人人生目标设立等，充分展现了学生对自己以及学校的期待与要求。

2019 年 12 月 10 日，在学校二楼古色古香的茶艺教室，“我和校长有个约会”活动在暖暖冬日阳光之中拉开了序幕。在既有庄严的仪式感，又透着轻松和谐的氛围中，校长与学生进行了亲切热烈的交谈。活动中，学生提到了自己在学习和生活中遇到的困惑，校长都耐心地一一解惑。在谈话的间隙，校长也了解到这些学生每天的睡眠时间和作业量。这些对于学校教师了解学生身心状态、落实教学改革、提高教学质量都有所帮助。

2020 年 11 月 27 日，校长与 10 位学生在思邈馆进行了一次以“科技之光照亮未来”为主题的“约会”。学生畅谈当前的科技发展、中国制造的崛起、生活中的科技使用。令校长印象深刻的是，其中一位学生基于学校的中医药特色向校长提问：当中医药过度结合现代科技，会不会导致中医药失去了原本的面貌？看到学生敢于思考、善于发现问题，校长倍感欣慰。校长也耐心地给出了自己的看法：

“当前，机器和人工智能在计算或者一些特定的领域的确有自己的优势，但这些都是基于算法的指令。‘智商’很高、‘情商’还不够的机器人，虽然精通‘算计’，但是无法真正体会到人类的情感波动，并不能够进行真实表达。所以，中医药是不能被机器取代的。中医药学中蕴含的不仅是医术技能，还注入了‘大医精诚’的情感，需要富有情感的交流和情绪的引导。”

2021 年 6 月 8 日，“青春之力，赓续希望”之“我和校长有个约会”的活动在学校体育馆如期举行。这次“约会”活动巧妙设计了两个环节。在第一环节中，校长带领学生一起体验了学校特色的传统体育项目，如滚铁环、射箭和五禽戏，引导学生感受传统体育的魅力，热爱和传承中华优秀传统文化。随后，校长与学生们席地而坐，就大家感兴趣的话题展开交流。

图 2-8　“我和校长有个约会”活动剪影

2021 年 11 月 30 日，“强国强党誓有为，百舸争流看少年”主题约会如约而至。整个“约会”在暖洋洋的关心中徐徐展开。“约会”伊始，校长便问起学生们“双减”政策以来的生活变化，包括学校作业的减量、课外辅导班的减少、学习压力的变化。在沟通交流中，校长告诉学生们要合理看待“双减”，理性看待竞争，不能“躺平”，适当的压力可以转化为自己成长的内驱动力。

实践证明，相较于“谈话”等说辞，“约会”的提法更能够让交流双方放下心中的包袱，活动的形式更加多元，学生也更加信任校长，敢于说真话、显真心、诉真情，实现以心换心、以爱育爱。“我与校长有个约会”系列活动不仅是走近学生、了解学校教育教学情况的有效抓手，也有助于将民主、平等、尊重、信任、真诚等爱的元素根植于学生心中，让矛盾化解于无形，让困难消解于无形，让德育教育渗透于无形，还有助于进一步增进师生感情，对于切实办好“有爱心、有温度，令家长放心、学生满意”的学校具有重要意义。

（四）实施“少先队特色争章活动”，强化中医精神引领

少年儿童是祖国的未来、中华民族的希望，也是党的未来。少先队的教育工作不仅对党的事业薪火相传具有重要意义，而且对于引领青少年的全面健康发展具有重要作用。少先队在少年儿童教育事业的作用是特殊的、不可替代的。它是学校教育的得力助手，配合学校引导学生热爱祖国，热爱人民，热爱中国共产党，树立远大理想，培养优良品德，勤奋学习知识，锻炼强健体魄，培养劳动精神。

为贯彻落实习近平总书记关于少年儿童和少先队工作的重要论述，创新少先队工作，以激励少先队员和少先队集体学习先进、追求进步。围绕“德智体美劳全面发展”的目标，学校鼓励学生积极参加“少先队特色争章活动”。活动涵盖党史学习、中医学习、志愿服务、竞技比赛等多种内容及形式，取得了良好的效果。

其中，获得2021至2022学年上海市闵行区“新时代好队员”的梁馨元同学，分享了她在少先队中的励志故事，她说：

“来到晶城中学之前，鲜少有了解过关于中医药的各种知识，而我们学校作为上海中医药大学的附属中学，开展了许多有关中医药传统文化的知识和活动。我们不仅有中医药课，了解阴阳平衡、五行运转、药理药性，也会研磨草药、制作香囊、种植中草药。在这学习体验的过程中，我被深深地吸引并沉浸其中。我参加了2021年闵行区君莲杯中医药知识竞赛，荣获二等奖。在比赛中，从学习中医药理论知识，到将中医药理解、应用入生活当中，我无不感慨于我国传统文化的宏伟，加强了我对新一代少先队员传承的使命感、幸福感。

2022年5月，我根据所学习过的中医药知识制作了一款药膳，登上了上海中学生报总第2990号头条，在“学习强国APP”上进行报道。

2021年10月，我参与了上海电视台教育频道《药性赋》朗诵拍摄。《药性赋》是古时中医医生必背的书本之一，其间讲述了248种中药药性。在朗诵时，我了解了不同的药物药性，对中医药的认识、兴趣、传承又更上一层楼。当我自豪于中华传统文化的博大精深时，也下定决心做一名懂得传承、勇于创新的少先队员。”

从梁馨元同学的故事中，可以看到学校中医药特色办学对学生的影响。在中医精神的引领下，在中华传统文化的熏陶下，学生对少先队员的认识也更加深刻。水滴石穿，聚沙成塔。相信在不久的将来，中医药文化的育人作用，能够辐射更多学生，引领学生迈向更高的台阶。

此外，学校还组织少先队走出校园，进行实践活动。例如，学校于2022年开展了探访“15分钟传统体育文化幸福圈”的研学和实践活动。活动内容充分结合和利用学校中医药文化、五禽戏、射箭等传统文化特色。活动采取线上和线下相结合的方式。一方面，通过“线上小队”进行传统体育的探究，充分感受中国传统体育的丰富内涵；另一方面则是在线下开展五禽戏、射箭、投壶等传统体育项目探究活动，亲身感受传统体育的内涵，并以实践活动形式带领少先队员从校园走进社区，传播中医药、五禽戏、射箭等传统文化。通过这些实践活动，少先队员们弘扬中华优秀传统文化的责任感得以进一步增强。

(五) 落实“校园听证会”制度，发扬中医问诊特色

学校自建校以来，积极探索中医“望、闻、问、切”四诊法对德育工作的指导意义。中医对病症的诊断要经历望、闻、问、切四个步骤，其中“望”，指观气色；“闻”指听声息；“问”指询问症状；“切”指摸脉象。① 中医典籍《难经》有言：“望而知之谓之神，闻而知之谓之圣，问而知之谓之工，切而知之谓之巧。”这句话的意思是医者通过望诊而

① 周宇. 家庭医学全书[M]. 北京：中医古籍出版社，2021：126.

知道病情的，称为神；通过闻诊而知道病情的，称为圣；通过问诊而知道病情的，称为工；通过脉诊而知道病情的，称为巧。中医这种颇具特色的四诊法，对学校德育工作的开展具有重要意义。

对于教育者而言，望，就是仔细观察；闻，就是耳听八方收集信息；问，就是询问、疑问、查问；切，就是把脉后作出专业判断。实际上这一过程是借助综合分析和专业诊断相结合的方式找出病原和问题，以达到对症下药、药到病除的效果。基于此，学校充分发挥中医“问诊”的特色，在互信的基础上，通过听证会制度的实施，引导家长和学生根据时事热点、教育动态等提出关于学校建设和发展的个性化问题。在这一制度的落实下，家长、学生、教师齐聚一堂，互听心声、建言献策和共谋发展。

具体而言，校园听证会通过合理的途径与程序，帮助家长和学生理性表达自己的意见，从而由“消极的聆听者”向“积极的沟通者”转变。

例如：学校六年级家长提出“如何帮助孩子制定成长计划”，对此问题特邀请学校六年级所有全员导师和学生代表出席听证会，倾听家长和孩子的心声，共同讨论出阶段性成长计划，为家长提供具体的育人支架。例如，七年级家长讨论“如何消除‘双减’背景下家长的教育焦虑”的问题，八年级学生提出“家长应充分尊重孩子的个人隐私”。学校通过听证会用辩证、论证、讨论的方法进一步增强家校工作的针对性和实效性，使家长和学生平等交流，相互理解，相互信任，寻找矛盾冲突的有效解决方法，行使相应教育权利，承担各自教育责任，协商分工合作，共同教育学生，推动学校不断完善自身建设，促进每位学生的健康成长。

三、借鉴中医特色实践，在协同中立德树人

学校秉承“三主体”教育理念，在借鉴中医特色实践的基础之上，重视发挥各方力量，努力打造“家—校—社”协同育人的和谐氛围，促进学生德性养成，提升学生德育实效。具体表现为：实施全员导师，贯彻“辨症施治”之道；开设专家讲座，增进中医药文化认同；引进家长课堂，品悟中医智慧之美；鼓励家长驻校，发挥多方问诊功效。

（一）实施全员导师，贯彻“辨症施治”之道

中医理论讲究“辨症施治”的理念，在治病时遵循“三因制宜”的原则。三因制宜，即因人、因地、因时制宜，具体是指治疗疾病要根据季节、地区以及人体的体质、性别、年龄等的不同制定适宜的治疗方法。《黄帝内经》记载“用寒远寒，用凉远凉，用温远温，用热远热，食宜同法”，说的就是要因时制宜，这一原则要求医者在治病时要具体问题具体分析，对病人进行个性化诊治。同样的道理，教育也讲究因材施教，尤其是德育，必须坚持对学生进行个性化的指导。

为此，学校在常规思想指导工作的基础上，不断探索和完善全员导师制。全员导师制是在“每一个教育工作者首先是德育工作者”的理念指导下，形成的全员育人、全科育人、全程育人的良好育人模式。这一模式以班主任为核心、任课教师为成员，在

学习、生活、品德和心理方面为学生提供全方位、个性化的指导和帮助。

全员导师制的特色在于：它是根据“三个规定动作”和“N个自选动作”合理计划学期导育工作。通过让导师为学生开展“筑梦、逐梦和圆梦”等活动，多措并举建立起良师益友关系。学校尤其关注特殊学生的沟通、引导与教育，通过讲座学习、班主任沙龙等活动对导师们进行培训和交流分享，形成学校、级部、班主任、导师的教育合力，实行一月一交流、一月一汇总，建立一生一档案，汇总一师一案例。

无论是寒暑假还是日常教学中，学校的全员导师活动从不停歇。每逢假期都会开展形式多样的六个“一”活动，即“一组队”“一见面”“一方案”“一打卡”“一礼物”和“一计划”。导师们通过线上线下各种方式与学生交流，指导关心学生的假期生活，制定学习方案，分享彼此生活。不仅与学生交流，导师们也积极与家长沟通，指导家长的家庭教育工作，有助于更好地了解受导学生。在校期间，导师们参与学生校园生活的方方面面。每次学情调研过后，导师们总会与学生交流总结上阶段学习中的问题和进步，给予指导和鼓励；校外研学活动中，导师们会耐心陪伴指导受导小组完成探究任务；运动会上，导师们给学生们打气，一起奔跑。导师们尽心尽责陪伴学生们成长，也做好过程性记录，定期举行优秀导师工作分享活动，一同探讨更有效的导育方式，推进全员导师制贯彻落实。

例如，在2022年暑期，刘鹏教师针对学校中医特色，摸索出了中医药概念下的成长导师结对“四步曲”：

第一步(诊断与开方)，导师通过结对学生，全面分析学生的特点，了解完学生的特点后，联系其家长，向家长表达自己的结对思考，征得家长同意后制定有针对性的结对计划。

第二步(煎熬与服药)，导师根据结对计划，有序推进，进行谈心、交流、陪伴等每天每周的关心，并与其他学生一起制定目标、一起分享成果、一起反思，再改进再提升。

第三步(痊愈与提升)，经历了前两步后，结对学生有了长足进步，自信心有了，在某些方面能在班级乃至年级层面起到模范带头作用。

第四步(复诊)，这一阶段要求学生每周每月汇报各方面情况，导师根据其实时动态，进行诊断，再提出新的发展目标，帮助、引导结对学生不断超越自我，逐渐变得更加优秀。

导师的“望、闻、问、切”四部曲在谈心、交流、陪伴中调节进行，不仅与学生建立了信任的桥梁，也给学生带来了润物细无声的关怀。四部曲关注每一个学生个体，针对学生的个体、个性，进行针对性的关心与陪伴，育人方法更加有效。

(二) 开设专家讲座，增进中医药文化认同

依托上海中医药大学的丰富师资资源，学校打造了一系列“中医进校园”的专家讲座课堂。自2017年创校以来，学校就形成了邀请专家来校开展中医文化讲座的传

统。如 2017 年 10 月,学校邀请上海中医药大学基础医学院医古文教研室主任、教授、博士生导师孙文钟先生,开展了一场名为“历代名家寻踪”的主题讲座。讲座中孙教授向学生们介绍了“中国医案第一人”仓公、“药王”孙思邈、“医术中杰士”张景岳、“法医学之父”宋慈等 10 位医学名家的生平、著作、成就和品德,通过引用古文典籍中的论述和相关流传事迹,引导学生领会历史上德艺双馨的医学名家的精诚品质和奉献精神。2018 年 11 月,上海中医药大学胡冬裴教授在校内思邈馆为教师开展了一场主题为“国医精粹,德馨育人”的讲座。她认为传授中医文化,不仅需要学习中医文化知识,而且要加强思想品德教育。与此同时,胡冬裴教授也为学生们讲授了一堂校本拓展课堂——本草园探秘。

在 2022 年,学校为进一步增加师生和家长的防疫知识,特邀请上海中医药大学金牌讲师、中医学博士李明开展“中国历史中的瘟疫与医学救治”专题知识讲座。2023 年 3 月,学校邀请上海中医药大学教授、博士生导师、方剂教研室主任文小平来校开展主题为“中医养生・春季篇”的公益讲座。文小平教授用通俗易懂的语言,生动形象地为师生们讲解了饮食养生基础、春季养生要点,并详细介绍了中医药防治流感的方法、重要性及优势。在“名中医解惑”环节,文小平教授与师生、家长们进行了现场问答和互动。此次讲座通过面授和线上直播的形式,面向晶城中学以及上海市闵行区梅陇镇学区小初联盟的师生、家长和附近社区的居民,吸引了近 1 000 人次参加,会后观众纷纷感叹中医药文化的博大精深,有学生和家长分享道:

文教授在讲座中讲述了许多关于中医药与养生的知识,将中医药的概念分为食用品和药用品两种。食用药品有山楂、山药等,这些食品不需要找医生,即使吃多了导致身体不适,只需要停止吃,就可以恢复,但药用品就不能乱吃了,药用中医药品类繁多,功效不一,有些甚至有毒性,如果生病了需要中医治疗,可以找医生了解,不可以随意地吃。中医养生文化真是令人大开眼界。

——付名扬

文教授讲授了中医学中天、时、人、五行的关系,教导我们要掌握科学的中医养生健康知识和生活方式,要顺时生活。印象特别深刻的是木(肝)—火(心)—土(脾)—金(肺)—水(肾)相生相克的关系。她举了个例子,心肌梗死时有可能会导致胃疼,其实是心影响脾的缘故。中医知识博大精深,这次讲座我得到的最大的体会是,我们的养生要顺应季节,顺应自然。我要把我学到的告诉我的长辈们,尤其是告诉他们一些急救知识。我也希望终有一天我也能像文教授一样成为一位妇孺皆知的专家。

——唐传铭

很荣幸作为家长聆听了上海中医药大学教授、博士生导师、方剂教研室主任文小平教授的“中医养生・春季篇”讲座,我学到了很多中医知识。例如,讲座一开始,文教授就给大家进行概念上的区分——分辨食疗和药膳。食疗和药膳是治愈疾病的两种方式,两者之间的关系是相辅相成的。文教授接着讲了什么是相生相克,点出自然界的五行和人体器官之间相生相克的关系。大家踊跃互动，收获颇丰。期待下次精彩的讲座！

——学生陈奕的妈妈

开设专家讲座，是晶城中学作为附属初中充分利用大学资源的重要体现，对学校德育工作的开展具有积极影响。通过讲座，学生可以学习到中医药的价值观和道德准则，如尊重生命、关爱他人、注重平衡等，形成自身的道德观念。不止如此，学生还可以了解到中医药的养生理念和方法，学会如何保持健康、预防疾病，有助于培养学生的自我管理和责任意识。此外，学生还可以了解到中医药的自然观和生态观，学会尊重和保护环境，增强环保意识和社会责任感。最后，中医药是中华民族的传统文化宝库之一，不同主题的专家讲座有助于学生更加系统全面地了解中华传统文化，增强学生的中医药文化认同，进而培养学生的文化自信和民族认同感。

（三）引进家长课堂，品悟中医智慧之美

在“专家讲座”的基础上，学校进一步挖掘家长资源，开设了与中医药文化相关的“家长课堂”系列活动。例如，2021 年 12 月，学校邀请家长志愿者王俊兴在校内开展了一场关于中医穴位治疗的知识讲座。王爸爸多年来从事临床营养学与中医结合的研究工作，为国内外众多知名俱乐部培养了多位优秀的中医队医。讲座现场，王爸爸手把手带领学生认识“阿是穴”和“少商穴”，并与教师一起向学生示范如何快速通过穴位疗法来缓解颈椎疼痛的问题。

在疫情期间，学校作为梅陇镇学区小初联盟盟主校，精心策划了线上“家长课堂名师讲坛”，邀请专家教授为全体师生和广大家长开设中医药防疫和养生的知识讲座，以促进中医药知识进学校、进家庭、进社区。例如，2022 年 4 月，学校邀请医学博士、上海中医药大学副校长胡鸿毅开展主题为“从战‘疫’看中医生命智慧之美”的讲座。胡校长运用了大量数据论证了中医药在抗击疫情中的重要作用，肯定了中医药存在的价值，呼吁大家一定要尊重中医药，努力促使其现代化、产业化，更好地走向未来。此外，胡校长还为听课的家长、学生及教师详细普及了中医药的文化内涵、思维方式和中医药之美，让大家在增进中医药知识的同时，感悟到传统中医药文化所具有的生命智慧之美，并勉励青少年要不断努力挖掘中医药文化的深层价值，不负民族文化复兴的重大使命。讲座结束，不少家长纷纷发表自己的感言：

听了胡教授的精彩讲解后，我被博大精深的中医药文化深深吸引。我们的中医药是传统的，是自然的，是在历史长河中所积累的宝藏，是打开文明宝库的一把钥匙。中医药中体现着传承精华、崇尚自然、天人合一的整体观。中医药是我们传承发展的使命。我们要多多提倡中医药治疗，发扬中华民族传统。

——学生胡雅婕的妈妈

在中华民族几千年的历史进程中，中医药学凝聚着智慧，通过不断的传承与发展，成为中国人的骄傲。今晚胡鸿毅教师的课堂上，让我更深刻感受到了中医的博大精深，在战“疫”过程中，中西医的完美结合取得了很大的成就，突显了中医药学的重要性，实现了文明精华的共享。

——学生石文浩的爸爸

此后，学校又邀请了上海中医药大学杨柏灿教授以“疫情当下，养身保健”为主题，从中医药的专业角度为大家介绍了生活中常见的食材——生姜的保健功用和性能特点。同时，杨教授还通过“生姜治喉痈”这个生动的案例为家长普及了中国饮食文化、地区文化等传统文化知识和天人相应、辩证法等优秀古代哲学思想。

家庭是孩子一生幸福的港湾，家长是孩子一生最重要的人生导师。单纯依靠学校或家庭的努力，都可能对德育工作带来巨大的阻力。“家长课堂”就是家校合作的重要举措之一。一方面，学校邀请家长充当“家长课堂”的教师，充分发挥家长自身的资源优势，为学校师生开展科普活动，抑或为其他家长分享教育心得；另一方面，学校通过“家长课堂”邀请专家名师为家长开设讲座，丰富家长对学校教育、家庭教育的认识，有助于增强家长对学校办学的信任和认同，促进家校合作良性发展，更好地发挥教育合力。

（四）鼓励家长驻校，发挥多方问诊功效

一般来说，初中家校合作主要是以促进中学生的发展为目的，家庭和学校两种力量互相配合、互相支持、互相协调的一种教育互动活动。在教育活动中，倘若家长和学校教师一同参与学生的培养过程，重视学生培养工作的实施与评价，不仅有利于家长更加全面地了解学生的发展现状，还有利于提高学校教师的教学有效性，更有利于学生身心、学业、人格的和谐发展。

对于学校的决策，家长或许不能发挥关键作用，但对于教育教学的执行过程，家长是很好的监督者。尤其在学生个性化教育、生涯教育等方面，家长发挥着不可替代的作用。良好的家校合作也已被证实为是一种行之有效的对学生进行高效的德育的方式。[①] 利用家长的能量有助于发挥多方问诊的功效，在协同中落实立德树人。

由此，晶城中学自建校来就成立了家长驻校制度，并在实践中不断完善。所谓“家长驻校”，是指家长可以申请在每周五这一天进校参观，见证学校教育教学运行的过程。每到周五，从学生早上进校到下午放学离校，家长可以巡查学校所有的教学环境、就餐环境和运动环境等，以及在不干扰正常教学秩序的前提下进入课堂听课。

学校实施家长委员会领导下的家长轮流驻校制度，让家长有机会参与学校日常管理的全过程和各类专项活动。这一举措实则是学校在赋予家长以责任和权限，使家长与教师形成密切协作。在驻校活动中，家长可以充分享受教育的知情权、参与权、决策权、选择权、监督权和评议权。为进一步发挥家长驻校的作用，学校还专门成立了家长驻校办公室，在驻校前对家长进行“望诊”岗前培训，帮助其熟悉驻校内容。

① 邱运山. 让每位教师都有人生出彩的机会：潜能教育行思录[M]. 武汉：武汉出版社，2021：284.

在驻校过程中，为家长提供“家长‘望闻问切’驻校记录表”，给予家长机会充分反馈自己发现的各种问题，并畅通家长与学校各层级教师之间的沟通，以促进学校尽早发现和整改问题。

学校“望闻问切”的家长驻校制度，是一个不断走向互信的过程。这是由内而外、不断升华的互信。只有家校互信，才能让家校共育落地生花。正是通过家长驻校制度，广大家长进课堂、进食堂、进办公室、进会议室，深刻了解学校的教育教学思路，为学校的育人工作建言献策。更为可喜的是，越来越多的家长也在日常家庭教育中积极配合学校，真正与学校形成一股教育合力，有效推动了学生的健康成长。这一实践也恰好验证了夏茹冰先生的一句话——“水尝无华，相荡乃成涟漪；石本无火，相击而发灵光”。

第四节　以“医”润德的实践成效

经历近五年的探索，晶城中学逐步搭建了“一中心、四维度、六途径”的德育课程图谱。在此基础上，学校充分挖掘中医药文化的核心价值，将中医药文化融入校园德育活动，在实践上形成了以中医药文化环境育人、以传统文化和中医药特色活动育人、以中医问诊方法协同育人的德育体系，广泛涵盖中医校园文化、传统节日主题教育、传统文化节、“少先队特色争章活动”，以及校园听证会制度、家长驻校、专家讲座、家长课堂等重要德育举措。经过全体师生和家长的努力，学校的德育工作也取得了初步的成效。

一、以“医”润德的可喜成绩

在学校荣誉上，晶城中学被评为首批“上海市中医药文化宣传教育基地”，荣获“2019—2020学年度上海市安全文明校园”荣誉称号，荣获“上海市绿色学校”称号。在学生荣誉上，晶城中学多名学生在长三角第二届“仲景杯”中小学生学中医文化大赛斩获佳绩。在医药知识竞赛项目中，田艺轩同学荣获一等奖，史洪源同学荣获二等奖，吕任卿同学荣获三等奖。在“仲景杯”青少年讲中医药故事短视频竞赛项目中，陈雅萱同学荣获一等奖，顾昱城、林子琪、王浩哲、熊以榕4位同学荣获三等奖。在第十九届上海市中学生时政大赛中，吴澍同学荣获一等奖，陈洟芃、黄嘉瑞、张凌3位同学荣获三等奖。

二、以“医”润德的教师评价

《晶城中学中医药文化进校园现状调查(教师卷)》结果表明，92.16%的教师认为学校中医药文化对于学生德育有促进作用，5.88%的教师认为作用不大。

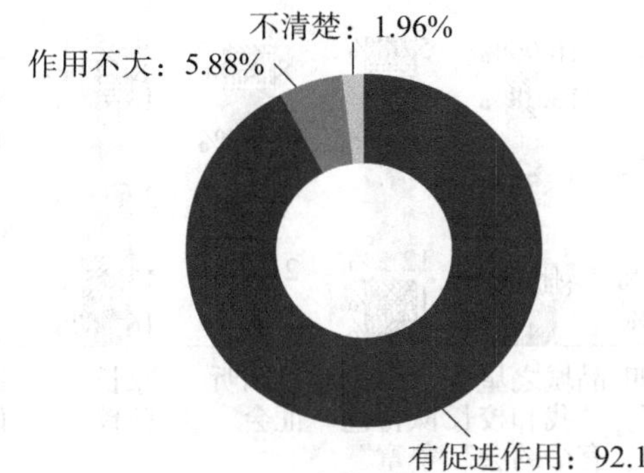

图 2-9　你认为中医药文化对学生德育有无促进作用?(教师卷)

这表明，学校在融合中医药文化与德育工作上已获得大多数教师的认可。与此同时，在今后的德育工作中，学校应努力探明存在的不足之处，进一步推进学校德育实效再上新台阶。

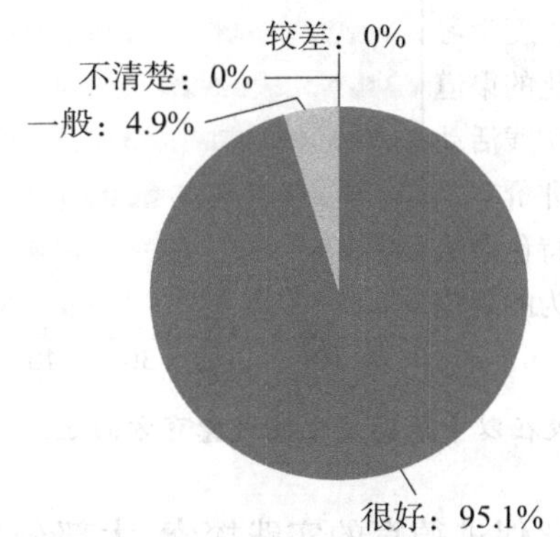

图 2-10　你认为学校在打造中医药文化校园环境上做得如何?(教师卷)

调查发现，95.1%的教师认为学校在打造中医药文化校园环境方面的做法很好，4.9%的教师则认为一般。自建校以来，晶城中学就着力打造具有中医药文化特色的校园氛围，力求发挥环境育人的功效。这一调查结果表明，学校在中医药文化环境的打造上已取得较好效果，但仍有进步的空间。如何更好地利用中医药文化元素装饰校园，让中医药文化元素最大程度发挥其用，是未来需要继续探索的方向。

在推进以“医”润德的道路上，学校教师认为学校在开展主题仪式教育、校园“四大节日”活动、“我和校长有个约会”活动上获得成效较为明显。学校在“少先队特色争章”、校园听证会、家长驻校、家长课堂、专家讲座这些活动中，还应进一步挖掘融入中医药文化的可能性、可行性和创新性。

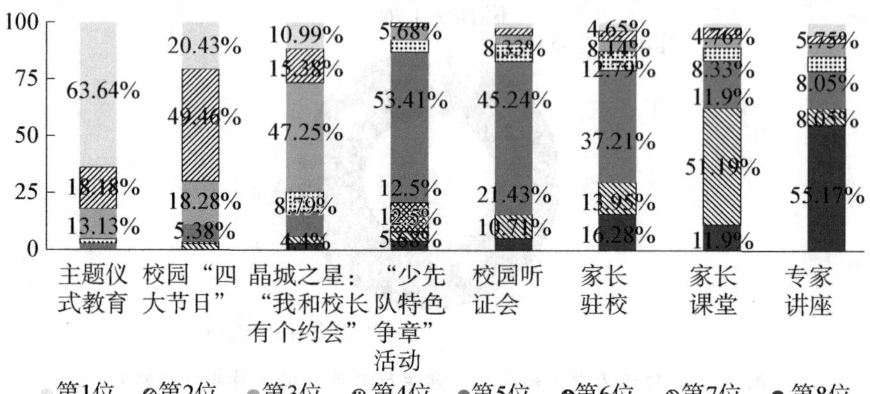

图 2-11 请你对学校中医药文化相关的德育工作按照成效(由高到低)进行排序(教师卷)

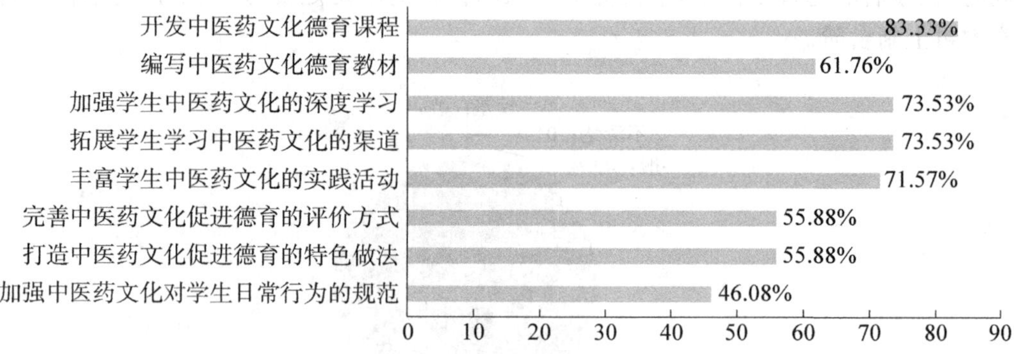

图 2-12 你认为学校在以中医药文化促进德育方面还应做哪些探索?(教师卷)

针对学校在中医药文化促进德育的实践探索，大部分教师认为学校还应加强开发中医药文化的德育课程，加强学生对中医药文化的深度学习，拓宽学生学习中医药文化的渠道，继续丰富中医药文化的实践活动，以及编写中医药文化德育教材。

三、以“医”润德的学生评价

《晶城中学中医药文化进校园现状调查(学生卷)》结果表明，93.15%的学生认为学习中医文化有助于提升品德修养，5.95%的学生对中医文化是否促进品德修养提升表示不清楚，0.9%的学生认为没有帮助。

这表明，学校绝大多数学生认同中医文化对品德修养的提升作用。这也进一步坚定了学校倡导以“医”润德的决心。与此同时，学校应加强学生对中医药文化育人作用的认识，增强中医药文化对学生的感召力，进一步提升育人实效。

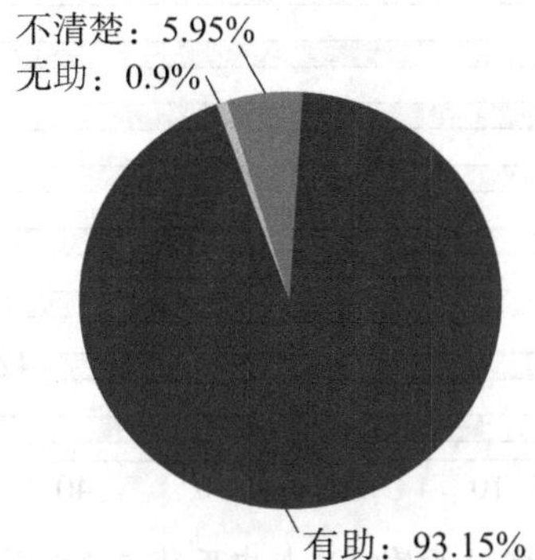

图 2－13　你认为学习中医文化有助于提升品德修养吗？（学生卷）

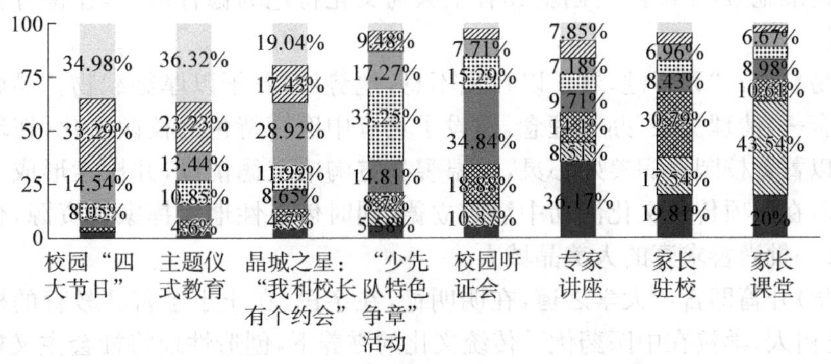

图 2－14　请你按照喜欢程度（由高到低），对下列活动进行排序（学生卷）

问卷结果显示，学生最喜欢的三个德育活动为校园“四大节日”、主题仪式教育和“我和校长有个约会”。结合教师卷结果，这三大德育活动也是取得成效最为显著的。由此可见，学生对于活动的喜爱程度会影响德育活动的实施效果。为此，学校在德育工作中应该始终坚持“以人为本”的理念，重视学生的主体性，关注学生兴趣，积极探索有趣多元的活动方式，让学生喜欢德育，乐于参加德育活动，进而提高德育实效。

相比之下，学生对于家长驻校、家长课堂等家长参与的活动的喜爱程度较低。家校合作的根本目的就是让学生得到更好的发展，然而家校合作相关的活动却在学生心中“遇冷”，学校有必要对这一问题进行持续关注。今后，学校应加强学生、家长和教师三者之间的沟通，发掘这一现象背后的原因，排解学生心中的疑虑，提高家校合作活动在学生心中的欢迎度，进而促进家校的良性合作，推动协同育人。

调查结果还表明，学生更希望学校能够增加中医药博物馆或展览的参观活动，丰富中医药文化课题研究，以及开展体验医护工作的活动。在以“医”润德的探索道路上，学校应切实关注学生的所思所想，鼓励学生敢提意见、多提意见，以生为本，精细

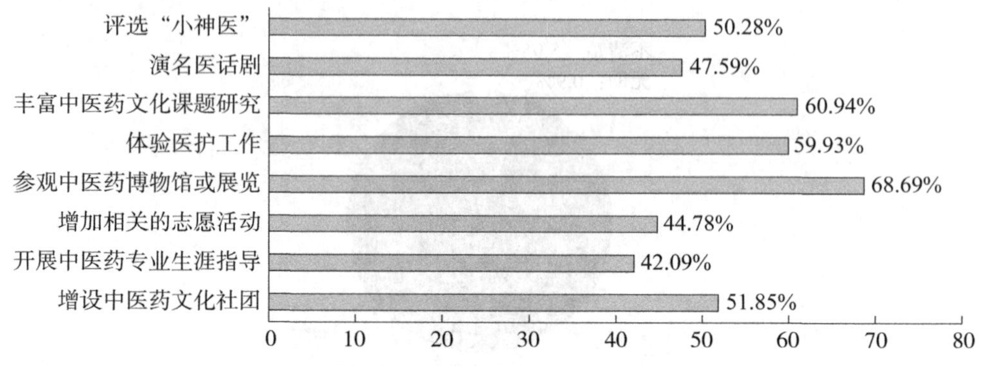

图 2-15 你希望学校开展哪些与中医药文化相关的活动?(学生卷)

“把脉”,精准施策,不断丰富创新具有中医药文化特色的德育形式,让德育真正走进学生心灵。

《周易》有云:“天行健,君子以自强不息,地势坤,君子以厚德载物。”晶城中学秉承“天人合一,情理交融”办学理念,建设了具有中医药特色的校园文化,在环境中陶冶性情,以菁菁校园浸润美好心灵,以温馨教室陶冶道德情操,并探索形成中医药大思政课程,在各项传统文化活动中润心立德,同时创造性地发挥家长资源,合作共育了一批又一批尚善求真的大美晶城人。

《大学》开篇即言:“大学之道,在明明德,在亲民,在止于至善。”教育的根本宗旨在于立德树人,学校在中医药优秀传统文化的滋养下,创造性地将社会主义核心价值观的培养融入教育教学的各个环节,以中医药精粹启智润心、培根铸魂、锤炼品德,定能培养出更多具有个人私德、国家大德、社会公德的德才兼备型人才,为奋进新时代、共筑中国梦提供强大的精神力量和道德支撑。

第三章
以“医”启智：学科渗透，教学巧融中医药文化

“天人合一，情理相融”——是晶城中学从2017年9月1日正式创办便秉持的办学理念，学校始终坚持“让学校成为我们终生留恋的地方”的办学愿景，以实现“全面发展，特色成长”的育人目标为追求，在教学中努力践行“尚善尚真”的校训。经过多年的努力，学校的教学质量跻身所在区一流学校行列，而且以中医药为核心内容的传统文化办学特色日益彰显。蝉鸣悠悠，流响疏桐，却非是藉秋风。恰如晶城中学，立足中华数千年悠悠中医药文化，将五育中的智育与中医药文化深度融合，通过学科渗透等形式，润物细无声，才能如垂緌般，居高声自远，成为上海市闵行区教育的一张靓丽的名片。

第一节　中医药文化融入智育的基石

中医药文化融入课程与教学并不是无中生有，站在极为深厚的基石之上，饱含时代性、开放性、包容性、实践性、开拓性。中医药文化融入智育，是学校在新时代背景下擘画的教育蓝图，应对国家基础教育战略的重要举措而做出的积极思考；是学校依托中医药大学自身优势的丰富资源，充分动员并挖掘相关资源的必然选择；是学校对以“医”启智的价值无比的信任与支持。物无孤立之理，三个方面共同熔铸，形成学校积极将中医药文化融入智育的基石。

一、以“医”启智的时代背景

以“医”启智的时代背景由三方面构成，分别是传统文化弘扬与发展、全国中医药发展战略部署、上海市中医药发展规划。这三方面彼此融通，相互交叉：①由虚入实，由大时代传统文化弘扬与发展的社会文化需求到中医药文化挖掘的实践要求；②由大到小，由国家层面对中医药提出的发展要求，一步步落实细化，到上海市政府对中医药发展战略规划，到闵行区，到梅陇镇，进而走入校园，一步步扎扎实实、脚踏实地进入学生课堂；③由近及远——若升高，必自下；若陟遐，必自迩；远路从近处开始，大

事从小事做起。这三方面,每一方面都给学校融入中医药提出了理论的期许和实践的要求——莫学浮萍漂水面,要学莲藕扎根深。

(一) 传统文化弘扬与发展

当今世界,我国社会各领域正处在蓬勃发展之中。落其实者思其树,饮其流者怀其源。习近平总书记高度重视中华传统文化的继承与发展,他反复强调,“没有中华文化繁荣兴盛,就没有中华民族伟大复兴”。而中华文化的繁荣,首先要立足于文化自觉和文化自信。

2017 年 1 月,中共中央办公厅、国务院办公厅印发《关于实施中华优秀传统文化传承发展工程的意见》,该意见指出文化是民族的血脉,是人民的精神家园。文化自信是更基本、更深层、更持久的力量。我们首先要有高度的文化自觉,充分认识到中医药文化是中华优秀传统文化的重要组成部分,是中医药学的根基和灵魂。弘扬中医药文化不仅有利于推动中医药事业的发展,还有利于树立文化自信,增强文化认同,扩大中华文化的影响力。①

习近平总书记高度赞赏中医药学在保护人类健康方面作出的重要贡献,指出“传统医药是优秀传统文化的重要载体,在促进文明互鉴、维护人民健康等方面发挥着重要作用。中医药是其中的杰出代表,以其在疾病预防、治疗、康复等方面的独特优势受到许多国家民众广泛认可”。在对中医药文化高度的文化自觉的基础上,充分挖掘优秀的传统文化,践行文化自信。坚持中华优秀传统文化的根基命脉,夯实自信之根;坚持社会主义核心价值观的培育践行,营造自信之魂;坚持文化软实力的稳步提升,提升自信之力;坚持民族性与时代性的融合转换,挖掘自信之源;坚持人民群众的主体创造,突出自信之本。②

2021 年 1 月,教育部印发了《中华优秀传统文化进中小学课程教材指南》,该指南要求处理好育人目标与内容形式的关系,从厚植中华文化底蕴、增强民族自豪感、坚定文化自信、做堂堂正正的中国人等育人目标出发,遴选蕴含核心思想理念、中华人文精神和中华传统美德的中华优秀传统文化内容和载体形式。

(二) 全国中医药发展战略部署

2016 年 2 月,国务院发布《中医药发展战略规划纲要(2016—2030 年)》,纲要明确指出:中医药作为我国独特的卫生资源、潜力巨大的经济资源、具有原创优势的科技资源、优秀的文化资源和重要的生态资源,在经济社会发展中发挥着重要作用。随着我国新型工业化、信息化、城镇化、农业现代化深入发展,人口老龄化进程加快,健康服务业蓬勃发展,人民群众对中医药服务的需求越来越旺盛,迫切需要继承、发展、利用好中医药,充分发挥中医药在深化医药卫生体制改革中的作用,造福人类健康。

---

① 赵付科,孙道壮. 习近平文化自信观论析[J]. 社会主义研究,2016(05):9.

② 胡真,王华. 中医药文化的内涵与外延[J]. 中医杂志,2013(03):192.

2019年10月发布的《中共中央　国务院关于促进中医药传承创新发展的意见》特别强调:中医药学是中华民族的伟大创造,是中国古代科学的瑰宝,也是打开中华文明宝库的钥匙,为中华民族繁衍生息作出了巨大贡献,对世界文明进步产生了积极影响。同时提到某些方面存在的不足,如中医药发展基础和人才建设还比较薄弱,中药材质量良莠不齐,中医药传承不足、创新不够、作用发挥不充分,迫切需要深入实施中医药法,采取有效措施解决以上问题,切实把中医药这一祖先留给我们的宝贵财富继承好、发展好、利用好。

(三) 上海市中医药发展规划

为贯彻落实《中华人民共和国中医药法》和国务院发布的《中医药发展战略规划纲要(2016—2030年)》,准确把握新时代上海中医药工作的新使命、新任务,推进健康上海建设,上海市政府印发《上海市中医药发展战略规划纲要(2018—2035年)》,加强中医药内涵建设,不断完善中医药发展政策机制,传承弘扬海派中医药特色优势,促进中医药服务能力、学科建设、科技创新、国际化发展等方面发展。

在《上海市中医药发展战略规划纲要(2018—2035年)》文件中,教育一词频繁出现,成为上海市中医药发展战略规划重点任务之一。而上海市政府对教育的高度重视,也一步步向下渗透到各区、各组织中。

二、以“医”启智实践的可能性

(一) 上海中医药大学资源支持

学校依托上海中医药大学而建,在学科渗透、教学改革中巧融医药文化,这是充分利用自身优势的必然选择。上海中医药大学是教育部与上海市人民政府共建的高校,是上海市重点建设的高水平大学和国家“双一流”建设高校。在全国第四轮学科评估结果中,中医学、中西医结合、中药学三个一级学科排名全国第一,均取得A+的优秀成绩,是全国中医院校中唯一取得3个A+的高校。作为上海中医药大学附属学校,晶城中学充分利用大学中医药教育相关资源,确立中医药办学特色。这是学校建立的初心与使命,也是中医药大学对学校的希冀与渴盼。

通过对上海中医药大学资源的充分挖掘,通过召开大学中医药相关专家咨询会、输送学校教师进大学培训、上海中医药大学专家参与学校课程建设等多种形式,学校以“医”启智的实践有了多种可能性。

(二) 社会相关资源支持

除了依托上海中医药大学外,学校以“医”启智课程类建设也离不开社会各相关团体的支持与鼓励,包括但不限于上海市教育局、梅陇镇政府及相关人员、梅陇镇其他学校、在校学生及学生家长等。这些团体、组织、个人在学校中医药入校园文化建设中,在不同领域发挥了至关重要的作用。

如上海市教育委员会对学校初中学业质量进行监测评价,通过绿色指标评价学校综合报告等形式积极给予反馈意见，帮助学校针对薄弱点进行突破；学校借鉴学区梅陇镇中小幼中医特色课程一体化建设，从思维层面、理念层面、行为层面，系统地推动中医药文化进教材、进课堂；学生及学生家长也积极地参与到学校以“医”启智课程建设中来，贡献自己的一份力量……

(三) 其他中学的实践借鉴

中医药文化如此高深远博，在中学中的应用也是早有由来。一路走来，也有其他志同道合的中学突破地域，一同前进，相互取经，共同成长。新老同堂，老桃不逊新桃色，前后相长，雏凤清于老凤声。如北京市北京宏志中学，于 2011 年起便设立了“杏林实验班”，对中小学中医药文化综合实践活动课程体系建设做出了一系列探讨，逐步建立起中医药文化实践教育、中医药科研素养培训的课程体系。① 以上海市上海中学“医学探微”课程为例，上海市上海中学进行了中医药文化进中学课堂的实践探索，展现了中医的人文属性、中医的思维方式、中医的艺术价值。② 同行们的卓越实践提供了极大的借鉴，也给学校自主探索中医药文化进校园之路奠定了发展的基石，使晶城中学能站在他人的经验之上，推陈出新，为中医药文化融入校园贡献出晶城中学独有的特色。

三、以“医”启智的内涵挖掘

以“医”启智当代价值正是学校将中医药文化融入智育的重要原因。正是因为中医药文化融入智育有价值，学校才会将其融入智育。而对融入智育这一举措价值的追寻，离不开对中医药文化的价值追寻。

如英国人类学家泰勒在《原始文化》一书里给出定义：“文化，或文明，就其广泛的民族学意义来说，是包括全部的知识、信仰、艺术、道德、法律、风俗，以及作为社会成员的人所掌握和接受的任何其他的才能和习惯的复合体。”这个定义对学术界所产生的影响一直延续至今。我国 1999 年版的《辞海》写道：“文化广义指人类在社会实践过程中所获得的物质、精神的生产能力和创造的物质、精神财富的总和。狭义指精神生产能力和精神产品，包括一切社会意识形态：自然科学、技术科学、社会意识形态。有时又专指教育、科学、文学、艺术、卫生、体育等方面的知识与设施。”

可以看到，在中外不同语境中，“文化”一词人人在用，但对其含义的理解却各自不同，内涵和外延也各不相同。③ 几百年来外国的研究者给它下了种种定义，中国的研究者也给它下了不少定义，却始终没有一个定义得到人们的公认。虽然人人都感

---

① 熊益亮，熊劲，张烁，等. 中小学中医药文化综合实践活动课程体系建设探讨——以北京宏志中学“杏林实验班”为例[J]. 中国中医药现代远程教育，2018(20)：4.

② 全婵兰. 中医药文化进中学课堂的实践探索——以上海市上海中学“医学探微”课程为例[J]. 现代基础教育研究，2018(04)：175.

③ 吴克礼. 吴克礼集[M]. 北京：商务印书馆，2019：435 - 437.

觉到文化的存在，但它的内容卷帙浩繁、书囊无底，从不同角度、不同层面、不同方位，在不同国家、不同种族、不同年代均会有所变化。它是一个活在历史中，却又活在未来的词。在历史中，它不断变化发展演化，在未来中，它又与自然界和社会上许多事物发生联系。① 中医药文化也是如此，它是一个内涵与外延不断发展变化的词。

正如分析哲学代表人物罗素将所有词分为两大类，一类是专有名词，一类是摹状词。摹状词是具有描述功能的一类词汇，可以指代那些有意义而没有所指的对象。② 在罗素看来，教育就是一个摹状词，而非专有名词，因为教育并非有专门指代的某种方式、某个任务、某个模式。文化也同样如此，并非是专有名词，而是摹状词，中医药文化更是如此。

而要充分挖掘中医药文化，却又不得不依赖实体，找出事物本质。在此基础上，学校教师充分挖掘中医药文化精神，构建对中医药文化的理解，在充分理解的基础上，最大化体现和展示中医药的价值所在。

晶城中学中医药文化采用四个层面进行划分，详见图 3-1。第一层面是中医药的物态文化，包括中医药草药、针灸、拔罐等多方面的以实物为依托的物质文化，在此层面上，学生可以通过接触实物或通过视频、微课等其他形式进一步学习，在学习知识的过程中，感受中医药文化丰富的文化底蕴。第二层面是中医药的制度文化，中医药从识药、配药、就诊到最终理疗结束都有一套完整的程序设计，每一个步骤又可以无限划分，由此组成中医药独特的制度文化，如就诊就有“望、闻、问、切”这耳熟能详、家喻户晓的四部疗法，又何尝不可以用到教师日常教学、规划课程中来？第三个层面是中医药行为文化，正如《黄帝内经》所说“上工治未病，不治已病，此之谓也”，“治未病”即采取相应的措施，防止疾病的发生发展。其在中医中的主要思想是：未病先防

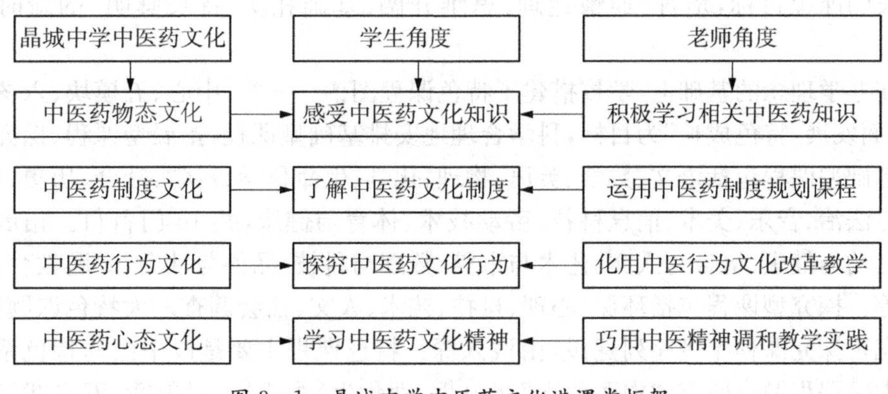

图 3-1　晶城中学中医药文化进课堂框架

① 金开诚. 传统文化六讲[M]. 北京：北京出版社，2019：3-4.

② 贾可春. 罗素的摹状词理论[J]. 哲学研究，2004(09)：78.

和既病防变，从教师角度来看就要在课前了解学生需求，通过“治未病”，才能更好实现教学改革，达到教学目标。第四个层面是中医药心态文化，即中医药中深深蕴含的中医哲学观、生命观、系统观、整体观等思想，能够帮助学生和教师保持对工作、对学习、对生活的积极态度，保持良好精神风貌。

第二节　以“医”启智的基本概况

晶城中学以“医”启智的基本概况首先是从办学理念出发，以其为前进灯塔，进行课程设计。以“医”启智共包含三个课程分类：基础型课程、拓展型课程、探究型课程。而针对这三大类课程就不同角度深度挖掘，可分为实施基础学科教学改革，激活基础型课程；综合设计中医拓展活动，探索中医拓展型课程；深挖中医特色研究课题，定制探究型课程三个方面。

而在以“医”启智的实施途径中，晶城中学做到了整合学校资源，建设校本教材研发团队；邀请中医专家，彰显中医课程文化底蕴；加强学科渗透，进行基础学科创新改革；线上线下共建，搭建优质中医资源平台。

一、办学理念与课程设计

学校课程计划的制定和落实，是实现学校课程领导力的重要抓手。围绕晶城中学“情理相融，三位一体，全面发展，特色成长”的教育理念，学校通过对课程的规划、建设、决策、实施、管理和评价，提升学校教师团队的专业能力，实现学生全面发展、特色成长的课程目标，培育“通情达理、思维开阔、基础扎实、特长鲜明”的新时代初中生。

在办学理念的基础上，学校搭建了特色课程图谱——“一中心、五模块、六核心”。以“全面发展，特色成长”为目标，科学合理地安排基础型课程、拓展型课程、探究型课程。基础型课程包括语文、数学、英语、物理、化学、生命科学、科学、社会、历史、地理、道德与法治、音乐、美术、信息科技、劳动技术、体育与健康，共16门科目。拓展型课程分运动与健康、语言与人文、艺术与审美、数理与科技、品德与社会、专题教育、社团活动等。探究型课程包括环保、心理、科技、艺术、人文、社会调查六大特色课题群，进一步完善探究课程年级序列建设，由浅入深。特色课程主要是以中医药特色系列课程—中医课程融合研究（“中医药＋”文史哲、理化生）为主体，以射箭、五禽戏等课程为多翼的“一体多翼”中国传统文化特色课程建设。依托上海中医药大学资源，学校吸收课程建设经验，进一步加强合作开发特色课程，形成师生联动、高校合作、共建共享、百花齐放、特色鲜明的晶城课程文化。

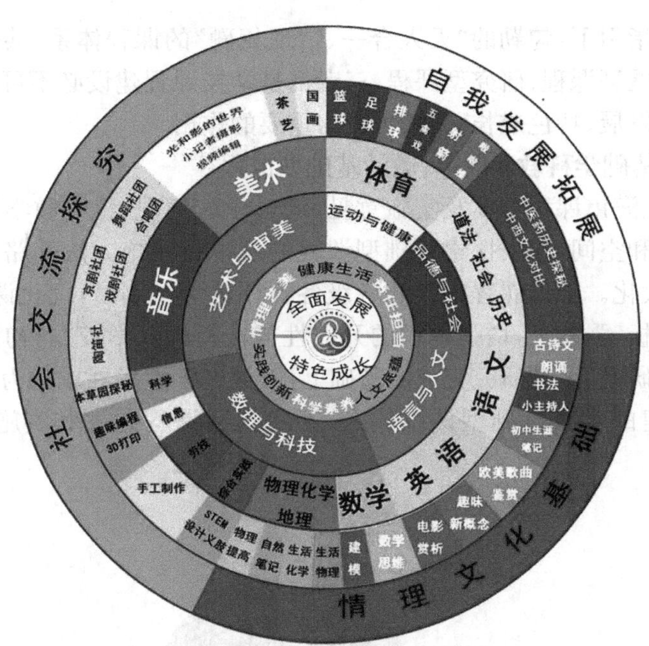

图 3-2　晶城中学特色课程图谱

二、以“医”启智的课程类型

学校严格执行《上海市普通中小学课程方案》，在此基础上，合全校之力编写了《上海中医药大学附属闵行晶城中学课程方案》，开齐开足多类课程，保障课程实施的时间和空间，进一步加强中医药系列特色课程建设。图 3-3 为晶城中学在办学理

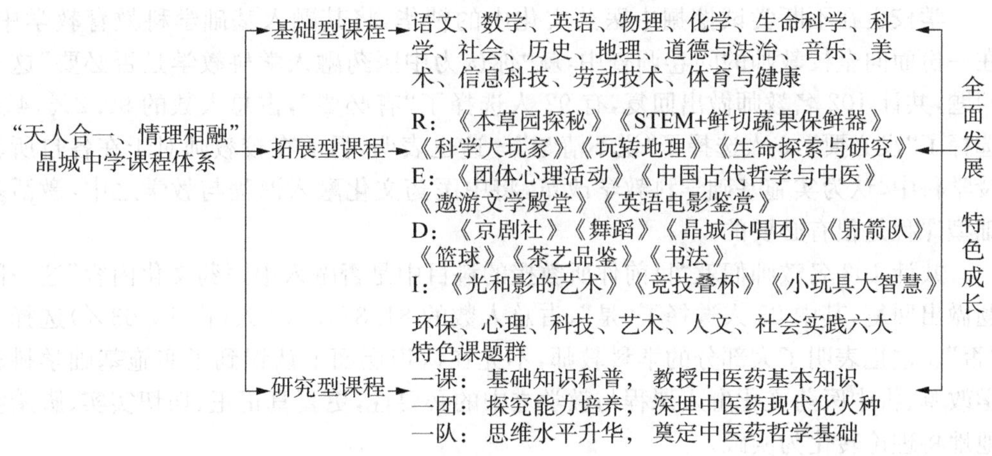

图 3-3　晶城中学课程体系

念、课程图谱的指引下，勾勒的“天人合一、情理相融”的课程体系，共分为三大板块：基础型课程、扩展型课程、研究型课程，三者都是学校课程建设必不可少的一环，都为助力学生“全面发展、特色成长”发挥了极为重要的作用。

（一）实施基础学科教学改革，激活基础型课程

学校根据上海市课程方案及实施意见，结合学校情况，统筹教学资源，合理安排教学内容、时间和空间，积极探索基础型课程的校本化实施方法和路径，努力使基础型课程效益最大化。根据课程方案和各级各类评价考试制度，优化课程整体设计和课程规划，补短板、强特色，增强课程的开放性与选择性。学校在《初中学校创建“情理校园”的实践研究》课题研究完成的基础上，以促进学生发展成长为目标，继续优化和完善已经构建的学校基础型课程体系，不断提高课程开发和实施的能力及课程品质。

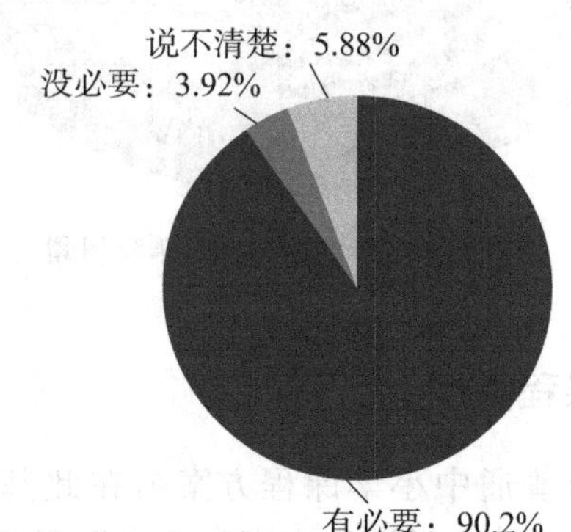

图 3-4　你认为中医药融入学科教学是否必要？（教师卷）

学校也在不断尝试挖掘中医药文化中的精华，将其融入基础学科教育教学中。在一份面向全校教师的问卷调查中，就“你认为中医药融入学科教学是否必要”这一问题，共计 102 名教师做出回复，有 92 人选择了“有必要”，占总人数的 90.2%，4 人选择了“没必要”，6 人选择了“说不清楚”。这也表明，目前在校教师对于在各自所教授学科中，认为实施基础学科教学改革，将中医药文化融入课程与教学之中，激活基础型课程是很有必要的。

共计 102 名教师们就“目前你所教授的科目中是否融入中医药文化内容”这一问题做出回复，其中 83 人选择了“是”，占总人数的 81.37%，19 人（占 18.63%）选择了“否”。这也表明了大部分的学科教师，不光在认识层面上认识到了实施基础学科教学改革、将中医药文化融入课程与教学之中的必要性，更真真正正、切切实实、脚踏实地地将理论转化为实践。

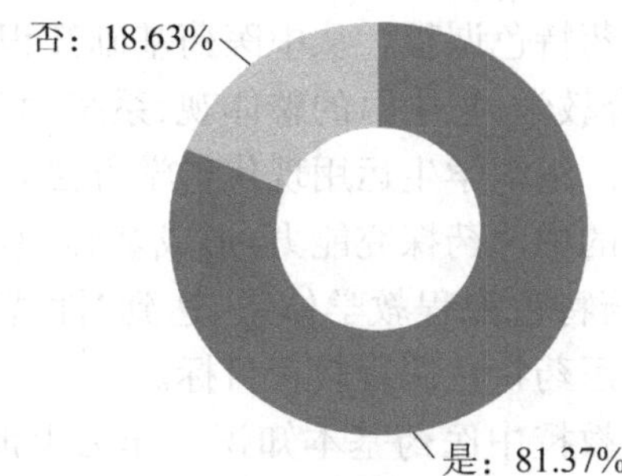

图 3-5　目前你所教授的科目中是否融入中医药文化内容？（教师卷）

（二）综合设计中医拓展活动，探索中医拓展型课程

在拓展课程中，学校高度强调综合中医拓展活动，进一步加强五育视野下学科拓展课程和中医药特色课程建设。此外，学校高度重视包括科技、艺术、体育等方面的课程开设，满足不同学生需求，促进每一位学生个性成长，并为专长明显的学生开设长程课程和以激发兴趣、重在体验的短程课程。

目前，学校各类拓展课共计 38 门，拓展型课程“悦得”（REDI）体系。其中，R 代表理性，即 Rational，指向基于理性思考的课程，如“本草园探秘”让学生走进百草园创新实验室，培养实践探究能力；“STEM＋鲜切蔬果保鲜器”融科学、技术、工程和数学为一体，探索保鲜器的奥秘；“科学大玩家”在“玩”中探索科学的奥秘；还有“玩转地理”“生命探索与研究”等。E 代表情感 Emotion，指向基于情感体验式的课程，如“团体心理活动”“中国古代哲学与中医”：穿越千年，走进古代圣贤的世界；“遨游文学殿堂”储知蓄理，扩充眼界，做一个思想有深度，为人有温度的人；“英语电影鉴赏”：品味原版，理解国际文化，感受异域风情。D 代表趣味，即 Delight，指向基于激发生活趣味的课程，如“京剧社”为学生打开戏曲的大门，“舞蹈”课程展现中学生的青春，充满动感、活力！“晶城合唱团”由专业教师带领学生展现自我，丰富校园生活。此外，还有“射箭队”“篮球”“茶艺品鉴”“书法”等。I 代表智慧，即 Intelligence，指向基于开启学生成长智慧的课程，如“光和影的艺术”：在“光和影”中感受艺术交融，拍摄出最美的照片；“竞技叠杯”“小玩具大智慧”带领学生走进九连环、魔方等益智世界。

（三）深挖中医特色研究课题，定制探究型课程

学校目前努力形成环保、心理、科技、艺术、人文、社会实践六大特色课题群，进一步完善探究课程年级序列建设，由浅入深。

在六大课程群中，学校以中医药为特色，发扬中华优秀传统文化，秉承“情理相融”的教育理念，全面发展与特色成长相结合，满足社会对优质初中教育资源的需求，是一所具有浓郁中医药特色的个性化、现代化、国际化学校。学校充分发挥课堂主渠道的作用，系统地推动中医药文化进教材、进课堂，将中医药文化进校园落到实处。学校主要依托三种形式，即基础知识科普（一课）、探究能力培养（一队）、思维水平提

升(一团),来建设研发中医药特色课程。从中医药基础知识科普开始,通过中医药与中学基础课程的交叉和融合教学,把中医的整体观、系统学和辩证法与基础学科学习融合,逐步升华学生的思维。组织学生运用现代科学方法,对中医治疗技术和方剂进行实证研究,逐步培养学生的中医药探究能力,形成基础知识教学、探究能力培养、思维水平升华三层次的中医药特色课程教学体系,达到"性智"与"量智"融合培养、"科学"与"人文"同步启蒙的中医药特色课程教育目标。

基础知识科普(一课):教授中医药基本知识。作为上海中医药大学的附属初级中学,晶城中学从建校之初就重视中医药文化进校园的活动,创造性地以"中医+"的思维形式开设中医药课程,教授学生中医药基本知识,传承中医药文化,启蒙中医药整体观、系统论和辨证论治思维模式。为了将中医药文化进校园落到实处,充分发挥课堂教学在中医药文化进校园中的主渠道作用,采取分类指导、因地制宜的原则,打造出"中医课程"和"课程中医"相结合的灵活模式。根据中学生认知发展规律,组织编制中医药校本教材,以图文并茂的方式传授中医药基本知识。组织学生赴上海中医药大学,现场参观百草园、感受中医药文化。目前在学校六年级全面展开中医药特色文化教学,采用课堂授课、接触体验相结合的形式,每周 1 次课,每次 1 个课时。课程主要内容包括中医特色诊疗、理疗、药学及中医药故事等内容,培养学生对中医药的兴趣,丰富学生的思想,营造了良好的中医文化氛围,厚植了中医药学习土壤。

探究能力培养(一队):深埋中医药现代化火种。中医药是中国古人长期实践经验的总结,是一座医学和文化的宝库,青蒿素、阿司匹林等极具效果的广谱药物以及现代疫苗的产生都直接受益于中药方剂和治疗方法的启发。但中医理论体系以文字描述的阐述方法为主,相对于数学、物理学、信息论等现代科学理论,无法做到集简洁与严谨于一身。要让传统国粹中医药焕发青春活力,就有必要采用国际通用的现代科学语言来诠释中医药理论体系。因而,中医现代化发展需要数学、物理学、信息、生物、化学等现代科学理论,用现代科学语言来指导发展新的中医诊疗技术手段,使之更具客观性和量化性。在中学生开展中医药课程教学,就有必要培养中学生对中医药的现代化探究能力,孕育中医药现代化种子,从而更好地传承、挖掘和发扬我国传统中医药科学。为实现这个目标,学校针对七年级学生,开设中医药探究课,班级学生组成探究小队,通过学生头脑风暴、主动探究的模式,开展中医药现代化理化性质研究分析,培养和塑造中学生的探究能力;以目标明确的中医药科技研究课题为依托,让学生自主查阅文献资、自主研究讨论、自主操作测试,激发学生用大胆畅想、小心求证的科学精神去学习中医药知识。

例如,指导学生探究小队开展"不同生长环境下对于中药薄荷生长指标的影响初探"活动,所形成的论文获得第十二届上海市青少年生态文明探究小论文评选三等奖;组织学生尝试用冰片、薄荷等药研制具有提神醒脑功用的香囊,通过望、闻等感观感受中药冰片、薄荷等药物药理，根据一定的配比，研磨调制香囊作品，再经过测试、改良、再测试等环节进行检测定型。整个过程激发了学生学习中医药知识的积极性，锻炼了学生的动手能力，培养了学生探究的能力。目前，学校已有学生探究课作品——白及膏、香囊、药枕等。

思维水平升华(一团)：奠定中医药哲学观基础。中医药兼具医学、文化和哲学等多重属性。中学生中医药课程的学习，一方面要用现代科学技术去诠释传统中医药的机制机理，另一方面更要把中医药文化融入现代科学文化学习，将中医的整体观、系统学、辩证法等中医思想精华融入现代科技知识的学习。基于这一基本认识，学校开拓性地尝试“课程中医”教学，即以“中医药文化元素＋”的形式，充分融入初中文史哲、理化生等基础课程当中，探索中医药文化与中学基础课程、基础教育相融合的课堂教育体系，达到中医药文化知识进校园减负不增负的教学效果，打下中学生整体观、系统论和辩证思维的哲学基础。以此为出发点，学校开展了中医药与初中生基础课程交叉融合的教学探索，成功申请上海市闵行区教育科学研究课题《医理微课程教法设计和实践研究》，打造以中医药文化为核心的特色校本课程，用中医药哲思和理念，激发学生对传统文化的热爱和自信，更好地促进初中学生对文史哲、理化生科目的学习，在学习现代科技文化的同时与中华传统文化碰撞出灵感和激情，让中学生从小埋下中医现代化的种子，奠定发扬中医药优秀传统治疗方法、弘扬祖国优秀传统文化的基础。

三、以“医”启智的实施途径

学校将以“医”启智真正落到实处的具体措施可谓不少，从多个层面积极进行探索，真正做到了从学校内部教师资源充分挖掘、校外专家充分调动、基础学科积极创新、线上线下融会贯通，实现了办学理念的落地生根。在一份面向全校教师的问卷中，在“中医药融入学科教学中，请将以下因素按照重要程度先后进行排序”题目中，共102位教师做出了答复，其中80位教师认为“整合学校资源，建设校本教材研发团队”是以“医”启智的最主要的实现途径，55位教师认为“邀请中医专家，彰显中医课程文化底蕴”是第二顺位最重要的实施途径，56位教师选择“加强学科渗透，进行基础学科创新改革”作为第三个重要途径，大部分教师将“线上线下共建，搭建优质中医资源平台”这一途径放在了最后，详见表3-1。

表3-1　在中医药融入学科教学中，按照重要程度排序情况(教师卷)

选项	综合得分	第1位	总数
整合学校资源，建设校本教材研发团队	4.51	80(80%)	100
邀请中医专家，彰显中医课程文化底蕴	3.41	13(13.98%)	93

（续表）

选项	综合得分	第1位	总数
加强学科渗透，进行基础学科创新改革	2.93	7(7.78%)	90
线上线下共建，搭建优质中医资源平台	2.21	2(2.22%)	90

尽管教师们针对这四个因素按照重要程度先后进行排序。但是在日常实践中，四者相辅相成，缺一不可。排名有分先后，作用不分先后，每一个都是学校以"医"启智实施的重要组成部分。

（一）整合学校资源，建设校本教材研发团队

作为上海中医药大学附属学校，学校始终坚持以挖掘、传承、创新流传千年的中医药文化作为重要使命与担当，积极整合学校现有资源、调动教师积极性，组建校本研发团队。在针对"你觉得学校是否充分挖掘教师个人能力，开设多样的中医药课程"这一问题中，共有102位教师做出了回复，其中97位教师认为学校充分挖掘教师个人能力，占总人数的95.1%，4位教师选择"不清楚"，1位教师选择"否"。这表明，目前，学校极大地调动了教室参与校本课程开发的积极性，使每位教师都参与开发校本教材的研发和课程设计中来。

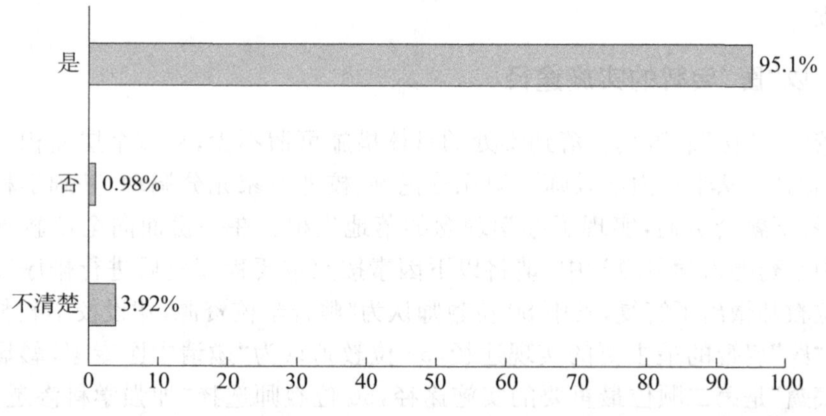

图3-6　你觉得学校是否充分挖掘教师能力，开设中医药课程？(教师卷)

学校根据中学生认知发展规律，组织编制中医药校本读本，以图文并茂的方式传授中医药基本知识。在此基础上编著的《菁菁本草》一书已于2021年由上海交通大学出版社正式出版，并针对六年级全面展开中医药特色课程教学，每周1课时。课程内容包括中医特色诊疗、理疗、药学及中医药故事等内容，培养学生对中医药的兴趣，营造中医文化氛围，厚植了中医药学习土壤。

学校的中医特色课程历经多年积淀，枝繁叶茂。以《本草探秘》校本研发为例，主要内容包括中医药基础知识、中药种植技术、中草药科研实验等，这培养了学生对中医药的兴趣，丰富了青少年的思想，营造了良好的中医文化氛围，厚植了中医药学习土壤。通过重点教授中学生中医药基本知识，传承中医药文化，启蒙中医药整体观、系统论和辨证论治思维模式。培养学生对中医药的兴趣，丰富学生的思想，营造良好的中医文化氛围。以目标明确的中医药科技研究课题为依托，让学生自主查阅文献资料、自主研究讨论、自主操作测试，激发学生用大胆畅想、小心求证的科学精神去学习中医药知识。激发学生学习中医药知识的积极性，锻炼学生的动手能力，培养学生探究的能力。引导学生了解影响中草药生长的环境因素，掌握监测工具的使用，了解统计图表的设计和功能，学习设计统计图表，掌握数据差异性分析的方法，学习使用SPSS软件，掌握小论文写作方法与步骤，展示数据分析结果，培养学生运用现代科学思维方法探究中医药。

表3-2　《本草探秘》科目纲要教学内容

<table>
<tr><th>单元</th><th>教学内容</th></tr>
<tr><td rowspan="3">走近本草
认识本草</td><td>中药四气，五味</td></tr>
<tr><td>了解中药源起</td></tr>
<tr><td>了解中药发展</td></tr>
<tr><td rowspan="7">探秘本草
实验实践</td><td>了解道地药材，绘制道地药材图谱（全国）</td></tr>
<tr><td>探究中草药种植（阳光、土壤、水分）</td></tr>
<tr><td>中草药种植大PK（实验设计与种植）（以组为单位选择一种药草种植）</td></tr>
<tr><td>进行记录表的设计与修改</td></tr>
<tr><td>进行实验，观察中草药的生长过程</td></tr>
<tr><td>对比分析实验数据，得出实验结论</td></tr>
<tr><td>草药炮制（选一味）</td></tr>
<tr><td rowspan="5">展示交流</td><td>撰写研究报告</td></tr>
<tr><td>展示与交流课题报告</td></tr>
<tr><td>修改课题报告</td></tr>
<tr><td>选一味中草药探究中草药药用及食用价值并制作小报</td></tr>
<tr><td>中草药识别大赛</td></tr>
</table>

为了调查学生对校本课程的满意程度，学校就“你对中医药校本课程的满意程度”这一问题展开调研，其中，770人对目前在编的校本课程表示满意，约占总人数的86％，113位学生表示一般，8位同学表示不满意。这肯定了学校校本教材及课程的

同时,反映了学校校本教材编写仍有极大进步的空间。学校需再接再厉,在不断探索中医药文化的过程中创造佳绩!

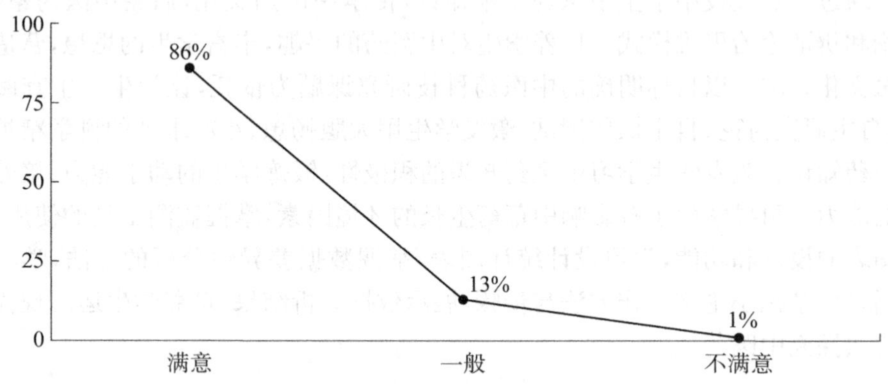

图 3-7 你对中医药校本课程的满意程度(学生卷)

(二) 邀请中医专家,彰显中医课程文化底蕴

学校学科教师的中医药基础相对比较薄弱,为了解决这一难题。首先,积极派遣教师团队前往中医药大学进行学习,在自己学校内部逐渐培养出一只对中医药文化感兴趣、有一定研究能力的教师团队,从而进一步在课程中彰显中医课程文化底蕴。

其次,积极邀请校外专家进校讲学,建立学生与中医专家最为直接的关系,通过中医专家进校,为学生提供最为精准、最有深度的中医文化教学。

如积极邀请上海中医药大学教授、博士生导师,国家中医药管理局中医药文化科普巡讲团巡讲专家,上海东方讲坛特聘讲师杨柏灿教授莅临学校开展名中医公益讲座《人生之礼中的中药文化》。讲座通过面授和线上直播的形式,面向晶城中学师生、家长,以及梅陇镇学区联盟及社区居民近 800 人次。

学生萧文龙在听完名师公益讲座后有了诸多感慨:

图 3-8 校外专家进校做名医公益讲座

今天上午,我们在校会上聆听了杨柏灿教授的《人生之礼中的中药文化》讲座,我深深感受到中华文化的博大精深。

杨教授首先从礼的本义讲起,中国是礼仪之邦,中华民族是世界上最重礼仪的民族,五千年的文化传承至今。“不学礼,无以立。”从古至今,我们的全部社会活动都离不开礼制,而在人生礼仪中也处处可见中药文化的影子。

“黄芪与推己及人”“牵牛子与知恩

图报""槟榔与彬彬有礼""远志与志向高远""菊花与长寿""灵芝与享寿"，等等，这些中药名称与背后折射的礼仪文化达到了形神统一，耐人寻味。

采用中药治病的中医强调求其因、治其本，这其实是一种形神关系。人是精神与形体的结合，即所谓"天出其精，地出其形，合此以为人"。感触之余再次联想起我校"天人合一，情理相融"的办学理念，充分体现了中医药文化特色，也强调了以传统文化传承为主线的发展思想。

听完讲座，我意犹未尽。作为学校的一员，我深刻地认识到要反思和正视包括人生礼仪在内的传统文化，领悟其中奥妙，代代相传，并真正学以致用。

(三) 加强学科渗透，进行基础学科创新改革

学校始终将基础学科创新改革作为传播中医药文化的第一阵地，通过学科渗透的形式将中医药文化融入其中。在面向教师的问卷中，针对"请你对以下课程教学中融入中医药情况由高到低进行排序"这一问题，64 位教师认为语文课程能够最好体现中医药文化与学科基础知识的高度融合，将其排在第一位，随后，分别是生物、化学，这也反映出相关学科教师在中医药融入学科教学中付出的极大努力。

表 3-3　请你对以下课程教学中融入中医药情况由高到低进行排序(教师卷)

课程	综合得分	第 1 位	第 2 位	第 3 位	小计
语文	8.65	64(65.98%)	11(11.34%)	7(7.22%)	97
生物	6.56	20(21.74%)	17(18.48%)	11(11.96%)	92
化学	5.12	3(3.61%)	14(16.87%)	3(3.61%)	83
英语	4.79	0(0%)	7(8.33%)	30(35.71%)	84
数学	4.7	2(2.41%)	27(32.53%)	7(8.43%)	83
物理	4.63	1(1.2%)	4(4.82%)	9(10.84%)	83
地理	4.56	3(3.53%)	9(10.59%)	14(16.47%)	85
历史	4.45	3(3.57%)	5(5.95%)	11(13.1%)	84

每一学科都有独特的切入点，以物理学科为例，它巧妙选择了拔罐这一传统中医药疗法。

拔罐是以罐为工具，利用燃火使火罐吸附于体表，造成局部瘀血，以达到通经活络、行气活血、消肿止痛、祛风散寒等作用的疗法，用于治疗许多痼疾，在中国有悠久的历史。物理学科教师以"中医火罐疗法"为切入点，巧妙利用视频资源，突破教学难点，让学生对传统火罐疗法有一个直观的认识，让教学生动、有趣。中医火罐疗法以文字描述为主，缺少客观、量化的语言，无法做到简洁与严谨。教师有效利用视频资源，让学生直观地认识中医火罐这种传统治疗方法，组织学生开展中医火罐现代化理化性质研究分析、以目标明确的中医药科技研究课题——《中医火罐治疗腰酸背疼症状并探究物理压强》为依托，让学生自主查阅文献资料、自主研究讨论、自主操作测试，激发学生用大胆畅想、小心求证的科学精神去学习中医火罐背后的机制机理，通过更具客观和量化的科学语言来解释中医火罐传统疗法的原理。整个过程激发了学生学习中医药知识的积极性，锻炼了学生的动手社会实践能力，培养了学生科学探究的能力以及向更深的科技海域进发的勇气。为学生未来所进行的科学研究奠定了基础，深埋了中医药现代化火种。

在针对全校学生关于"你对授课教师将中医药融入学科教学是否满意"这一问题的调研中，780 位学生认为"满意"，占总人数的 87.54%，仅有 9 位(占 1.01%)学生选择"不满意"。这体现了学校教师在以"医"启智学科渗透实践中，充分调动了学生的兴趣，尊重了学生的意愿，才能获得如此之高的满意度。

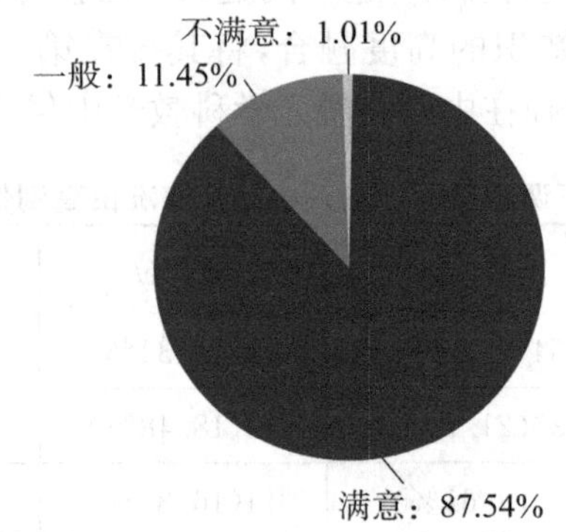

图 3-9　你对授课教师将中医药融入学科教学是否满意?(学生卷)

而在针对学生的晶城中学中医药文化进校园现状调查中，针对"你愿意将中医药文化知识与各学科学习结合起来吗"这一问题，有 814 位学生选择"愿意"，占总人数的 91.36%。这充分表现了教师进行的基础学科创新改革获得了学生的支持，也让学

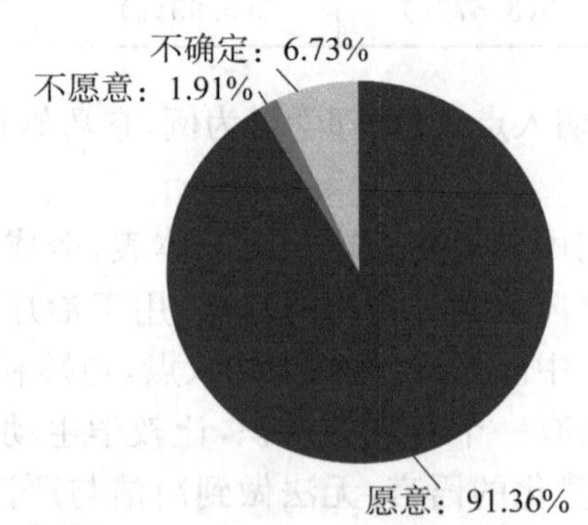

图 3-10　你愿意将中医药文化知识与各学科学习结合起来吗?(学生卷)

生感受到中医药文化的魅力。针对教师基础学科创新改革的具体措施，将会选择四个典型基础学科案例，在本章第三节以“医”启智的学科教学融合案例中进行展示。

在针对全校学生关于“你认为中医药文化融入学科教学有无必要”这一问题的调研中，759 位学生认为“有必要”，占总人数的 85.19%，114 位（占 12.79%）学生选择“一般”，而认为没有必要的学生仅有 18 位（占 2.02%）。通过学生的选择不难看出，将中医药文化融入学科知识的清泉之中，犹如扔入一颗颗石子，在学生的心中震荡起阵阵波澜，让孩子能够真切地认识到中医药文化的博大精深，看到中医药文化和各大学科知识内在的共通性。中药多有药引子，药引子是引药归经的俗称，指某些药物能引导其他药物的药力到达病变部位或某一经脉，起“向导”的作用。将中医药文化引入基础学科创新改革中，又何尝不是起到一种药引子的作用？以中医药文化为引，也可以帮助教师重新梳理学科经络，激活学科内在价值。

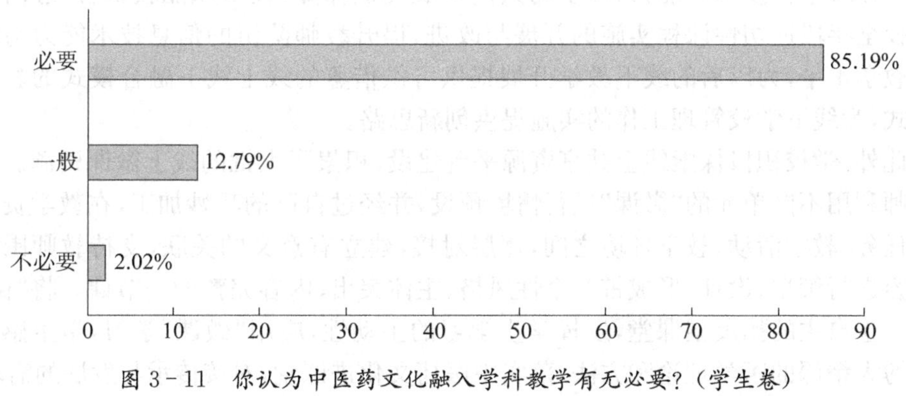

图 3－11　你认为中医药文化融入学科教学有无必要？（学生卷）

某学生通过中医药文化融入学科教学的实践撰写了一篇名为《运用物理学探究中医火罐传统疗法对缓解患者腰背酸痛的奥秘》的文章，内容如下。

说实话这是我第一次参与这种项目，所以心存好奇。说起拔火罐，想必都不陌生。拔罐是以罐为工具，利用燃火、抽气等方法产生负压，使之吸附于体表，造成局部瘀血，以达到通经活络、行气活血、消肿止痛、祛风散寒等作用的疗法，用于治疗许多痼疾，在中国有悠久的历史。对拔火罐的原理的探究也仍在继续。

这次我参加的课题就是以拔火罐为研究内容，对穴位及拔罐的对象和关内的压力所产生的拔罐效果变化进行观察。这个过程中有诸多困难和难以预测的因素，但我们都努力克服了。为了得到真正的结果，我们做了长时间大量的实验，甚至还舍弃了原先的部分变量。一开始我也没意料到这个看似简单的活动会花费如此长的时间，导致我不得不从原本就少有空闲的暑假课程安排中抽时间来完成课题，在一段时间内一度忙到不可开交。不过往后的几天我便适应了，甚至还乐在其中，越来越得心应手。这种复杂多变的实验与许多有着不变规律的物理实验相比，更有探索性也更有吸引力。

在经过两个多月的实验探究之后，我也逐渐摸清了拔火罐的真面目。这个课题让我们变得更有责任心，更有规划性和创新性，更有敢于向更深的科技海域进发的勇气，也让我们在繁忙的课业中体验到社会实践的趣味和其中的困难。能够参加这次活动，我倍感幸运。

（四）线上线下共建，搭建优质中医资源平台

在线上教学期间，学校始终秉承“天人合一，情理相融”的办学理念，第一时间发布关于2022年在线教学工作实施方案，以class-in为教学主体平台，开展在线教学课程，严格落实各项相关政策，确立了学校“4321”线上教学主体模式，即“四种课堂模式，三级巡课机制，两个发展层次，一个核心目标”。

在“4321”模式下的在线教学实践中，学校以学生的发展为根本目标，在实践过程中依托在线平台技术赋能，为师生的共同发展提供保障，技术赋能教学管理过程，推进学校全年段适切性课程实施的开展与改进，提升教师队伍的信息技术能力与线上教育教学水平，为以后的线下教学开展提供可供借鉴的线上线下融合模式的教育管理模式，为线下学校管理工作的实施提供创新思路。

此外，学校积极探索线上共享资源平台建设，积累了大批的线上微课资源。课题组教师利用不同单元的“微课”进行情境预设，并经过自己的巧妙加工，在教学资源与教学任务、教学活动、教学环境之间，逐层对接，建立有意义的关联，支持教师围绕关键内容进行策划、设计，形成带有个性风格、主体突出、内容完整的一节课。将“微课”引入学生自主的拓展型课堂，发挥学生学习的主动性，应用“微课”学习，学生感受和体会博大精深的医学理论和方法，落实中医药文化进课堂，对接传承与发展的需求。

在六年级拓展课上，设计了医理“基础型”微课，要求学生掌握常用中草药性能和功效。通过生动有趣的中草药传说故事，培养学生对中医药的兴趣，丰富青少年的思想，营造良好的中医文化氛围，厚植中医药学习土壤。

在七年级拓展课上，设计了医理“融合类”微课，由10多位教师同时展开教学，课程设置包括：“历史上的本草名家、中医与社会”“现代生物与中医”“现代化学与中医”“中医方剂歌诀创编与演唱”“五禽戏与现代体育”“中医药图谱绘画与现代艺术”，通过医理“融合类”微课组织学生开展中医药现代化理化性质研究分析，培养和塑造中学生探究能力。以目标明确的中医药科技研究课题为依托，让学生自主查阅文献资料、自主研究讨论、自主操作测试。

在八年级，设计了医理“实践类”微课，每堂课的中草药种植实践活动其实就是一堂堂“医理微课”，“实践类”微课重在通过实践活动传承和弘扬中华优秀传统文化，达到外化中医健康养生理念于行、内化中华文化价值于心的效果。

“医理微课”不论是基础性、融合类还是实践型，都始终以中医药传统文化为载体，以视频为中心，挖掘记载在古籍、应用于临床、融入生活中的中医药文化、中医药健康养生智慧、健康理念等，并通过学生喜闻乐见的形式，转化为具有广泛参与性的简短而完整的教学活动。而青年教师进校后，也可以通过使用前辈们积攒的微课视频资源进行教学。

在对教师“你在使用学校建设的中医线上资源是否满意”的问卷中，95 位教师选择“满意”，占总人数的 93.14%，6 位教师认为线上资源一般，一位教师选择不了解。这说明在教师建设层面，大部分教师对此投入了极大的心血，完善中医线上资源的建设。

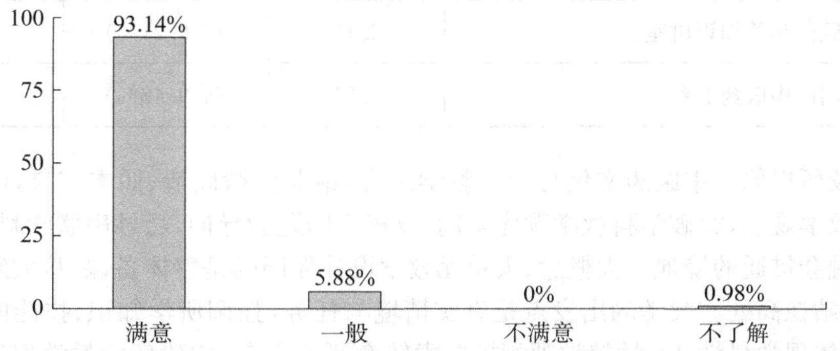

图 3-12　你在使用学校建设的中医线上资源是否满意？(教师卷)

此外，上海中医药大学也向学校开放了免费的中医药微课程，借此机会，晶城中学的学生皆能享受此福利，在家也能够继续学习学校的特色课程。七年级的某位同学也分享了自己的感悟：

聆听中医药大学的微课视频后，我对中医药知识有了一些了解，对《中医推拿》很感兴趣。中医药文化作为中国优秀传统文化的重要组成部分，具有创新文化的潜质。唯有传承和发展，才能保持中医药学的特色优势；唯有传承和发展，才能保护好中华文化的基因与命脉。中医药是一门崇尚生命的科学。中医药生生不息，关键在于它能推陈出新，勇于创新。作为中学生的我，应该认真对待这一学科，遵循中医药的发展规律，传承精华，守正创新。

第三节　以“医”启智的学科教学融合案例

在对学生的“请根据喜好程度，为下列活动或课程排序”问卷中，共计 891 位学生回答了该问题，其中“中医药文化与学科学习结合”平均得分最高，位居第一位，共有 411 位学生认为将中医药文化与学科教学结合最令人满意，随后分别是百草园、思邈馆等动手实践活动，中医药相关知识讲座，专门的中医药课程。这表现了学校学生对课程中融合中医药文化高度赞同。因此，本节主要介绍学校比较有特色的几门基础学科的中医药案例。

表 3-4 请根据喜好程度，为下列活动或课程排序（学生卷）

选　项	综合得分	第1位	总人数
中医药文化与学科教学结合	3	411(47.03%)	874
百草园、思邈馆等动手实践活动	2.46	329(40.57%)	811
中医药相关知识讲座	2.13	75(9.21%)	814
专门的中医药课程	1.91	76(9.48%)	802

学校所提倡的中医药文化与学科教学结合，绝非生搬硬造、照本宣科，而是借助大单元教学观念，突破学科教学顺序限制，以核心问题为导向，巧妙串联学科知识，从而达到融会贯通的境地。大概念、大单元教学设计强调的是整体备课，从大宏观的角度出发，站在高处。教学的出发点是真实情境与任务，强调所学知识、技能的运用迁移；注意体现学科性。① 学校教师积极探索转变研究方向，构建新的教学理论与方法体系，以学科大概念作为教学突破口，在保证充足的知识性同时，增加趣味性，培育学生核心素养。

此外，学校一直高度重视问题驱动教学法即基于问题的教学方法（Problem-Based Learning, PBL），它是一种以学生为主体、以专业领域内的各种问题为学习起点，以问题为核心规划学习内容，让学生围绕问题寻求解决方案的一种学习方法。② 将课堂还给学生，让课堂活起来、学生动起来。PBL 即以问题文本的学习、以过程为本的学习、以玩为本的学习、以潜能为本的学习。③ 在教学过程中，教师担当的角色始终是问题的提出者、课程的设计者以及结果的评估者，而教学活动的展开主要围绕学生对核心问题，包括本质问题和驱动性问题的回复。

在“请根据你的了解，请对以下课程中融入中医药教学的深浅进行排序”问卷中，全校共计 891 位学生进行投票，由学生票选出来的前五位分别是语文、生物、地理、历史、化学。其中，对化学的介绍将在本书第六章中进一步展示。本章选择其余四门学科，进行典型个例教学设计分享。

---

① 陈志刚. 教学设计的变革与大概念、大单元教学的实施[J]. 历史教学，2021(09)：21-27.
② 姜振骅. 一课一世界[M]. 桂林：广西师范大学出版社，2020.07：49-50.
③ 程明太，陈怡倩. 中外艺术教育研究新趋势[M]. 上海：上海教育出版社，2019：205-209.

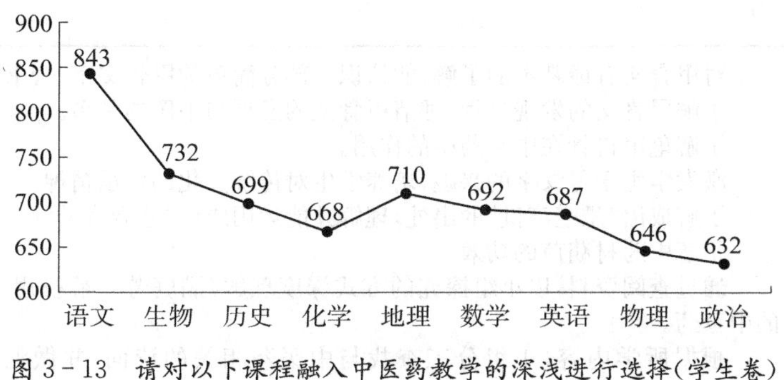

图 3-13　请对以下课程融入中医药教学的深浅进行选择(学生卷)

一、中医药文化与语文学科的融合

中医药文化进课堂是中医复兴的重要抓手。只有传承中华优秀文化，才能固本强基，从根本上解决中医的危机，解决传统文化的危机，树牢国人的信仰。[①] 通过中医药文化进课堂这一载体，以春风化雨式的引导和教育，植入中医药文化基因，打好中国底色。语文学科打响了学校中医药文化进校园的“第一枪”。学校陈忆瑶教师在此付出许多心血，此处仅借用其教学设计书与众共飨。

表 3-5　文学里的中医药：中医融合课程项目化教学设计

项目名称	文学里的中医药：中医融合课程项目化教学设计				
设计学科	语文	适用年级	七年级	负责教师	陈忆瑶
大概念	甲骨文、文学、药理				
项目概述	文化是民族的血液和灵魂，是国家发展、民族振兴的重要支撑。中医药文化是中华文化宝库中一颗具有生命力、璀璨的明珠，在社会发展、历史传承、文化创新中都发挥着巨大的作用。作为上海中医药大学的附属学校，晶城中学以发扬中医药等传统文化为办学思想，积极探索中医药文化与学科教学融合的创新教学模式。中医文化的传承要从孩子抓起，渗透在日常教学之中。这也符合中医无处不在的特点，它不仅是治病救人的良药，也为古典文学创作提供了丰富的素材，拓宽了文学题材的领域。同时，文学作品灵活多样的表现形式使得中医枯燥的理论显得更加通俗易懂。				
核心问题	本质问题：如何用文字传承中医药文化？ 驱动性问题：作为传统文化的重要组成部分，中医药不是高高在上、遥不可及的，它与日常生活息息相关，也与学科学习息息相关。在语文学习中，我们就经常涉及中医药相关知识，这些文学知识到底与中医药有哪些关联呢？我们如何能够用所学的文学知识来更好地记录、弘扬和传承中医药文化呢？				

① 郭敏. 中医药文化进课堂是中医复兴的重要抓手[J]. 国医论坛，2021(03)：64-66.

（续表）

教学目标	对甲骨文有最基本的了解，能认识一部分简单的甲骨文字，会书写部分字。 了解甲骨文的发现过程，理清甲骨文的发现与中医的关系。 了解龟甲兽骨在中医药中的作用。 激发学生学习汉字的兴趣，培养学生对传统文化的传承精神。 了解成语“悬壶济世”的出处，理解并能运用成语“悬壶济世”。 了解中药材葫芦的功效。 通过查阅资料，以小组探究的方式深度理解《满庭芳·静夜思》，寻找诗词中的中草药。 根据所学内容，小组分工查找与中医药相关的诗词，并做汇报展示，讲解诗词。

二、中医药文化与生命科学的融合

中医药文化与初中生物学联系紧密，主要体现在中草药与绿色植物的关联、动物药与生物圈中的动物的联系、《本草纲目》与生物分类的联系以及中医药与人类健康促进的联系等各个层面。在初中生物学教学中融入中医药文化的实践与研究，不仅能拓展学生理解、热爱大自然的能力，还可在强化学科知识的基础上提升学生健康文化意识。① 图 3－14 是学校学生积极地在实践中感受中医药的魅力，探究生命科学。

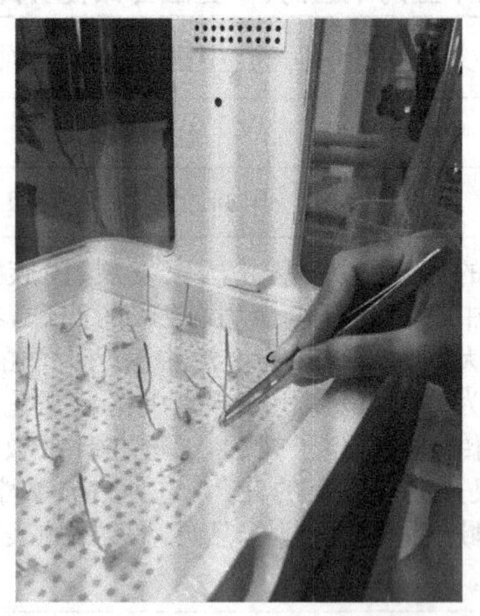

图 3－14　学生探究钙元素对中草药大麦苗生长的影响

以下是晶城中学高老师关于“动物入药之启示”的教学设计，体现了中医药文化与生命科学高度融合的特点。

① 魏琳璐. 初中生物学教学中融入中医药文化的实践与研究[D]. 昆明：云南师范大学，2022：3.

表 3-6　动物入药之启示

<table>
<tr><td>项目名称</td><td colspan="2">动物入药之启示</td><td colspan="2">负责教师：高艳娜</td></tr>
<tr><td>设计学科</td><td>生命科学</td><td colspan="2">适用年级</td><td>七年级</td></tr>
<tr><td>大概念</td><td>动物入药</td><td colspan="2">动物保护</td><td>实证与思辨</td></tr>
<tr><td>教材</td><td colspan="4">沪教版科学六年级第一学期第二章第 1 课时“生物的多样性”、第 7 课时“濒临灭绝的生物”。</td></tr>
<tr><td>项目概述</td><td colspan="4">中药来源于植物、动物、矿物三大类，药用动物也是中国医药宝库中的重要组成部分。明代李时珍《本草纲目》收载动物药 461 种，并将其分为虫、鳞、介、禽、兽、人各部。清代赵学敏《本草纲目拾遗》载动物药 128 种。据统计，现今中国已知可供入药的动物已有 900 余种。一个国家应用如此众多的药用动物来防病治病，在全世界是少有的，这也是世界医药学中的一个重要宝库。
近年来由于生态系统平衡失调、人类过度捕杀、生存环境被破坏、自身繁育效率低下等因素，药用动物资源已遭到不断地破坏，野生药用动物日益减少，某些珍稀药用动物已濒临绝迹，一些地区大量捕杀野生药用动物，致使收集样品困难重重。
本项目结合生命科学的生物多样性保护与中医药动物入药的知识，设计的学生活动主要包括三个板块：
(1) 动物入药知多少：哪些动物用于中医药及其疗效，通过此类问题引导学生了解动物入药的历史。
(2) 动物保护大家谈：这些动物现状如何？野生动物入药，是治疗还是伤害？对此展开辩论活动。
(3) 我是中医药动物小卫士：为保护药用动物制作一份倡议书；学生从查阅资料，到亲身述说中国动物用药史，了解中医药动物现存状况，再通过辩论活动，取得客观而理性的认知，辩证性地看到动物用药，最后化身为野生动物保护小使者(以写倡议书的形式体现)。学生在本项目学习过程中对动物用药有了更深刻的了解，并有效地提升学生保护生物多样性的意识。</td></tr>
<tr><td>核心问题</td><td colspan="4">本质问题：如何正确地看待入药的野生动物并对其进行保护？
驱动性问题：药用动物的应用在我国也有悠久的历史，近年来由于生态系统平衡失调、人类过度捕杀、生存环境被破坏、自身繁育效率低下等因素，药用动物资源已遭到不断地破坏，野生药用动物日益减少……如何正确地看待入药的野生动物并对其进行保护？</td></tr>
<tr><td>学科知识</td><td colspan="4">学会查阅文献资料，能够归纳中国动物用中医药的历史。
通过小组合作，查阅资料，调查哪些动物用于中医药，并了解其中医疗效。
通过小组合作，查阅资料，了解药用动物的生存现状。
能从中医和动物保护角度，通过分析与综合多方证据，辨别野生动物入药是治疗还是伤害？
通过“我是动物小卫士”，提出保护建议，关注濒危的入药动物，初步具有保护生物多样性的意识。</td></tr>
</table>

三、中医药文化与历史学科的融合

在历史学科中如何有趣味性地融入中医药文化，一直是学校历史学科教学组上下求索的问题。经过无数次探讨，学校历史学科组最终选用中医药文化名家的故事作为切入点，通过接触中医名家，以点入面，进而了解到名家所在历史背景，让历史通过人物活过来。为突破中医文化教学窘态，教师通过增补教科书中的中医文化内容，在教学中采取日常渗透与专题讲授相结合、理论联系实际等方法；在增补中医文化内容时，注重适度性原则，采取知识教学与人文教育相结合等原则，多方位开展与中医文化教学相关的活动，设计教学实例。① 以下是学校历史学科王宣教师关于“汉画砖上的医学故事”的项目设计书。

表3-7 汉画砖上的医学故事

项目名称	汉画砖上的医学故事		负责教师：王宣
设计学科	历史	适用年级	七年级
大概念	扁鹊	汉画像石	《扁鹊行医图》
教材	本项目依据《义务教育历史课程标准(2011 年版)》，对应教材章节为部编版《中国历史(第一册)》第三单元第 15 课《两汉的科技与文化》。		
创设情境	据说战国有一位神医，他第一次见到蔡桓公时，就告诉蔡桓公他肌肤有病，需要尽快治疗，但蔡桓公不以为然，反而讥笑这个神医，神医第二次见到蔡桓公，告诉他，他的病情已经加重了，需要尽快治疗，但蔡桓公仍然不当回事，神医第三次见到蔡桓公，告诉他病已到肠胃，蔡桓公听了很不高兴，五天后，神医再见到蔡桓公，见了面扭头就走，别人很奇怪，问为什么，神医说，蔡桓公的病已深重，无法治疗，不久，蔡桓公果然病倒，不治身亡。		
核心问题	本质问题：神医扁鹊在历史上是否是真实存在的?《扁鹊针灸行医图》为何是人身鸟首? 驱动性问题：对扁鹊的研究对先秦、汉代医学史乃至整个中医学史的渊源和发展具有重要的意义。在扁鹊医学的影响下，古人在诊脉基础上进行或灸或砭石或针的治疗，在实践中起了重要的作用。在传承优秀传统文化的今天，如何认识扁鹊这一历史人物，《扁鹊行医图》具有哪些深远的意义？值得我们去探究。		
学科知识	(1) 知道和理解史学常用的时间、空间术语，表述扁鹊医学思想在不同历史时期的发展和演变。 (2) 能综合应用历史地图、历史遗迹、历史实物等多种历史类型，通过分析与综合多方史料，解释历史上扁鹊是否真实存在，知晓证据链在历史研究中的意义。 (3) 区分叙述与评价，辨别历史表述与价值判断，知晓历史著作与教科书式作者的认识。		

① 苏玉玲. 中学历史教科书中医文化内容教学研究[D]. 天水：天水师范学院，2020.

（续表）

学科知识	（4）能够从地方文化、时代特征、社会影响等角度探寻扁鹊医学思想的形成过程，知晓与简评相关的历史事件与历史人物。 （5）通过对扁鹊这一医学人物的学习，以及对《扁鹊针灸行医图》的研究，感受中医文化的博大精深，感受扁鹊医学对中国早期中医学的起源与发展起的重要意义。
学习素养	创造性实践：多视角观察和分析历史，形成自己的观点。 探究性实践：多渠道、多角度分析历史现象和问题。 社会性实践：通过走访、访谈等多种调研活动，寻找“扁鹊”这一历史人物相关的多种史料。 调控性实践：复原《扁鹊针灸图》，展示可视化成果。 技术性实践：坚持辩证唯物主义与历史唯物主义观点。

在一个针对学生“是否深入学习过中医药文化名家的故事”的问题调研中，468名同学选择“学习过”，占总人数的52.53%。388名学生选择“接触过，但没深入学习”。仅有31名学生选择“没学过”，4名学生选择“没听说过”，具体数据见下图。

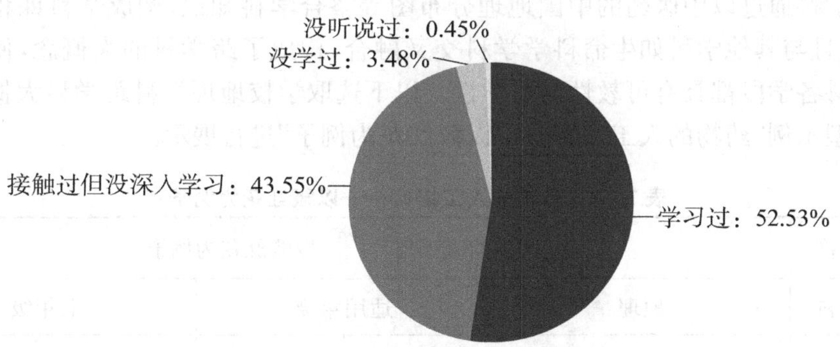

图3-15　是否深入学习过中医药文化名家的故事？（学生卷）

通过教师的教授及自我的探索，许多学生对中医名家的生平事迹产生了很多想法，以下是学生洪天锡的感想。

对中医的传承流在每个华夏人的血脉里，是所有人应该铭记的。神农尝了百草，华佗成了外科之祖，张仲景成了医圣，孙思邈成了药王，他们是中医的历史，是曾经的辉煌。

小时候，我是闻着那略带苦涩的气味长大的，那是我爷爷熬的中药。虽然我爷爷身子骨不差，不怎么生病，但那气味却总是从屋中溢出，徘徊于晓雾间。出于好奇，我也尝过那棕色的汤水，苦不堪言。我抱着疑惑去问爷爷平时为什么会去喝那么难喝的药，爷爷对着我笑，笑个不停。我都有些气恼，爷爷也只是对我说：“这可不苦。”我们在成长过程中，与中医都有各自的因缘，或多或少，或同或异，但毕竟是传承，血不流完,不会断。

中医名家们救过无数人的命,开过无数的药方。他们的卷轴上,写过疼痛,写过璀璨,写过泪水,写过希望;他们回望过去的一切,仰首盼望着明天的太阳。

朝来暮去,再一次尝到那口苦不堪言的中药,触到味蕾的那一瞬竟是甜的,那种微弱但沁心的甜,等回过神来,还依然是那熟悉的苦涩,那一瞬又是由何而来的呢?也许是我对它由心地喜欢吧。

对学生,中医也许只是一门学科;对于忙碌的人们,中医已经成了过去吧。但华夏儿女的骨子里,它是不变的传承。

中药的苦涩气息,还缭绕在我鼻头。

四、中医药文化与地理学科的融合

地理学科大概念是指在地理学科之内,跨越了学科不同内容领域并模糊了不同内容领域边界的学科顶层概念。它们是经过检验且位于地理学科中心位置的概念性知识,对广泛的具体地理事物和现象具有解释力,具有很高的抽象与概括程度。① 学校地理学科通过以中医药的中国地理分布图等整合学科知识,构成学科课程内容的骨架,并且与其他学科如生命科学学科交叉融合,构成了跨学科的大概念,使得课程内容学科各学段都具有可教性与可学性。以下选取学校地理学科跨学科大概念构建下的典型示例"药物的人工培育——以藏红花为例子"进行展示。

表3-8 药物的人工培育——以藏红花为例子

<table>
<tr><td>项目名称</td><td colspan="4">药物的人工培育——以藏红花为例子</td></tr>
<tr><td>设计学科</td><td>地理</td><td colspan="2">适用年级</td><td>七年级</td></tr>
<tr><td>大概念</td><td colspan="2">生物与环境</td><td colspan="2">人工培育</td></tr>
<tr><td>教材</td><td colspan="4">沪教版地理教材七年级上册的《地形与地势》《气温与降水》、七年级下册的《因地制宜发展农业》,以及生命科学沪教版教材第五章第一节《生物与环境》。</td></tr>
<tr><td>项目概述</td><td colspan="4">当古代医生治病需要的药物越来越多时,野外采集不方便,就出现了药圃。再发展到某一味药物全国需求量都很大时,规模化的产区就逐渐形成。人工培育药物需要考虑多个方面,比如气候与土地的选择、播种时期、栽种方法、浇水施肥等。
本课程以一种名贵药材——藏红花为例,设计气候与土地的选择、播种时期、栽种方法三个课时的课程,展开项目化教学,探究人工培育藏红花时考虑到的自然因素。藏红花分布在南欧各国及伊朗等地,我国有少量栽培,人们习惯上认为我国的藏红花种植基地在青藏高原,实际上国内最大的藏红花产地在崇明岛。崇明岛有哪些种植藏红花的优势条件呢?本课程将解开谜团。</td></tr>
</table>

① 李春艳.中学地理"大概念"下的单元教学设计[J].课程.教材.教法,2020(09):96.

(续表)

核心问题	本质问题:生物是如何适应环境的?环境优势是如何影响生物的?如何用综合思维在时间和空间的综合角度下分析地理事物的发生、发展? 驱动性问题:藏红花为什么能在崇明岛扎根?"春种、秋收、夏耘、冬藏"是固定的规律吗?植物都是从种子开始生长的吗?
学科知识	知道人工培育药材时要考虑的自然因素。 能够通过查阅地图册,了解中国地势特征,并说出青藏高原和长江三角洲的地形特征。 了解中国优质土壤的种类划分、所处地理位置,以及一般情况下优质土壤所具有的特征。 通过查阅地图册,掌握中国温度带的划分,以及划分指标。 了解不同温度带的熟制机制以及常见的农作物。 了解非生物环境有哪些。 了解栽种的方法有哪些,以及藏红花的种植是采用哪种栽种方法。

通过中医药与地理学科的融合,学生突破了原有教材的局限,或是追踪一株草药的生长史,或是探寻草药的全国分布路线,在此基础上,学习到地理学科中关于地形分布、地理位置、气候特征、生物特征等诸多知识,睹一叶落知天下秋,见一花开知天下春。其中六年级(6)班学生刘声怡撰写的《学习中医药文化的感想》一文感触颇深,现分享如下。

中医药是我国的瑰宝,它博大精深,由世世代代中华儿女流传下来。中医药和西药不同,西药副作用大,而中医药较少有副作用,它标本兼治,可以慢慢调养好我们的身体。

在学习中医药的这一年里,我学会了很多药材的性能、味道、颜色、长相以及药材的用途;知道了什么季节适合吃什么水果,什么病适合用什么药,等等;还知道可以用麻黄、紫苏、蒜、姜等药材来治疗感冒。

通过画药材分布图,我知道了什么药材种在哪里,适合它生长的温度、气候是什么,要多长时间才可以成熟。此外,我熟悉了道地药材的概念,如山东地区的道地药材是阿胶、西藏地区的道地药材是冬春夏草……

中医药用途很大,我们要好好学习中医药来维持我们的健康。

第四节　以"医"启智的保障举措

为确保以"医"启智的顺利开展,学校采取了一系列保障措施,一是完善教师培训,促进教师成长;二是追求提高教学质量,提高课堂教学效益;三是以项目化为依托,帮助学生深入中医理论研究;四是给予充足经费支持,争取课堂保障绩效;五是依托家长资源，打造共创融合课程。以下，将会针对这几点一一展示。

一、完善教师培训，促进教师个人成长

自2017年建校以来，学校教师队伍规模逐年扩大，青年教师的发展是学校教师发展的重要工作。随着学校发展规模逐年扩大，新进教师逐年增加，提升教师的专业能力，培养一支业务能力强的骨干教师队伍，是学校一直在努力的方向。学校主要通过以下几点完善教师培训，促进教师个人成长。

(一) 开展"最美晶城人"评选，提升师德素养

党的十八大以来，以习近平同志为核心的党中央高度重视教育事业，习近平总书记多次就加强师德师风建设发表重要讲话，作出一系列重要指示批示，强调广大教师要以德立身、以德立学、以德施教，做"四有"好教师，做"大先生"。2018年5月2日，习近平总书记在北京大学师生座谈会上强调："评价教师队伍素质的第一标准应该是师德师风。师德师风建设应该是每一所学校常抓不懈的工作，既要有严格制度规定，也要有日常教育督导。"后续，中共中央和国家有关部门相继出台《关于全面深化新时代教师队伍建设改革的意见》《新时代高校教师职业行为十项准则》《关于加强和改进新时代师德师风建设的意见》等文件，构筑起新时代师德师风建设的制度体系，不仅为全面加强新时代师德师风建设、办好人民满意的教育提供了制度保证，同时对违反师德师风行为作出明确处理规定。

百年大计，教育为本。教育大计，教师为本。高质量的教师决定高质量的教育，高质量的教育才能培养高质量的人才。教师的人格是进行教育的基石，教师的职业道德不仅是个人意义上的品德问题，而且具有更深刻的社会意义。加强师德师风建设是教师职业发展的需要，是建设高素质教师队伍的内在要求，是改进教风学风的有力手段。①

在学校党支部引领下，学校制定"最美晶城人"的评选活动方案，组织好全体教师学习评比条件，明确评比要求。提升教师幸福感，促进学校师德师风建设，发现身边的榜样，让教师时时处处严以律己，树立教师形象，提升教师师德素养。践行社会主义核心价值观弘扬真善美，传播正能量，真正做到"以赤诚之心、奉献之心、仁爱之心投身教育事业"。在一届届"最美晶城人"的评选中，牢记使命、不忘初心的郭万春教师脱颖而出，主要事迹如下。

2021年春节后，市教育局启动了云南支教报名的工作，郭万春教师踊跃报名，并成为八名援滇教师工作组组长。在云南支教的一年，郭教师不忘初心、牢记使命，用行动为上海与云南的支教协作奉献了自己的力量。

他在工作中从不推诿，积极主动地承担一些重要工作任务，立足本职工作，有大

① 赵培举. 加强师德师风建设，培养高素质教师队伍[J]. 中国高等教育，2013(Z2)：66-68.

局观念，务实创新，团结同事，吃苦受累、加班加点都毫无怨言，出色地完成了领导交办的各项工作任务，很好地履行了自己的岗位职责。

在教育教学方面，郭教师在保山市隆阳区第一中学承担了摄影社团的教学任务。在日常教学中，他能认真钻研教学内容，根据学生的兴趣、需求不断调整方法，从学习新知识可能会有哪些困难等方面入手，积极采取相应的应对措施。此外，他积极探讨科学的学习方法，如兴趣教学法、交互探求法、情感交流法等，大大提高了学生学习的兴趣和学习的效率。

除了社团教学外，他还开设了多节班会课，对学生进行德育教育。他在工作中，注重对学生思想品德的形成（或转变）情况进行价值判断，让班主任和各科教师根据反馈信息调整教育行为，同时让家长能有针对性地配合学校教育。通过班会课，学生知道自己的进步、成功与需要改进的地方，并据此调节自己的学习发展方向。

在支教期间，他与致公党保山市委积极联系，推进了两地致公党的合作共建，将价值近 50 多万元的上海爱心支教援助设施设备进行精准对接和落实，共计 4 个项目，受益了 10 多所学校近万名的保山学生。他还在保山市隆阳区第一中学建设了一间画室、捐赠了一台心理咨询机器人。

支教一年来，他还带领支教小组成员开展了形式多样的支教活动：乡村学校走访，听课评课，日常教学互动，开设公开课，开展专题讲座，指导学生社团，打造学校信息管理平台，关爱困难学生，联系社会资源做物资捐赠等。返回上海前，他还前往保山血站进行了义务献血，被当地学校评为 2021 年度结对帮扶“先进工作者”。

图 3-16　郭万春教师

（二）依托各级平台，促进教师专业成长

学校积极组织各种类型的教师培训活动，依托由上海市闵行区教育局委员会、梅

陇镇教育委员会、学校教师发展部、青年教师工作委员会等组织的各种活动，促进教师专业成长。

目前，在梅陇镇教育委员会的组织领导下，梅陇镇小初联盟成立了。其中，晶城中学担任梅陇镇小初联盟主校，努力探索名师工作室的新发展，引领教师专业成长。实施“专家引领下”的学科带教名师工作室活动方案，构建“专家引领下”的同伴互助成长共同体形式，并牵头举办学区联盟“学术节”教学评比等系列活动，进一步研究新中考背景下的学科建设，探索初三中考改革机制。积极参加区见习教师培训基地活动，帮助职初教师站稳讲台，树立理想，明确发展目标与努力方向。

图 3-17 青年教师成长沙龙活动剪影

此外，为促进青年教师成长，充分发挥骨干教师传帮带的指导作用，打造阶梯形专业教师队伍，整体提供教育教学质量，学校开展师徒结对工作，践行师徒结对工作方案。同时，积极组织青年教师成长沙龙活动，以“舒压力、展新颜、树目标、向未来”为目的，加快青年教师的成长步伐，促进青年教师牢固树立爱岗敬业思想，推动青年教师对职业责任感的认同以及自我发展空间的突破，不断适应教育对青年教师的教育教学水平和岗位的要求。

(三) 搭建信息化平台，促进教师专业成长

学校重视信息化智慧校园建设，依据《晶城中学信息化校园建设三年规划》的要求，完成对全体教师的信息化平台操作培训，教师基本上掌握了熟练操作平台的技能，在线教学时皆能够从容应对；以录课与直播课学习为抓手，引领教师不断提升自身的信息技术能力，转变固有思想，彰显先进教学理念。这种“治未病”思想的践行，让学校在“停课不停学”的工作中，由被动应对向主动应对转变，由事后采取措施向提前布局、提前平台调试转变。

与此同时，教师对信息化平台的充分利用，也为学校积累了大量的优质线上教学资源，形成了一个良性循环。老教师带教青年教师的时空的限制得以突破，新教师也可以通过观看之前学期的视频加以学习和应用。此外，这些线上录课资源，也成为学校宝贵的教学资源。

(四) 认真组织校本研修，改进教学实践

首先，学校组织教师认真研读各学科课程标准，提高对于课标理念的认识。建立以新课程为导向，以课程实施过程中各学科所面临的各种具体问题为解决目标，以教师为研究主体，以学生学习过程为研究对象，以课堂为主阵地，以研究和解决教师教育教学中的实际问题、总结和提升教学经验为重点,以行动研究为主要方式的模式,促进每个学生的发展和教师专业化成长。

各教研组利用校本研修时机,研读讨论各学科课程标准内涵,更新教师的教学理念,理解课程性质、目标、理念、目标和内容等,进行基于课程标准的教学,提高教师对于教材的研读和驾驭能力。如语文组的教师,通过研读课标,逐步感悟“大语文”的理念,把培养学生准确运用语言文字作为语文教学的终极目标,把“关注文本表达、学生表达”作为提高学生语言素养的重要途径,把细读文本、领悟文本内涵作为基于课标教学的切入口。

其次,学校聘任学科专家到校进行指导讲座,提高教师对于课程标准的理解能力。专家对于课程标准的认识往往站得高、看得远,对于如何读懂课程标准、读透教材,进行基于课程标准的教学有着独到的见解。

下文摘录了某次校本研修的总结,可以看到专家到校讲座让教师们受益颇深。

随着网络时代的到来,教师已不再是传递信息的工具,教师需要更高层次的教育教学能力,掌握现代教育技术、研究教学的各个环节,适应未来教育的需要。特别2020年春节前后的线上教学给教育带来了巨大的变革。面对“师生分离,生生分离,师校分离,生校分离”的状况,通过互联网,教师怎么教,学生怎么学,才能使线上教学更有成效?为了应对这些问题和挑战,学校在2020年2月14日至2020年3月27日对全校在职教师进行了主题为《基于“智慧教育”,提升线上教学能力的研究》的校本研修。

为了真正地让此次研修富有成效,我们在学习内容和实践层次上尽量满足不同教师的需要,力图拓展教师学习的渠道,提升课堂教学的有效性,借鉴同行的教育教学经验,实现教师自身的可持续发展。通过此次研修,我们外聚合力、内挖潜力,以正向鼓励为主,充分调动起广大教师的主观能动性,切实维护了线上教学工作的有序进行。各相关职能部门通力协作,充分研究师生线上教学过程中遇到的问题,逐一分析、及时解决,进一步稳定了师生情绪、增强了战胜困难的信心。

二、提高教学质量,提高课堂教学效益

立足课堂与教学,以情理、多元、特色课程来丰富个性体验,扎实开展课程建设,积极探寻有效教学改革之路,使晶城中学成为课程体系完备、课堂教学高效、教师主动求发展、教育质量优质的高起点、高规格、高质量的国际化学校。

(一)加强基础学科课程建设,努力创建品牌学科

学校始终坚持内涵发展战略,打造优质教育品牌。通过进一步细化基础学科课程计划,各教学组、课题组紧密沟通,在校外专家的指导下,制定了基础学科发展指南。如数学学科,明确数学学科学生在四年学习中在数学抽象、逻辑推理、数学建模、数学运算、直观想象、数据分析等方面应达到怎样的要求。英语、语文学科系统有序

地梳理教材内容,从基于情理课堂的导学案的实践、课堂教学、教科研、评价机制的建立来全面考核激励每一位学生。

(二) 优化课堂教学五环节,保证课堂教学效率

学校工作始终以备课、上课、作业、辅导与评价为永恒追求的五个教学基本环节。课堂教学五环节的有序开展是课堂教学质量的基本保障,学校加强每个环节执行标准的制定,调整日常五环节的检查时间,进行及时反馈,以保障教学各环节的有效实施。

为贯彻落实学校工作思路中"优化课堂教学五环节,加强教学流程管理,保证课堂教学效率"的指导思想,各个学科都将五环节制度文本化,制定规范制度,形成常规化管理。

教学中心通过对过程性资料的调阅,及时跟进每个学科教研组的制定过程,以此来促进教学工作的规范性,每两个月依据标准做好日常管理,确保教学质量稳步提高。

(三) 建立随堂、评比、示范三课机制,形成课堂观察常态

提高课堂教学质量是学校教学工作的重中之重,学校积极创造良好的教学研讨氛围,让教师围绕主题开展教学研究。在随堂课、评比课、观摩课的推进过程中不断进行教学实践,为三课互动机制形成常态奠定基础,激发全体教师的自主学习活力,进一步提高教师的课堂教学能力,从而提高课堂效率,保障学校的教学质量逐步提升。

立足优化教学常规的每一个环节。坚持备课组集体备课,做好关注不同层次学生的教学设计,每个教师在集体备课的基础上进行个性化二次备课。数学学科组在导学案设计上取得一定效果:教师上课注重思维能力培养,提高"一次性教学"有效性;科学分层布置作业,使作业有针对性,做到减负增效;针对不同层次的学生进行分层辅导,对学有困难的学生加强帮扶,对学有余力的学生给予拓展。

建立随堂听课制度,确保常态课质量。学术指导委员会开学两周随堂听课;行政、学科组长深入课堂听课、参与教研指导教学,特别对青年教师进行听课并且在听课后进行指导与交流,以此推动全校教师课堂质量的改进。教师通过开学初、期中、期末三次教案以及常规作业检查,对检查的情况进行总结及反馈,优秀案例与做法在教学例会上进行分享。

各学科组借助于"三课互动",根据各学科组研修主题挖掘突破口,为不同梯队教师搭建平台,申请国家、区、镇级公开展示课,邀请专家、教研员听课、磨课,开展随堂课、评比课、示范课活动。通过备课、磨课、研修、反思式的课堂教学改进模式,形成良好的教学研讨氛围,加强学科组内的凝聚力和智慧交流,促进教研文化的形成和发展。

(四)开展“智慧课堂”教学评比活动,提高课堂效率

为促进教师的专业发展,推进课堂教学改进,“智慧课堂”教学评比活动以一学年为一个周期,旨在“练内功,强内涵”,注重教师基本功修炼,展现个人才能,促进教师主动发展。课堂教学评比从教学五环节入手,结合课堂教学观察,开展课堂教学实践研究,旨在推动全体教师积极参与的热情,营造各学科深入开展教学研究的氛围,从而进一步提升学校课程校本化实施的质量。评比活动以“骨干教师、中青年教师”为参评对象,调动全体教师积极参与到课堂教学改进中来。

三、以项目化为依托,深入中医理论研究

项目化学习设计与实施的研究是对以学生“学”为主体的理念在教学实践中的渗透。在整个学科学习过程中,体现项目学习的特色。① 学校也极为关注在国家基础课程标准的基础上,充分调动教师从日常的学习内容中挖掘合适的小项目,逐渐积累成为大项目,打破原有学科限制,冲破知识藩篱,在各个项目之间形成螺旋循环的生态式学习,突破原有课堂教学局限,使教育更有深度、更有趣味。

以学校梁清锋教师申请的《中医药传统文化探访的项目化学习设计与实践》课题为例,他以中医药文化和基础学科合作、探究的项目式学习方式进行教学,积极倡导自主学习方式。项目化教学以中医药相关问题驱动为核心,以持续的探究和过程的评价为核心,提供学生根据自己的兴趣选择内容的决策机会,学生能够自主、自由地学习,从而有效地促进创造能力的发展。在中医药传统文化探访的项目化学习过程中,学生学习关注的焦点突破了中医药传统课堂知识架构和体系,把目光聚焦在对知识的运用、与人的交流合作、克服困难的智慧和勇气,以及对目标追求的执着上。在初中阶段,将中医药文化以项目化形式进行学习设计与实践研究,是中医药文化与初中学段学科融合的新模式和新探索。

下文是学生姚奕根据“中学生对于中医药认识的社会调查研究”,浅谈其感想。

我对中医药倍感兴趣,这源于我小时候体质较弱,家人总会翻阅《本草纲目》,寻找一些好的药方,帮我及时调理,缓解症状,让我轻松摆脱困境,健康成长。更为有幸的是我们的学校,把中医药融入我们的课程中来,让我对中医药学有了更好的认知和了解,丰富了我的知识面,也让我领悟到中医药文化充满魅力,它一直陪伴着我多样化学习和成长。

通过参加本次课题的研究与探讨,我收获很多,也极愿意分享我的感想。首先,我觉得学习中医药,能让我认识到自身的身体健康,认识到大自然中有很多自然物能让我们人类健康生存,甚至能有效治疗疑难杂症。具体的事例体现在,梁教师指导我们制作香囊,通过掌握所需的中医药材、香囊的各种用途、香囊的制作等,并从各个环

① 李玉霞,田科.国内项目学习现状与发展刍议[J].江西教育,2013(33):9-10.

节与中医药近距离接触和了解后，我发现中医药更能激发我融入大自然寻求健康的养身之道及解决疾病的诊治方法。其次，2020年初医疗领域的专家急需利用中医药材来控制疫情，这就充分体现了中医药有很多的优势。因为中医学认为，人和自然是“天人合一”的关系，人体本身是形神统一的整体；人体的功能状态是肌体对内外环境作用的综合反应，掌握人体的功能状态就可以有效地掌握人体生命活动的变化规律。这是中医药的一大特点和优势。

鉴于以上原因，我们小组的成员也在网上对中学生做了社会调查。从数据中也掌握出一些实际的情况，部分学生对中医药文化有大概的了解，更希望获得更多的中医文化知识。综合上述原因，我认为中医药是一门崇尚生命的科学，它的生生不息，关键在于推陈出新、勇于创新。中医药文化作为中国优秀传统文化的重要组成部分，具有创新文化的潜质。唯有传承和发展，才能保持中医药学的特色优势；唯有传承和发展，才能保护好中华文化的基因与命脉。作为中学生的我，应该认真对待这一学科，遵循中医药的发展规律，传承精华，守正创新。

在多项课题引领下，学校积极展开关于中医药的项目化学习，在一份面向全体学生的问卷中，关于“你是否参与过中医药的项目化学习”这一问题，共有891位学生进行了回答，其中644位学生选择参与过项目化学习，占总人数的72.28%，247位学生表示没参与过，占比27.72%。

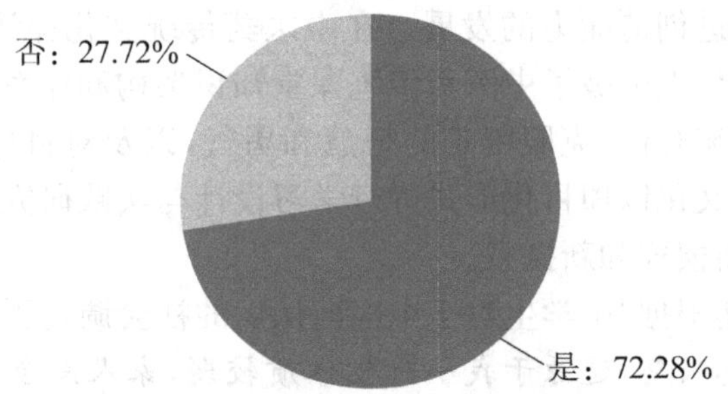

图3-18　你是否参与过中医药的项目化学习？（学生卷）

而针对这644位学生参与项目化学习的满意度调查中，599位学生选择满意，占总人数的93.01%，44位（占6.83%）学生选择一般，仅有一位学生选择不满意。这也体现了学校目前的项目化学习一是达到了极大的覆盖面，基本上大部分学生都参与过项目化学习，二是学校的项目化学习取得了较高的满意度，能满足绝大部分学生的要求。

表 3-9　参与过中医药的项目化学习的学生学习的满意程度

选项	小计(人)	比例
满意	599	93.01%
一般	44	6.83%
不满意	1	0.16%
本题有效填写人次	644	

四、充足经费支持，争取课题保障绩效

教学改革、课程研发、项目教学等的实施都离不开经费的支持，学校一直坚持最大限度地为教师提供经费，以充足的资金作为积极后盾，鼓励教师积极进行课堂教学改革，充分发挥教师积极性、主动性、创造性。

在一份面向全校教师"学校在中医药文化融入学科教学的过程中，学校是否提供足够的经费支撑"的问卷中，共计 102 位教师回答了该问题，其中 88 位教师选择"提供充分"，占总人数的 86.27%，13 位教师选择"一般"，占总人数的 12.75%，仅有 1 位教师认为"提供不充分"。这表现了学校目前为"医"启智的举措提供了较为充足的经费。

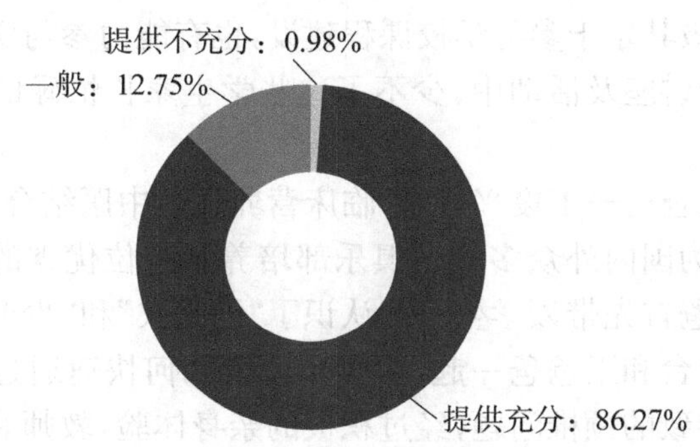

图 3-19　在中医药文化融入学科教学中，学校是否提供足够的经费？(教师卷)

学校积极开展课题研究，提倡人人都是科研工作者的思想，以学校主持的区级课题《初中学校创建"情理校园"的实践研究》的实施为契机，构建适合学校发展与学生成长的"情理课堂"，全校教师认真学习、努力实践，以此引导青年教师关注自身专业成长，骨干教师带领实践并研讨，在过程中教师收获成长的喜悦与快速的专业成长，各个学科组通过实践提高了教师职业素养、教育教学能力与科研能力，最终形成学校优秀的案例集。

建设学习研究型学校，必然需要一支高素质的教师队伍。在“教、学、研、训、练”一体化的研修机制下，教师在实践、研究、学习中不断促进自身专业成长，真正形成一支“好钻研、敢创新”的教师队伍。学校坚持以教师需求为导向，加强教师管理和专业引领，构建具有校本特色、促进学校持续发展的师资队伍建设体系。学校成功立项区级大课题 7 个，区级小课题 16 个，校级课题 14 个，共 37 个课题立项，每一个课题之下，都凝聚了全校师生的心血。

如学校在区级大课题《“医理微课程”的教法设计与实践研究》的实践中，逐步形成系列衍生课程，实现跨学科的整合，开发了诸如“历史上的本草——名家、中医与社会”“无‘化’不说——现代化学与中医”“现代生物与中医”“中医药与书画艺术”“中医世界里的光和影”“中国古代哲学与中医”等衍生课程。中草药特色课程与化学、生物、美术、哲学、信息技术等学科相结合，与书画艺术、民俗文化等主题文化之间进行整合。

五、依托家长资源，打造共创融合课程

本章中有一个关键主体一直未多涉及。这一主体是学校始终满怀感恩的一直践行三主体理念的家长。

学校建立之初，恰逢人手窘迫之时，是这些家长伸出援助之手，不怕苦、不怕累，帮着清扫校园、安排节目、进校协助，陪着学校走过了一段艰难又温暖的岁月。他们始终用大爱促进学校的课程建设与发展。感受着这一份由建校之初来自家长的浓浓爱意，学校更知家长极其乐于参与学校课程建设，也有能力参与学校建设！在学校中医文化进校园的各种讲座及活动中，少不了这些学生家长忙碌的身影，家校共建，携手共育。

学生王世博的爸爸——王俊兴，从事临床营养学与中医结合的研究工作多年，是中医临床师承名医，为国内外众多知名俱乐部培养了多位优秀的中医队医。在他所主持的讲座中，王爸爸首先带领学生一起认识了“阿是穴”和“少商穴”。六年级(3)班班主任张玲丽教师上台和王爸爸一起，为学生示范如何快速通过穴位疗法来缓解学生由于坐姿不正而导致的颈椎问题，经过积极的亲身体验，教师和学生发现自己颈椎的紧绷度确实得到了缓解。王爸爸精湛的专业知识和独有的亲和力充分调动了学生的参与热情。

在关于学生“你的家长是否参与过学校中医药文化课程建设”问题中，共计 891 位学生回答了该问题，其中，447 位学生选择家长“参加过”，占总人数的 50.17%，这一数字说明，学校做到了充分动员学生家长力量。未来，学校也将始终保持这一份三主体齐心协力、大爱晶城的精神，与家长携手共进，谱写美丽篇章。

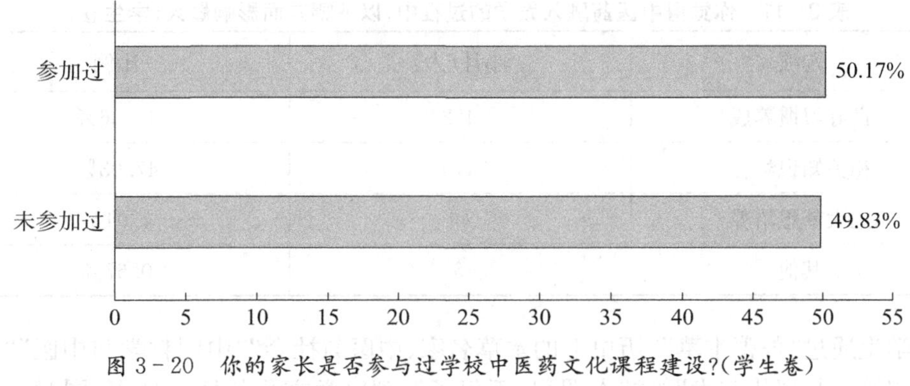

图 3－20　你的家长是否参与过学校中医药文化课程建设？（学生卷）

第五节　以“医”启智的实践成效

以“医”启智在学校落地生根，取得了一系列课程成果，形成了三大课程群，组建了内涵深远、外延广大的课程图谱。实践成效的第一接受方为学生，无论是参与程度还是个人满意程度，无论是通过访谈、问卷还是其他形式，都达到了一个较高的水平。

在针对学生的调研问题一“你是否参加过与中医药有关的活动或课程”中，844 名学生选择“是”，占总人数的 94.73%，47 名（占 5.27%）学生选择“否”。在与此问题关联的问题二“你喜欢参加学校的中医药特色活动吗”中，855 名学生选择“是”，占总人数的 95.96%，仅有 36 名（4.04%）学生选择“否”。学生对这两个问题作出的回答正是学校以“医”启智广参与度、高积极性的最佳印证。

表 3－10　问题一与问题二学生卷调研结果

问题一	小计(人)	比例	问题二	小计(人)	比例
是	844	94.73%	是	855	95.96%
否	47	5.27%	否	36	4.04%

而当统计“你觉得中医药融入教学的过程中，以下哪方面影响最大”时，居于首位的“良好习惯养成”，合计 422 票，约占总人数的 47.36%，随后是略低于首项，却也几乎占据半壁江山的“相关知识学习”，合计 419 票，占总人数的 47.03%，还有其他学生额外补充写道：增加生活常识、形成中医辨证及多角度思维，以及对中国文化的喜爱和传承，等等。这些都在无形之中印证了以“医”启智的价值，学生不仅了解了中医药文化知识，更能通过对中医药文化制度的把握、中医药文化行为的践行、中医药文化精神的传承，提升人文底蕴和科学精神，学会学习和健康生活，承担责任，促进创新。

表 3-11 你觉得中医药融入教学的过程中，以下哪方面影响最大（学生卷）

选项	小计（人）	比例
良好习惯养成	422	47.36%
相关知识学习	419	47.03%
远大梦想培养	44	4.94%
其他	6	0.67%

学生通过“菁菁本草”“历史上的本草名家、中医与社会”“中国哲学与中医”“中医药图谱绘画与现代艺术”等校本课程，不仅了解到医学文化的博大精深，同时也厚植了人文底蕴。教师带领学生把中草药制作成美丽的中草药标本，同时运用所学的知识在学校医药体验馆里进行中草药的鉴定、标本制作，以及中药炮制、化学制剂等，培养学生的科学精神。学生通过传统文化操《五禽戏》培养了健康生活意识。在项目化学习中，学生根据教师提供的中草药资料和自己查找的资料，结合自身生活经验去编写中草药功能性的养生汤谱，并将相关的研究性学习成果整理出来，通过“草药治病，养生保健”宣讲服务进社区，服务周边街区。这极大增强了学生的责任担当意识。通过项目化学习方式，学生加强了自身的学习能力和实践创新能力，促进了素质提升以及核心素养的培养。

晶蟾泻地放水银，城楼澹雅檐廊清。中华文化如光耀，学医儿女戏五禽。中医药文化与中华传统文化一脉相承，是中华优秀传统文化的瑰宝。在当前弘扬中华传统文化、增强民族文化自信的时代背景下，推动中医药文化进中小学校园已然迫在眉睫。学校在“天人合一，情理相融”的办学理念指引下，在中医药特色课程的实践探索中已经取得显著成效。

终日长程复短程，一山行尽一山青。路傍君子莫相笑，天上由来有客星。未来，晶城中学将进一步加强中医药与各学科进一步融合，并通过开展各类实践活动等方式来实施中医药文化校本课程，打造中医药特色校园文化品牌，并力争把学校建成国家级中医药文化传承示范高地。

第四章
以"医"健体:特色活动,强身砺志展风采

暮春时节,声音悠扬的校歌缓缓响起,徜徉在校园之中,原来已经到了课间操的时间。隔着棱窗向楼下望去,满校的花苞已然鼓起了劲、抬起了头,在暖暖的春风吹拂下,一片片胭脂洇染着,月亮似随风摇曳着、招展着、多姿着。黛瓦灰墙下,百草园的奇花异草也都已经郁郁葱葱、满是生机……可是、可是,再多再多,也比不过那奔跑着、攒聚着、打闹着、嬉戏着往宽阔的大操场凑近的学生的欢声笑语,那般朝气蓬勃。伴着传承千年的古调,学生侧脚仰天、倾身前扑,气沉丹田,口中吐出的一声怒吼,这便是五禽戏第一式"虎扑"了……

笔者心中一直有一个梦想,便是希望建设一个教育的"桃花源",让学生能够实现真正的自由,而这种自由必然也是由身体到内心的全然的自由。在回溯学校"体育"的建设之路中,不禁发现,这个"桃花源"已然在悄无声息中生长着、蓬勃着、涌动着、迸发着。如那穿越千古的五禽戏,沐浴在五彩晨光下,如午餐特供养生汤般,默化潜移地融入学生们、教师们、家长们的生活……

第一节　中医药文化融入体育的基石

习近平总书记曾言:"中医药学凝聚着深邃的哲学智慧和中华民族几千年的健康养生理念及其实践经验,是中国古代科学的瑰宝,也是打开中华文明宝库的钥匙。"在建校之初,怀揣着对中国古典传统文化的敬畏、憧憬,学校教师们一直在思考着三大问题,一是什么才是真正的"体育";二是如何才能更好地实现"体育"的育人效果;三是如何才能更好地将中国传统体育概念与现代体育巧妙融合。

弗洛伊德在对概念的界定中提道:"任何科学原则中的基本概念和最一般的观念在开始总是不确定的。它们只能靠人们从现象界所感受到的东西才开始得到解释。要澄清这些概念,发现其最重要的和连贯的意义,只有借助于对观察对象的逐步分析。"对体育的认识也是如此,在对这三个问题层层递进的回答中,学校在一步步构建着独属于自己的"体育"概念。这一概念,在理论与实践的无限交叠中,不断融汇着、

革新着、充盈着……

一、重构体育概念,融入中医特色

2016 年 2 月,国务院印发了《中医药发展战略规划纲要(2016—2030 年)》,围绕我国中医药发展的现实需求和发展趋势,明确了未来 15 年的发展目标和工作重点,并规划将中医药文化基础知识纳入中小学传统文化课和生理卫生课。推动中医药文化进校园既有培育人才的现实意义,更有弘扬中华优秀传统文化的历史意义。这一纲要给晶城中学以体育概念革新前期打了一支强力针,鼓舞着学校不断进行体育概念的构建。

(一) 传统体育概念

体育这个词源远流长,通过对体育的词源学考究,可以发现这个词在不同境域、不同时代有不同的界定,围绕"体育"这个词在不同国家自有其广大的生长网络。通过梳理其历史发展脉络,可以大致分为以下三类:中国古代体育、外国古代体育、现代体育。[①]

1. 中国古代体育

从词汇学的角度入手,"体育"这一词是百年前自日本传来的舶来品词。"中华民国"时期正式设立体育科目,迄今也不过百年时光,但是蕴含体育这一概念的活动却早已有之,源远流长,从未中断,蕴含在其中的体育精神更是一脉相传。

早在公元前 11 至前 8 世纪,西周便开始盛行"六艺"教育——礼、乐、射、御、书、数。其中,代表射箭的"射箭"和代表驾车的"御"被列为军事训练的主要科目。时间绵延到春秋战国时期,在百家争鸣的文化氛围,以及对自然的崇尚下,将身体互动和呼吸运动结合起来的"导引术""吐纳术"成为健身的主要方法。东汉时期,在"天道自然观"的影响下,华佗站在前人"导引术"的肩膀上,模仿虎、鹿、熊、猿、鸟五种动物的代表性动作及其神态,并结合人体脏腑、经络和气血等中医经典理论,以唯物主义哲学思想作为基础,总结和整理出了一套的一种健身疗法。[②] 紧接着,八段锦等养生功法不断出现,在南朝梁陶弘景著的《养性延命录》中最早记载了与现存八段锦动作相似的功法雏形。[③] 到了唐宋时期,在经济空前繁荣、文化开放包容的时代背景之下,体育活动极度兴盛,蹴鞠、捶丸、步打球、踏球、相扑等各色活动数不胜数。明清之际,在民族矛盾日益激化的社会环境大前提下,在抗击外敌和健身健体的呼吁声中,武术文化蓬勃发展——明清武术技术结构是以"势"为基本单位,分为演武和比武两种形

① 邱伟东. 体育与健康[M]. 南昌:江西高校出版社,2019:2-6.
② 刘琳. 五禽戏术式及功效的历史渊源[D]. 北京:北京中医药大学,2012:7.
③ 杨红光. "八段锦"源流及其文化内涵探析[D]. 郑州:郑州大学,2011:31.

式，器械与拳种的技术体系已经形成，且呈现出多样性的特点。①

通过对中国由古至今的体育活动的梳理，可以看到，中国古代体育作为一种与日常生活、教育教学密切相关的文化生态紧密结合，既浸润于中国传统文化中，与时代背景息息相关，同时，在不同的体育活动中嵌入传统德行兼备的传统文化烙印，两者互动生成，最终凝聚成了具有独特东方人文特色的体育精神——“天人合一”。这一理念，在各种体育活动中皆有体现，发轫于中国古代庄子“人与天一也”的哲学思想，通过对自然的顺应，实现人类与自然的和谐相处。②

2. 外国古代体育

外国古代体育教育如同中国体育一般，也经历了漫长的历史演化。早在公元前 8 世纪便已然初具规模的奥林匹克赛事流传至今，颇具号召力。从公元前 776 年至公元 397 年，每 4 年一届的古代奥林匹克便会如期进行，拳击、角力、赛跑、射箭、投标枪、掷铁饼、赛战车不胜枚举。健硕的体魄、饱满的肌肉、匀称的身材，在古希腊的美学雕像中也可观之一二。《理想国》开篇之中，柏拉图就借助苏格拉底之口，由观看体育赛事引入对教育的思考、对正义的考量、对身体营养摄入的讨论。③ 而亚里士多德在继承前人的基础上，以其灵魂说为基础，提出了关于和谐教育的思想，在其植物的灵魂、动物的灵魂和理性的灵魂三种灵魂的基础上，分别发展体育、德育、智育和美育。他指出，只有通过这种多方面的教育，儿童的身心才能得到和谐的发展。④ 将时间的钟表调到中世纪，欧洲的骑士教育更是直接聚焦于培养英勇善战、尊君敬主的骑士精神和技能，重点学习“骑士七技”——骑马、游泳、投枪、击剑、打猎、弈棋、吟诗。18 世纪时，世界三大教育经典之一的《爱弥儿》，花了大量篇幅描述了体育的两个重要原则，年龄分期原则和回归自然原则。作者让・雅克・卢梭根据学生的身体和心理发展的特点，将整个教育分为 4 个阶段——婴儿期、童年期、少年期和成年期。而在这 4 个不同的时期，按照其各自特点，开展不同形式的体育教育。

19 世纪以后，伴随教育的普及化运动，大量的公立学校得以建立，再加上大工业的发展、国家之间贸易交流的不断增多，进入学校的体育教学和走出国门的体育竞争之中，融汇产生了现代体育教育观念。

3. 现代体育

1828 年，英国教育家托马斯・阿诺德开办了一所橄榄球学校，第一次把体育列入学校课程，这所学校可以说是现代体育的产生和发展的里程碑。在他的影响下，都

---

① 郝志勇. 明清武术文化形态及其价值研究[D]. 北京：北京体育大学，2012：25 - 26.

② 崔乐泉. 中国古代体育精神及其文化特质[J]. 人民论坛，2021(22)：110.

③ 李力研. 奥林匹克精神与体育文化——一种东西方文化比较的哲学文化学视角[J]. 天津体育学院学报，2002(02)：14.

④ 皮江红. 论亚里士多德和谐教育思想及启示[J]. 福建论坛(社科教育版)，2008(04)：8.

柏林大学和剑桥大学也先后举行了学生体育竞赛。① 英国有一句著名的谚语——滑铁卢战役可以在伊顿公学的运动场上取胜。这也体现了体育从社会走向学校、从学校走向社会的双向互动过程。19 世纪 60 年代，体育即“physical education”这一词汇在英国中已经生根发芽，并作为一种促进学生全面发展的教育思想在欧洲各国得到了广泛传播。

我国对现代体育概念的引进，源自日本 19 世纪 70 年代到欧洲各国考察的一次旅行，出于军国主义的考量，日本教育并未充分重视学生的自然成长的全面发展教育，而是仅仅引进了德国体操，体育就由“physical education”变成了“gymnastics”。因此，在甲午中日战争之后，尤其是在清末民初的 20 年间，学校体育课皆称为“体操课”。到了 20 世纪 20 年代初，我国学习美国发展体育教育，引入学生全面发展的教育思想，才将这“体操”一词改为“体育”。②

（二）晶城中学体育概念

正是通过对中国古代体育、外国古代体育、现代体育这三条历史行进线路的不断把握，在理论层面集萃精华，在实践层面推陈出新，晶城中学终于摸索出一套独属于本校的体育概念。这一概念由生物、心理、社会、自然 4 方面要素构成，以各种常规活动、中医特色活动、竞体平台、健康饮食为依托，通过与学生、教师、家长作为实践三主体的深度沟通，了解其理想诉求，在理论与实践的求索过程中寻求平衡。

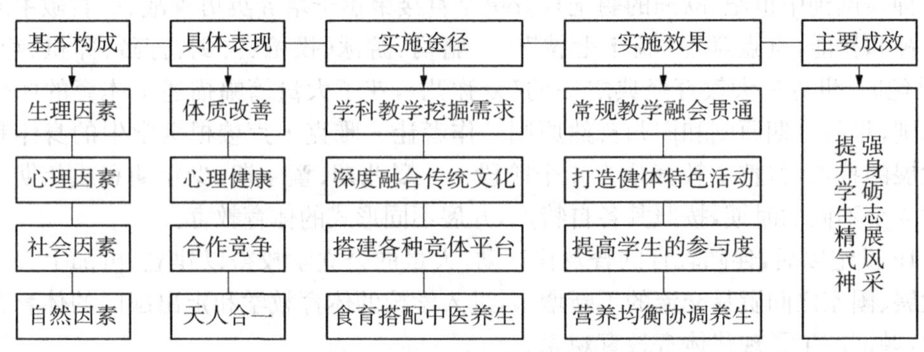

图 4-1 晶城中学体育概念框架

如图 4-1 所示，晶城中学体育概念是在融合中外体育概念的背景之下，打造了独特的体育概念，而在这个构建过程中，综合可以分为对内和对外的两大维度：

在对内维度上，一是生理因素层面，通过学科教学挖掘需求，常规教学融会贯通，

① 胡卫，平杰. 青少年体育：一项关乎民族未来的事业上海学生体质健康状况与学校体育事业发展报告[M]. 上海：中国福利会出版社，2007：11.

② 鲁威人，陈红英，赵晓琳. 体育文明 600 年[M]. 北京：首都经济贸易大学出版社，2019：13-15.

达到体质改善的目标；二是心理因素层面，通过深度融合传统文化，打造健体特色活动，通过传统体育健身活动，如五禽戏、射箭等陶冶情操。

在对外维度上，力求实现个人与社会、自然的和谐共处，一是在社会因素层面，搭建各种竞体平台，如艺体节、社团活动等，提高学生的参与度，培养学生平等竞争合作的意识；二是在自然因素层面，如寻求精神层面的人与天合一，并且通过食育搭配中医养生，借助自然，融入自然，将“不时不食”的概念融入一餐一饭中，在以“医”健体中不断汲取营养，做到天人合一，和谐共生。

二、以“医”健体的背景

（一）遵循以“医”健体历史脉络

以“医”健体这个概念与中医养生概念息息相关。学校对以“医”健体的充分建立，也是基于对中医养生这一理论背景的不断深挖。

中医养生与西医不同，它强调整体调理，即“以治未病，强身健体”，注重“治未病”——在人体健康状况良好时就进行调理，从而防止疾病的发生，避免出现各种不良症状。

而中医养生也不能简单将其作为一种单一的治疗方式来概括，而是通过一种整体观的运用，将包括中药调理、食疗、针灸、按摩在内的多种方式综合运用，实现强身健体、防病治病的效果。在中医养生这一概念的历史沿革中，中医养生的内在意蕴也不断演化、丰富，最终形成了一套系统、完整的中医养生理念，这一理念有三个重要的观点，包括生命观、健康观、预防观。① 而对这三大观念的进一步探索，也不断充实着学校以“医”健体的内涵，成为学校以“医”健体推行的首要背景支撑。

（二）呼应以“医”健体的当代诉求

以“医”健体的实行是与当代时代大背景相呼应，而在习近平总书记所列出的十五种优秀古代思想中，将“道法自然，天人合一”摆在了首要位置。作为新时代体育概念的践行者，学校应该有以体育为旗弘扬民族文化自信的使命担当。同时，以“医”健体也是积极回应新时代对学校体育工作的要求，积极追寻国家体育教学改革趋势，与时俱进，融汇创新。最后，也是努力践行上海市基础教育体育教学课程改革的要求，以“医”健体体现了学校在呼应改革要求时的主动思考。

1. 以体育为旗弘扬民族文化自信的使命担当

文化是一个国家、一个民族的灵魂和生命，也是一个国家、民族综合实力的重要体现。文化兴则国运兴，文化强则民族强。要实现中华民族的伟大复兴，必须大力弘扬中国优秀传统文化。教育肩负着实现中华民族伟大复兴的历史使命，因而必须把中华优秀传统文化引入校园活动中，同样，中华优秀传统文化是学校落实立德树人根

① 杨杜. 中医学[M]. 北京：中国医药科技出版社，2016：266.

本任务的重要课程资源。

在对传统文化再挖掘、再弘扬的大背景下，学校体育应该有弘扬民族文化自信的责任担当意识，主动承担起挖掘中国优秀传统文化、集萃精华的历史使命，为泱泱大国文化繁荣、文化自信贡献一份力量。

2. 积极回应新时代对学校体育工作的要求

2020 年 10 月 15 日，中共中央办公厅、国务院办公厅印发了《关于全面加强和改进新时代学校体育工作的意见》。该意见指出，学校体育是实现立德树人根本任务、提升学生综合素质的基础性工程，是加快推进教育现代化、建设教育强国和体育强国的重要工作，对于弘扬社会主义核心价值观，培养学生爱国主义、集体主义、社会主义精神和奋发向上、顽强拼搏的意志品质，实现以体育智、以体育心的独特功能。为贯彻落实习近平总书记关于教育、体育的重要论述和全国教育大会精神，把学校体育工作摆在更加突出位置，构建德智体美劳全面培养的教育体系。

该意见明确提出在不断深化改革的基础上，尤其要注重推广中华传统体育项目。而晶城中学早在 2019 年便被评为“教育部优秀文化五禽戏传承校”，这也体现了学校对体育建设的前瞻性，始终站在时代前沿，主动探索，积极响应新时代对学校体育工作的要求，发出独属于学校的呼应。

《关于全面加强和改进新时代学校体育工作的意见》第 6 条：推广中华传统体育项目。认真梳理武术、摔跤、棋类、射艺、龙舟、毽球、五禽操、舞龙舞狮等中华传统体育项目，因地制宜开展传统体育教学、训练、竞赛活动，并融入学校体育教学、训练、竞赛机制，形成中华传统体育项目竞赛体系。涵养阳光健康、拼搏向上的校园体育文化，培养学生爱国主义、集体主义、社会主义精神，增强文化自信，促进学生知行合一、刚健有为、自强不息。深入开展“传承的力量——学校体育艺术教育弘扬中华优秀传统文化成果展示活动”，加强宣传推广，让中华传统体育在校园绽放光彩。

3. 努力践行上海市基础教育体育教学课程改革的要求

学校在践行上海市基础教育体育教学课程改革要求的基础上，既充分挖掘和利用好区内、校内现有的教师资源，加强区级、校级培训和教研活动，又引进或聘用具有较高教学能力的优秀兼职教师充实本校的体育师资队伍。同时，根据试点工作的新要求，大胆突破政策瓶颈，根据学校特色体育活动进一步创新融通。

（三）晶城中学以“医”健体的可能性

晶城中学作为上海中医药大学附属初中，是一所闵行区用心打造的高起点、高规格、高品质的公办初中，于 2017 年 9 月 1 日正式开学。学校在以“医”健体的建设过程中，不断得到来自闵行区和上海中医药大学、梅陇镇学区联盟、梅陇镇政府等力量的大力支持，使得学校以“医”健体得以实现真正的高起点、高规格、高品质落地。如果没有上海中医药大学作为学校体育教师师资培训的坚强后盾，学校便无法在第一时间将五禽戏顺利引入校园；如果没有来自上海中医药大学老中医的恳切指导，将中医养生汤引入校园的计划只怕也会付诸东流；如果没有梅陇镇交警百忙之中的协助，学校自行车驾照考试便无法有序进行……一切的一切，都使得学校以“医”健体能够扎进实处、落到实地！

第二节　以“医”健体的基本概况

一、以“医”健体的整体思路

学校在充分挖掘中国传统体育文化的前提下，在遵循国家新时代学校体育工作、上海市基础教育体育教学课程改革要求的基础之上，集合教师、家长、学生之力，对学校的整体体育发展大方向进行了系统性、全面性、发展性、创造性和前瞻性的思考，绘制出立足弘扬优秀传统文化的办学顶层设计，落实了“天人合一，情理相融”的办学理念，努力践行“尚善求真”的校训，大力传承与弘扬优秀中华传统文化，建设具有浓郁中医药特色的个性化的体育课程。

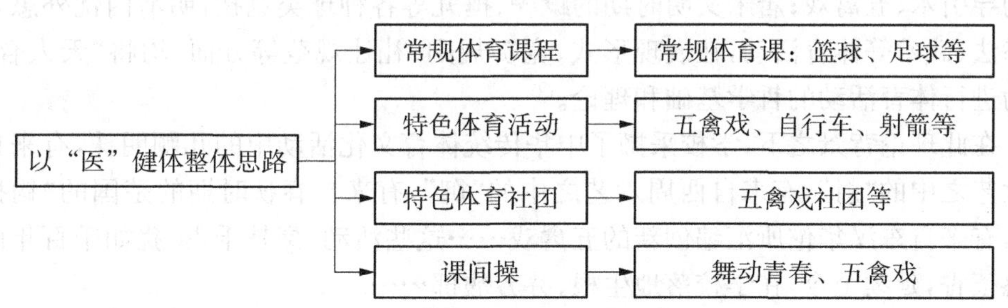

图 4-2　以“医”健体的整体思路概况图

在以“医”健体的实践过程中，学校始终坚持将中医食育理念巧妙融合在以“医”健体活动中。在工作开展过程中，主要通过四个方向齐驱并进。首先是对常规体育课程的充分挖掘。在这一点上，学校组织教师积极研读《关于全面加强和改进新时代学校体育工作的意见》，开足、开齐、开好常规体育课。其次是基于对特色体育活动、特色体育社团、课间操三个方向的共同探索。从引进时间的先后顺序上展开，先是基于办学理念弘扬传统文化，即发展源于西周时期的“六艺”——礼、乐、射、御、书、数。

按照上海市初中体育教学多样化的要求，学校首先选择了传统射箭项目，并将这个具有中国传统文化鲜明特征的传统项目作为学校的体育传统特色项目。2018 年 12 月学校被评为“闵行区体育项目传统校”。将“御”由难以在现代学校实现的驾车活动转变为自行车考试。最后是经过“学生、家长、教师”三主体问卷调查，最终确立把五禽戏引进校园。

在将顶层设计理念落入实践的过程之中，学校积极探索，不断摸索、改进，最终将中华传统的五禽戏、射箭等活动与传统体育教学项目篮球、足球、排球等活动通过每周“4＋1”巧妙穿插，形成一个良性健体生态。

二、“天人合一”的特色体育

学者张世英在剖析古代“天人合一”理念的时候，将其大致分为三个时代：先秦的“天人合一”思想、董仲舒的“天人合一”思想、宋明道学的“天人合一”思想。而到了明清之际，“天人合一”的思想逐渐式微，让步于西方浓厚的主客体思想，逐渐丧失了中国本土哲学的内在本位。[①] 这一思想在一步步发展中，有各个时代的个性，也有共性。学者张岱年对其进行归纳，总结了其中三个有价值的命题：一是人是自然界的一部分；二是自然界有普遍规律；三是人生的理想是天人的协调。[②]

这三个命题都体现于庄子所阐述的“人与天一也”的理念。这种“天人合一”的理念，在由古至今的体育发展史中都得到了不同程度的体现。人类早期生活中，人类生产生活实践直接演化而来的跑、跳、投等早期体育活动；汉朝道教文化繁荣时期所兴盛的导引术、五禽戏；唐宋文明时期的蹴鞠、捶丸等各种球类竞技；明清内忧外患之际的拳法、武术等体育活动，在表现形式、竞赛规则、礼让规范等方面，均将“天人合一”视为进行体育活动的哲学基础和理论。[③]

在此理论背景之下，学校采撷了中华传统体育文化活动中的几颗明珠，有来自西周六艺之中的“射”，有来自西周六艺之中的“御”，有来自春秋时期的楚国的“钩拒之戏”，有来自东汉华佗所汇编创新的五禽戏……这些活动，穿越千古，犹如千百年前的悠悠茶香，延续至今，在学校落地生根、芬芳馥郁……

而在针对学校学生“你每周大约多长时间参与学校中医健体活动”的问卷调查中可以看到，至少在时间上，绝大部分学生能够每周投入10分钟以上，去感受这些来自千百年前的传统特色体育活动。甚至有52位（占6%）学生表示，每周能做到花两个小时以上时间投入传统健体活动中去。正是这种时间上的保证，给传统体育活动的精神传播以发展的空间，进而让学生真正感受到传统体育活动的魅力。

（一）五禽戏

学校于2019年带着对学校办学理念的理解，对中国传统文化的尊崇，对“三主体”意愿的充分尊重，将中国传统文化“五禽戏”正式引入课间操活动。而在2019年12月举行的教育部中华优秀传统文化传承基地五禽戏传承学校签约仪式上，晶城中

① 张世英. 中国古代的“天人合一”思想[J]. 求是，2007(07)：34.

② 张岱年. 中国哲学中“天人合一”思想的剖析[J]. 北京大学学报(哲学社会科学版)，1985：3.

③ 崔乐泉. 中国古代体育精神及其文化特质[J]. 人民论坛，2021(22)：110－112.

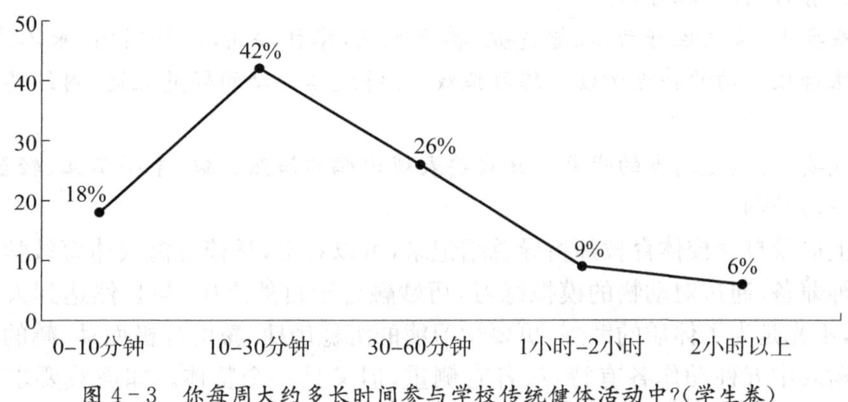

图 4-3　你每周大约多长时间参与学校传统健体活动中?(学生卷)

学很荣幸与上海市浦东新区观澜小学、上海市浦东新区福山外国语小学、上海市浦东新区东荷小学等校一起，被评为教育部优秀传统文化五禽戏传承基地。获批传承基地即是对学校将“五禽戏”引入校园的激励，也饱含对学校继续发扬钻研精神、充分挖掘中华传统体育项目的期待。

“五禽戏”作为一种传统保健养生引导术，是我国最早、最完整、保存最好的医疗保健操。① 东汉末年，华佗继承前人导引术，在五行学说指导下，以中医理论为基础继承和发展前人关于禽戏的思想，把“熊经鸟伸”发展为“五禽之戏”。② 五禽戏模仿虎之威猛、鹿之安舒、熊之沉稳、猿之灵巧、鸟之轻捷，蕴含五禽神韵，不仅能锻炼肢体，同时注重内气运行，意念导引来调整身心。西晋时期，陈寿的《三国志》记载：“吾有一术，名五禽之戏，一曰虎，二曰鹿，三曰鹿，四曰猿，五曰鸟。亦以除疾，并利蹄足，以当导引。”五禽戏广泛流传于世，历经朝代变迁，到现在已发展出二十多种不同版本，成为重要的中国传统体育保健项目。③ 可是，现实教学情境中，它并未找到进入中小学体育教学的途径，甚至存在一种完全割裂的现象。在此前提下，作为中医药大学的附属学校，晶城中学有责任、有义务，也有中医药大学的资源支撑，将“五禽戏”引入校园，正式推广开来！

针对“五禽戏”的特点总结(节选)

熊戏要点：练习熊戏要表现出熊的浑厚、沉稳、性情刚直、勇敢和不怕困难的意志。熊外观上笨重拖沓，实际内含无穷气力，且在沉稳中又有轻灵敏捷。因此练习熊

① 陈辉. 武术文化传承与健身推广研究[M]. 长春：吉林大学出版社，2020：213-214.

② 张继，沈澍农. 中国传统哲学与中医导引五禽戏发展探源[J]. 南京中医药大学学报(社会科学版)，2011(01)：26.

③ 方磊，严隽陶，孙克兴. 传统养生功法五禽戏研究现状与展望[J]. 中华中医药杂志，2013(03)：837.

戏时要松静自然，气沉丹田。

猿戏要点：猿生性好动，机智灵敏，善于纵跳，攀枝爬树，躲躲闪闪，永不疲倦，这是由于猿静极而动的特点所致。练习猿戏，外练肢体运动的轻灵敏捷，内练其精神的宁静。

鸟戏要点：鹤是鸟类的代表。鸟戏要表现出鹤的昂然挺拔、亭亭玉立、轻盈安详、悠然自得的神韵。

以上摘录自学校体育教师指导总结记录，可以看出，学校五禽戏体育教学中极为重视形神兼备，通过对动物的模拟练习，巧妙融合于自然之中，与自然达到天人合一的境地，不光是为了体质的锻炼，更要学习熊的沉稳敏捷、猿的静极而动、鹤的悠然自得。五禽戏中五种动作各有特点、各有侧重，但又是一个整体。如虎戏要求虎视眈眈，虎爪要求力达指尖，爪甲与目属于肝，虎举与虎扑时身体舒展，两臂向上拔伸，身体两侧得到锻炼，肝经气血通畅，可以起到舒筋、养肝明目的作用。再如鸟戏上肢的升降开合运动可以牵拉肺经，胸廓的开合直接促进肺吐故纳新，提高肺功能。因此，如能经常坚持综合练习五禽戏，能起到调养精神、调养气血、补益脏腑、通经活络等作用。

学校通过“一课、一操、一团、一队”在校园里以各种形式推广五禽戏。按照上海市学校体育改革的新要求，市教委提出“小学体育兴趣化，初中体育多样化，高中体育专项化”。学校确立开展五禽戏项目后，把它纳入课程，按照三类课程，从“一课、一团、一队、一操”四种途径在全校学生层面开展与推进。其中，“一课”指的是在六年级专门开设一节“五禽戏”基础性课程，与初中体育课“4＋1”要求紧密结合，面向全体学生；“一团”指的是基于对五禽戏有浓厚兴趣和一定五禽戏基础的学生，学校开设了五禽戏社团课，即拓展型课程，面向部分学生。“一队”以五禽戏技术见长、出自内心喜欢并愿意钻研和担当传承学生，组成了五禽戏校队，作为探究性课程面向特长生。“一操”指的是每天课间操，晶城学子们先做一遍“舞动青春”广播操，再做一遍五禽戏，全体学生汇聚在操场上，场面浩大，气势磅礴，是一道亮丽的风景线。

(二) 射箭

弓箭文化是中华传统文化的组成部分，有着悠久的历史和极为丰富的内涵，渗透在政治、经济、礼仪、教育、军事、民俗等诸多方面。早在两周时期，“射”就与礼、乐、御、书、数并称“六艺”，成为必须掌握的六种基本才能。同时，从国家层面不断开展大规模的竞技活动，一方面提高全民的习武意识和军中将士的战斗力，另一方面对人们修身养性、礼德熏陶等也有一定作用。而作为射箭另一重要组成部分“射礼”——中国古代社会上层按照一定的仪节规程而举行的弓矢竞射礼和举行仪式的象征性的射箭礼仪，[①]在相当程度上凝练了中华传统文化中所提倡的礼貌谦让的道德品格，也彰

① 袁俊杰. 两周射礼研究[D]. 郑州：河南大学，2010：43－55.

显了"天人合一"——人与自然共生、取之自然、还之自然的精神，通过射箭以观德、以静心、以宁神。

学校选择射箭作为特色传统项目，既是对优秀中华传统文化的一种传承，又能培养学生自觉、自律、自修、自正的良好习惯，继而启发智慧，学以致用，身心受益。

图 4-4　学校射箭活动

（三）自行车

作为"六艺"之一的"御"细分下来，可以分为"五御"，即"鸣和鸾、逐水曲、过君表、午交衢、逐禽左"。具体可以理解为以下五个方面：第一是要保证马上的铃铛和车上的铃声相互协调，这是对马车节奏感的把握。第二是要保证马车能够穿过崎岖不平、有水洼的地面，有高超的躲避技巧。第三是对驾车礼仪的要求，经过国君时候要行礼。第四是要有一定的方向感和控制能力，从仅容车身的门洞中冲出而毫无剐蹭。第五是驾马车田猎时要统一方向，向左驱逐，有技巧的层层逼近，缩小包围圈。①

从这"五御"中，可以看出，古人的"御"通过对实际技巧的培训，既有实际的田野狩猎作用、作战功能，也追求韵律、追求美感、追求"礼"的熏陶的功能。学校在综合考察下，将"御"纳入"天人合一"特色活动的重要一环，并根据现实实际情况做了一定变通，改"御"为"自行车"。同时，将这"五御"的理念，巧妙融合，变"鸣和鸾、逐水曲、午交衢、逐禽左"为自行车上路考试，通过在平坦的操场上设置，障碍营造崎岖的行路环境，考查学生的节奏感、方向感、变通性、熟练程度。变"过君表"为自行车理论考试，通过对道路交通安全规范的学习、规范上路条件的自行车和安全帽，融礼于试。并且通过落实自行车考核规范要求和工作规范，保证自行车考核也有章可循、有法可依。

---

① 杨向东.六艺中的乐、射、御与体育、美育[J].南开学报，2002(06)：98.

图 4-5 学校自行车驾照考试

晶城中学 2021 年学校自行车驾照考取方案(节选)

为普及交通安全知识,学校结合弘扬传统文化的发展理念,推进六艺课程(礼、乐、射、御、书、数)中的“御”相关课程指导,结合现代教育,开展晶城中学自行车驾照考取活动,特此制定方案。

一、驾照考取办法:

理论知识考试+上路考试,两者皆通过则颁发自行车驾照,有效期至该学生毕业。

二、申请自行车驾照要求和考试须知:

1. 申请学生为晶城中学在读学生,年龄必须满 12 周岁。

2. 家长同意学生自行骑车上学,能对上下学中的学生个人安全负责。

3. 学生自我具备符合规范上路条件的自行车和安全帽,不骑改装自行车。

4. 学生能自觉遵守道路安全条例,不危险骑车。

5. 本次理论知识考试采用电脑上考试,每人两次机会,90 分为合格,与“机动车驾驶证”理论考试一样。

6. 上路考试当天请考试学生自备车辆和安全帽。

7. “自行车驾驶证”管理与跟进(满分 12 分,如同机动车驾驶证),不按照《晶城中学驾驶规定》骑车的要涉及扣分，比如：不戴头盔扣3分、闯红灯扣6分，逆向行驶扣6分等，12分扣完则本学期自行车驾驶吊销，6个月后重新考试。

(四) 其他

除了以上三个主要推行的特色活动，学校也一直处于不断的探索之中，尝试挖掘其他有意义、有价值的传统体育活动，充实学校健体生态建设……

晶城中学拔河比赛活动方案(节选)

一、活动目的：

拔河比赛又称“钩拒之戏”，起源于春秋时期的楚国，是我国传统体育活动。为了丰富学生的课外生活，增强班级凝聚力，培养学生团结协作、吃苦耐劳，顽强拼搏的体育精神，特举行本次拔河比赛。

二、参赛队员：

每班男生12人、女生7人、女教师1名。

三、比赛时间：

第一轮：12月27日9:30—9:50

第二轮：12月28日9:30—9:50

四、比赛地点：

田径场跑道。

五、比赛方法：

采用三局两胜制，第一轮按照抽签对阵，决出前两名和三四名；第二轮决出具体的冠亚军和三四名。

六、相关要求：

1. 比赛前由各班体育委员把全班带到足球场地，组织参赛队员热身。

2. 参赛队伍到比赛指定区域，其余班级、啦啦队都在足球场地呐喊助威，班主任负责班级管理，组织积极呐喊、文明观赛。

3. 每一局比赛中可更换学生，教师不能轮换。

4. 尊重裁判，尊重对手，尊重观众。

第三节　以“医”健体的实践经验

关于以“医”健体的实践经验，笔者认为，首要一点便是要以学科教学为载体，在常规教学中实现融会贯通。而这离不开加强体育教师培训、提高体育教学的水平。对体育教师的教学能力、教学技巧、教学态度、教学评价如何培训，如何在体育教师培训同其他教师培训的普遍性与特殊性之间寻找一个平衡，也是笔者作为校长的应有之思。

在国家现在越来越重视体育的大背景之下,所有的学校都不应该也不能再过分忽视体育教师的培训。针对这一块体育教师的培训,晶城中学可以说是下足了力气,将体育教师教学的培训作为实践的首要任务。对此,可以骄傲地说——正是对这一方面的重视,学校体育建设在实践成效上得到了显著提升。

在加强体育教师培训的基础上,通过挖掘体育教师自身能力、呼应学生需求,学校始终坚持深度融合传统文化,打造健体特色活动,而这也是学校体育实践探索的重要创新点。唯有打出自己的特色旗号,不落于窠臼,方能不落后于国家新时代体育工作建设的大浪潮,否则也只是亦步亦趋,始终走不出别人的框架,邯郸学步罢了。

关于实践探索的第三点总结便是要搭建各种竞体平台,提高学生的参与度。任何完美的教学若无法契合学生需要、满足学生需求、调动学生积极性,那便是空中楼阁、毫无意义的。对此,学校积极搭建各种平台,给学生提供展现风采的空间。对此,阅览室那一面学生取得的形色各异的奖杯可以证明,学校学生不光在校内的各种平台大放光彩,在全区,甚至全市的体育竞赛中也展现了不一般的精气神……

最后一点,食育搭配中医养生是晶城中学作为中医药大学附属中学将中医药渗透到学校建设点点滴滴的深入思考与实践。恰当选择流传了几千年的传统食膳,将中医药渗透到学校建设的星星点点里;让流传了几千年的传统文化,在一汤一饭中"润物细无声"。考虑到当时学生在上网课期间,长时间盯着电子屏幕,学校特意为孩子们推出了"明目养生汤"食谱,让菊花、枸杞、决明子……这些穿流传千古的食材成为这所学校的体育灵魂。

在针对学校全体教师的《晶城中学中医药文化进校园现状调查》中,共有 102 位教师回答了问卷,针对以"医"健体的实践经验的排序调研时,大部分教师也与学校目标不谋而合,共有 71 位教师将"学科教学挖掘需求,常规教学融会贯通"摆在了学校以"医"健体第一位,占单项排序的 71%。59 位教师将"深度融合传统文化,打造健体特色活动"排在了第二位,占单项排序的 64.13%。56 位教师将"搭建各种竞体平台,提高学生的参与度"排在了第三位,占单项排序的 62.92%。"食育搭配中医养生,搭建身心健康基础"这一选项共有 55 位将其列为最后一位,占单项排序的 61.8%。

表 4-1 以"医"健体的实践探索中各种因素的排序(教师卷)

选项	得分	第 1 位	第 2 位	第 3 位	第 4 位
学科教学挖掘需求,常规教学融会贯通	3.35	71	13	3	13
深度融合传统文化,打造健体特色活动	2.71	18	59	12	3
搭建各种竞体平台,提高学生的参与度	1.79	4	13	56	16
食育搭配中医养生,搭建身心健康基础	1.45	9	7	18	55

当然，这个排序也只是展示学校的重要经验的排名先后，但在实践过程中，每一因素都是学校以"医"健体的重要经验，每一因素都发挥了举足轻重的作用，无论缺少了哪一部分的经验，学校的体育建设都将不再完整。

一、学科教学挖掘需求，常规教学融会贯通

以学科教学为载体，学校体育课程教学深挖需求。而在学科教学中，体育教师的作用至关重要。体育教师不仅需要第一时间进行体育教学，引导学生进行体育锻炼。同时，体育教师能够第一时间接触到学生的体育需求，并通过在教学的过程中收集的额外需求，最终在常规教学中融会贯通。而这也对体育教师的技能培养、素质培养提出了新的要求。《关于全面加强和改进新时代学校体育工作的意见》也全面提出了对于体育教师岗位的评价要求，其将师德师风作为评价体育教师素质的第一标准，将评价导向由教师教了多少转向教会了多少，不断优化体育教师岗位结构，提升体育教师科研能力。

《关于全面加强和改进新时代学校体育工作的意见》第13条：完善体育教师岗位评价。把师德师风作为评价体育教师素质的第一标准。围绕教会、勤练、常赛的要求，完善体育教师绩效工资和考核评价机制。将评价导向从教师教了多少转向教会了多少，从完成课时数量转向教育教学质量。将体育教师课余指导学生勤练和常赛，以及承担学校安排的课后训练、课外活动、课后服务、指导参赛和走教任务计入工作量，并根据学生体质健康状况和竞赛成绩，在绩效工资内部分配时给予倾斜。完善体育教师职称评聘标准，确保体育教师在职务职称晋升、教学科研成果评定等方面，与其他学科教师享受同等待遇。优化体育教师岗位结构，畅通体育教师职业发展通道。提升体育教师科研能力，在全国教育科学规划课题、教育部人文社会科学研究项目中设立体育专项课题。加大对体育教师表彰力度，在教学成果奖等评选表彰中，保证体育教师占有一定比例。参照体育教师，研究并逐步完善学校教练员岗位评价。

对此，联合体育学科组组长及体育教师，学校也一直在探索的路上。在加强体育教师整体素养的大前提下，将其真正落于实地、落于细节，通过一页页由体育教师精心撰写的教案、通过一次次组内磨课、通过青年教师对有资历的体育教师教课的一次次观摩，学校的体育教师一直走在不断踏实"自我"、卓越"自我"、创新"超我"的路上……

（一）踏实"本我"：个人与团队共同发展

学校体育教师团队始终坚持以昂扬、饱满的激情投入体育教学工作，个人从奋斗中获得历练与提升，团队也在一次次活动中不断发展。坚持以求真务实的态度上好每一节体育课，以一以贯之的饱满热情对待每一位学生，真正落实踏实"本我"，以个人与团队共同发展为第一要务进行发展。

（1）教案打磨。注重研读体育教材，主动学习"单元教学设计指南"，紧紧跟随学

科教学改革的步伐,完成“单元教学设计”,充分动员每一位体育教师,参与“单元教学设计”的编写,最终汇总后形成体育教研组教学材料。

(2) 团队磨课。通过团队磨课的形式整体提高体育教师教学素养,备课过程中完成对《少年连环拳》《乒乓球》《羽毛球》《跳短绳》等新教材的学习和掌握,培养教育教学能力。根据部分青年教师的体育动作缺陷,即时加以指导修正,提高教学的正确性和熟练度;通过集体制定的“一节好课”统一标准,教研组开展集体学习和公开教学活动,并组织集体“观课”“磨课”,结合全组之力推出一节“好体育课”。

(3) 统一标准。学校体育教师在摸索中逐步建立了必要的体育课堂常规制度并一以贯之,通过统一规范课堂组织,充分利用现有的场地器材,采取集体活动与分组活动相结合的方式,增加学生的实际练习密度,减少违纪现象的发生,并且在实际教学过程中把握“多奖励,少惩罚”的原则,奖惩的方法根据学生的实际表现灵活变化。

(4) 专业能力。在个人与团队的巧妙碰撞中,资深教师完美的示范、清晰的讲解、亲切的教态、幽默的语言,都是青年教师学习的要点,也是树立教师形象和拉近与学生距离的有力武器。通过新老体育教师带教制度,在一节节课堂中总结出来的经验得以不断传递,在一次次新老教师的碰撞中得以增加厚度,形成全新理解。

2020 学年第一学期体育备课组活动计划(节选)

学生对学校的生活环境熟悉之后,为更好地配合体育教师参与体育学习活动,教师宜适时地制定一些必要的体育课堂常规制度。

1. 不迟到,不早退;
2. 站队做到快、静、齐,10 秒钟完成;
3. 尽量着运动装,身上不带坚硬的物体,以防伤及他人和自己;
4. 上课期间不随意离开运动场地,有事要请假;
5. 教师讲解示范时要保持安静;
6. 运动过程中不吃东西等。

为了维持良好的课堂教学秩序,体育教师不仅要把这些制度告知学生,而且要狠抓常规的执行,比如学生站队不能做到快、静、齐,教师就要采用反复强化练习的方法直到达到常规的要求,这样做能使学生意识到这种课堂常规是必须的而且是必要的。常规也不是一成不变的,待学生逐渐适应这些常规并形成习惯后,教师可以根据教学内容适度调整常规内容,使学生拥有更多的空间。

(二) 卓越“自我”:强化超卓意识,挑战自我

在实现踏实“本我”之后,体育教师就该考虑如何卓越“自我”,在常规工作中突出学校特色。晶城中学体育教师在完成体育教学之外,不断强化超卓意识,挑战自我,突破自我。而这些突破,始于五禽戏的引入。

2019 年,在确定引入五禽戏项目后,学校体育教师迅速出动,选派三位教师到上海中医药大学参加长达一个月的专题培训，通过理论学习、技能训练、实战表演、教学研讨、达标考试，均顺利完成培训，并拿到结业证书，为学校开展五禽戏提供了师资保证。

随即，学校成立五禽戏教练组，由体育学科主任任组长，学成归来的体育教师首先对组内全体体育教师进行培训，实现了体育组内教师人人会做五禽戏、人人能教五禽戏、人人推广五禽戏的局面，为在全校开展五禽戏的普及迈出坚实的一步。

从对五禽戏长达数月的理论学习、实战演练、教学研讨到最后五禽戏真正实现落地，体现了学校体育教师对自我教学能力的高规格、高品质的要求。如果不够完美，那就再磨炼，如果不够卓越，那就再研讨，正是在这一次次不厌其烦地纠正动作、探讨理论的过程中，学校体育教师真正做到了挑战自我、突破自我。

（三）创新“超我”：以科研产出带动体育教学

体育教师团队是行动研究不可忽视的一大主体，通过让体育教师开展科学研究，并在这一过程中成为“反思性实践者”，在计划、行动、观察、反思、再计划的行动研究中形成自己的基本特征，同时摸索出一套操作程序和方法，[①]而如此这般的反思实践，也必将为学校带来源源不断的发展动力，也为体育学科教学带来一些来自真实学校、来自真实课堂、自下而上的实践反思。

正是带着这份科研精神，带动了学校体育教学的多样化发展，也使得学校的体育教学拥有取之不尽、用之不竭的发展动力，如学校刘鹏教师的《基于多样化教学的初中体育课堂预案设计与实践研究》，针对在初中体育教学中，如何实现多样化教学、提高学生体育学习兴趣、提高体育教学质量这一广大初中体育教师关注的问题，根据自己的实践经验，做出了自己的理论思考……

二、深度融合传统文化，打造健体特色活动

坚持贯彻建校以来便始终如一的“天人合一，情理相融”的办学理念，深度挖掘中华传统文化，充分探索中华传统体育精神，是学校体育实践探索的重要依托和重要创新。

迄今为止，中华传统体育之路在动荡之中已经走了100多年，但是，笼统来讲，从全国大范围上讲，并没有形成一个自上而下的传播、挖掘途径，中华体育的精神也没有得到充分的传播与继承。

面临百年未有之大变局，中华民族传统体育的历史使命亟待发扬，中华民族传统体育的精神价值亟待重构。[②] 自2017年建校起，晶城中学就一步步地进行着体育实践探索。从五禽戏的逐步引入、射箭的社团建设、六艺之“御”的巧妙变通……学校有

---

① 刘良华.行动研究的史与思[D].上海：华东师范大学，2001：38.

② 倪依克.论中华民族传统体育的发展[D].广东：华南师范大学，2004：36.

意识、有步骤地不断沿着传统文化、传统体育精神的融入之路向前出发。

通过一次次对传统文化的再挖掘、对传统体育活动的再贯通，学校逐步形成了一套自下而上的、完善的、系统的以"医"健体的体系。而在深度融合传统文化、打造健体特色活动中，在对中华民族传统体育精神的深切共鸣中，学校不断为传统文化的传播、传统体育精神的继承贡献自己的力量，以期重新凝练中华传统文化，重新弘扬中华传统体育精神，让中华传统体育精神作为承载中华传统文化的载体，通过潜移默化的熏陶，引起深度共鸣，走进学生心里。

三、搭建各种竞体平台，提高学生的参与度

(一) 一年一度艺体节，体育健将展风采

每到暮春，绿荫冉冉，温风徐人，一年一度的艺体节又开始了，学生们挥洒青春汗水，在运动会中全力奔跑，精彩飞扬，为春季的校园添上了精彩的一笔！从 2018 年 4 月第一届艺体节顺利举办之后，即使中途面临无法线下教学的难题，学校仍通过线上的形式，传承着这份体育竞体精神，结合视频、作品展示等形式，充分动员学生参与艺体节，传播体育精神，提高学生参与度。2022 年 4 月 18 日，"运动不打烊，云端展风采"成为艺体节的体育活动主题，在居家的情况下举行了第五届线上校园艺体节，不仅是为了丰富学生文体活动，同时也是为了检测学生居家锻炼的情况。通过举行"线上运动会"，将运动会比赛项目与线上体育活动相结合，促进和保障了学生顽强拼搏、积极向上的意志品质。

图 4-6 学校艺体节活动展示

（二）社团活动多样化，团队合作寻共赢

学校在课堂教学之外，一直注重课外的教学实践，主张通过课外社团、课外实践活动等形式探讨多种实现形式，在体育建设方面也不例外。在常规体育课程建设之外，学校一直将体育社团作为重要抓手。体育社团作为常规体育教学的重要补充，在学生的体育锻炼、人际协调、体育意识的培养、个性化体育发展等方面发挥了至关重要的作用，通过动员学生参加体育社团，能够帮助学生形成科学锻炼的方法，养成主动参与锻炼的习惯，培养学生的终身体育意识。①

学校的社团活动力求追寻“天人合一”的境地，追寻最高形式的“乐”。庄子哲学著作《庄子·外篇·至乐》中提到“至乐无乐，至誉无誉”。不断提到真正的快乐不应该是来自外部的荣誉、外部的奖励，而应该是与自然相融、与天地相感的乐，是大音无声、大道无形的乐，是脱离外在躯壳、关注内心的一种真正的充盈的乐。《庄子·外篇·天道》中提到“与人和者，谓之人乐，与天和者，谓之天乐”。“乐”可以分为两类，一种是人乐，指的是人与人之间交际的人乐，而另一乐则是天乐，指的是一种真正超脱自然、达到最极致的乐。达到最极致的快乐是在内心深处，是没有外在表现的。而在《大宗师》中，庄子进一步强调，“其一与天为徒，其不一与人为徒，天与人不相胜也”，强调个人与自然世界、行为与自然本性之间和谐统一的关系，以期达到真正的“天人合一”。

为了更充分地培养学生的个性与爱好，将“天人合一”的理念融入体育社团活动的建设中去，学校体育教师通过将五禽戏社团、射箭社团等加以特色化，以传承传统文化，培养厚德人才。学校在活动中弱化竞争意识，更注重学生个人体育精神的内化，通过身体的律动，在与自然的呼应中，达到庄子所追求的“人和”“天和”“心和”。通过社团中与同伴、教师的相互交流、互相指导，学生在一次次与自我的较量中突破自我、在一次次与他人的合作中寻求共赢。这也为学校以“医”健体活动开展添上了浓墨重彩的一笔……

四、食育搭配中医养生，搭建身心健康基础

孙中山先生在其《建国方略》中曾说：“我中国近代文明进化，事事皆落人之后，惟饮食一道之进步，至今尚为各国所不及。”此话也可印证我国饮食文化的源远流长。② 传统饮食文化是我国饮食的“根”，需要充分与“食育”教育理念相契合，结合相关食育的经验，促进食育的进一步推广。③ 已有若干实证研究表明，食育干预对改善

① 刘秋艳. 中学开展体育社团对体育教学的影响[D]. 天津：天津师范大学，2014：18.

② 杨铭铎. 关于我国饮食文化传承与发展的思考[J]. 商业时代，2012(09)：143.

③ 张烯，孙灵芝，杨亚洁，等. 基于传统饮食文化的“食育”教育发展[J]. 中国食物与营养，2020(07)：13.

中学生饮食相关健康素养有积极促进作用。[①] 这更为学校将食育作为体育支撑提供了理论与研究依据。学校把改善午餐质量当成提升学生营养摄入的重要抓手，强化对学生摄入营养的主动干预，改善其营养状况，进而提高学生体质健康水平。

在食育与中医养生的巧妙混搭中，学校逐步凝练出“膳食调理养生，中医强身健体”的食育经验，兼具个性化与多样化、可操作性与丰富性。吃自己选的套餐，喝“养生汤”，这是学校食堂的特色。而基于对这一食育搭配中医养生的实践，学校于2021年获得上海市学校“食育”优秀案例。

(1) 个性选餐，膳食调理，让健康有动力。人人都爱的个性选餐，让每位学生有选择的空间。自2017年9月起，学校定制开发出基于智能终端的选餐平台，后台自动统计汇总数据。每月最后一周周五下午推出，周六完成网上填报并统计。每餐向学生提供能量都达标AB两种套餐，不同套餐的大荤小荤不同，蔬菜与汤品相同。套餐关注菜品的多样性、膳食结构的合理性和营养的平衡性。

在一份面向全校学生的问卷调查中，就“你觉得学校的餐饮的营养搭配是否满足你的日常需求”这一问题，共计891名学生做出回复，有685人选择了满意，满意度高达76.88%。这一调研结果既代表了学生对学校目前食育工作的肯定，也为学校之后继续让膳食搭配更加多样化、丰富化提出了新的要求。

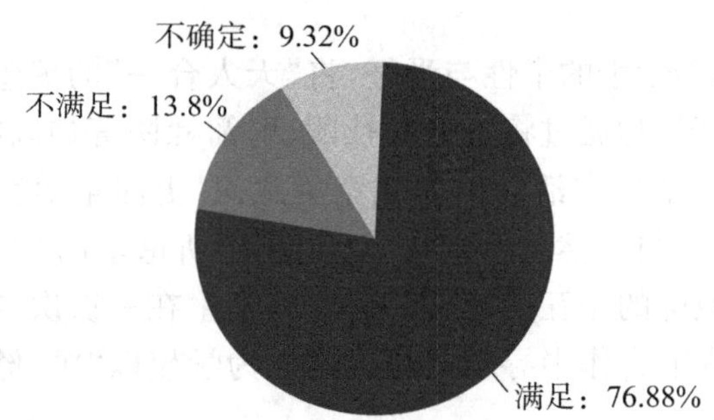

图4-7 你觉得学校的餐饮的营养搭配是否满足你的日常需求?(学生版)

(2) 专注“养生汤”特色，突破自身瓶颈。因为成本的限制，学校餐食在一段时间以来，难以实现根本性的提升。学校另辟蹊径，打造“养生汤”特色，将提升汤品的质量作为突破口，重点关注汤品的营养搭配。通过听取上海中医药大学中医教授的建议，学校注重膳食调理，根据不同节气，“不时不食”，加入养生食材——虫草花、枸杞、小米、红豆、芡实……目前开发的汤品品种已经达到20余种，正是这种对汤品的精益求精，为学校体育建设提供了坚实的支撑。

① 张烯，石劢，刘红双，等. 食育干预对初中学生健康素养的影响[J]. 中国食物与营养，2021(01)：75.

第四节　以“医”健体的实践成效

以“医”健体的实践成效大致可以分为两大维度：一是指以“医”健体的成效，这一维度主要对标参与以“医”健体的实践主体，从个人的生理因素、心理因素、社会因素、自然因素等方面，综合考量以“医”健体对个人内化的影响，涉及学生、教师、家长三大主体；第二个维度为以“医”健体的影响，这一维度主要针对参与“三主体”之外的外显影响，包括校内的整体健体生态建设、校外的辐射影响，将学校打造为传统体育活动示范窗口，辐射至全区、全市、全国……

一、以“医”健体成效

以“医”健体的实践成效是很难用量化数据去说明的，因为以“医”健体本就和常规的体育活动高度融合，很难简单通过竞赛手段、比赛结果等直接说明。基于这种难以直接通过体质检测加以量化的考量，再加上 2019 年学校针对采用何种中医健体方式专门设置问卷去收集“三主体”需求的经验，最终学校选择采取问卷调查和访谈相结合的形式，收集学生和教师关于以“医”健体的成效反馈，借此展示学校在以“医”健体的实践成效。

(一) 学生综合反馈

在针对“你喜欢传统的课间操还是五禽戏”这一问题的调研中，共有 611 名学生选择了五禽戏，占总数的 68.57%；280 名学生选择传统课间操——“舞动青春”，占总数的 31.43%，差距之大颇让人惊讶。这也正是源远流长、传承至今的五禽戏的魅力，通过挖掘学生爱模仿的天性，让学生与自然巧妙融合，真正做到了让学生释放天性。

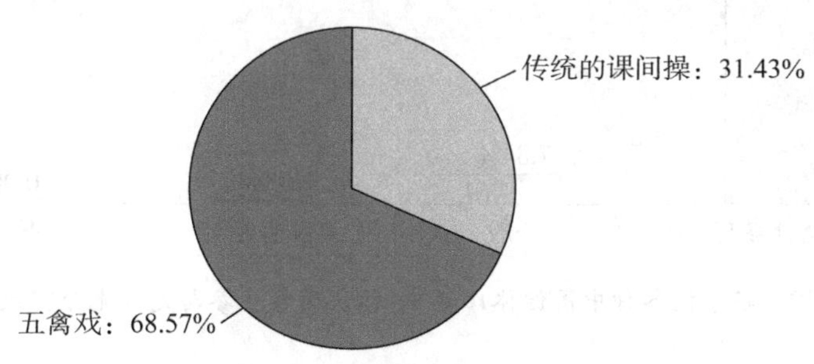

图 4-8　你喜欢传统的课间操还是五禽戏?(学生卷)

在针对学生“你是否喜欢学校中医健体活动”这一问题的回复，选项的参差更为明显，共有 891 名学生参与问卷，而仅有 40 名学生(占 4.49%)选择不喜欢，这也充分证明了中医健体的普遍适应性，这些不张扬的、返璞归真的、回归自然的中医健体活动能够完美契合大部分学生的需求，因此，851 名学生（占 95.51%）才会对中医健体活动流露出来喜爱之情。

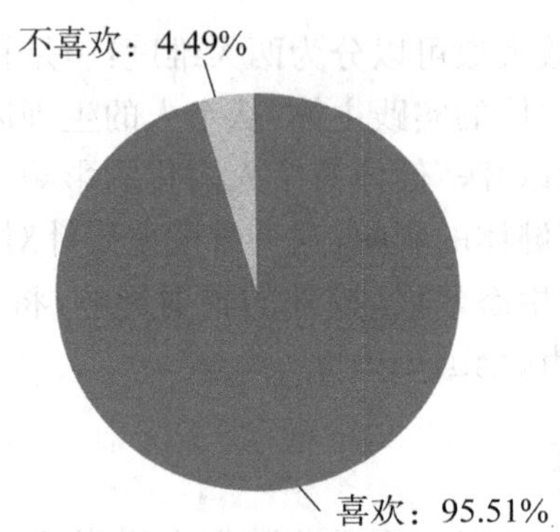

图 4-9 你是否喜欢学校中医健体活动？（学生卷）

而针对同一问题在教师卷的镜像问卷中，“在学校各种中医健体比赛中，你认为学生参与是否充分”，92 位教师认为学生充分参与学校各种中医健体活动中，占总人数的 90.2%。这些数据，既是对学校过去中医健体推广活动的肯定，更是对未来持续推动以“医”健体，挖掘传统中国体育活动，融入学校体育生态建设的鼓励。

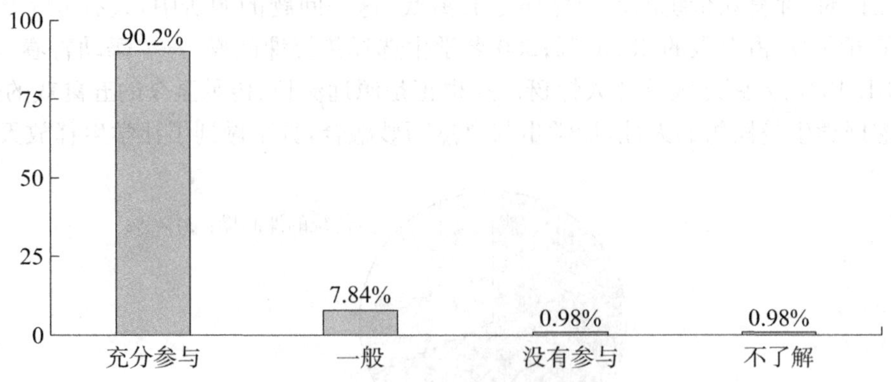

图 4-10 在学校各种中医健体比赛中，你认为学生参与是否充分？（教师卷）

在针对体育概念最终目标——通过“参与学校中医健体活动，你觉得自己的精气神是否有一个显著提升”这一问题的调研中，共有 619 名学生认为对他们的精气神有一个显著提升，约占总人数的 69.47%，232 位学生认为，学校中医健体活动对精气神提升效果一般，约占总人数的 26.04%。

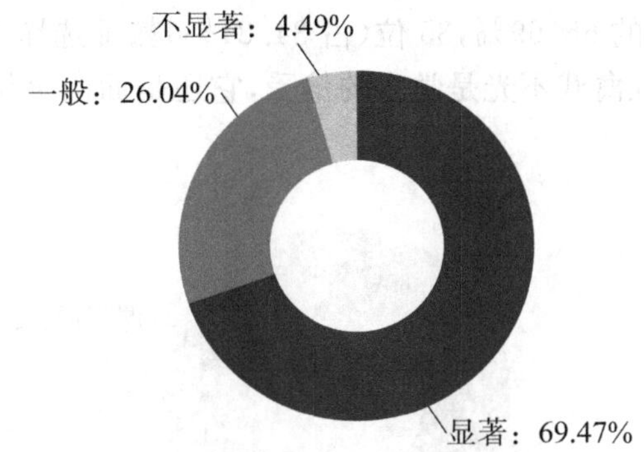

图 4－11　参与学校中医健体活动，你觉得自己的精气神是否有显著提升?（学生卷）

针对教师卷的镜像问题——“用五禽戏代替传统课间操，你觉得这对学生的精气神是否有显著提升”88 位教师认为通过中医健体特色活动，如五禽戏等，对学生的精气神有一个显著提升，约占总人数的 86.27%。

通过这两方数据的交叉印证，明显可以看到无论是学生还是教师，绝大多数人都对中医健体可以提升精气神这一论断给出肯定答复。中医健体是一个长期的、缓慢的改变。能够欣喜地看到，大部分学生和教师能够认识到中医健体与个人精气神的提升之间的关联。

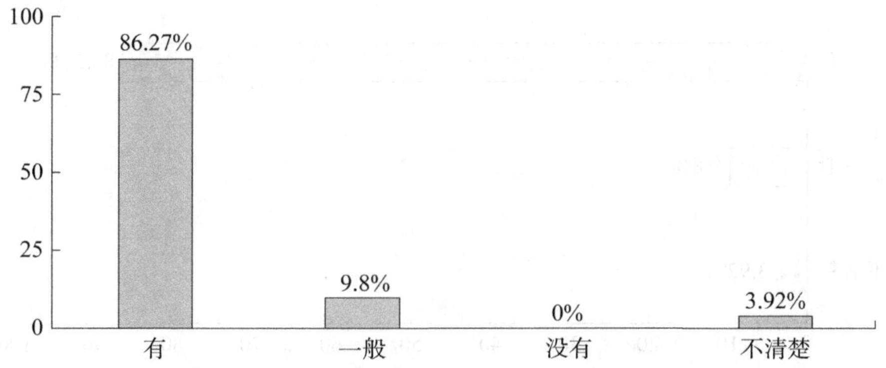

图 4－12　用五禽戏代替传统课间操，你觉得这对学生的精气神是否有显著提升?（教师卷）

(二) 教师综合反馈

作为三主体的重要支撑，教师也是体育生态建设的重要一角。针对其他学科任课教师和行政人员，学校通过课间操、社团、竞体比赛等形式，充分调动教师参与中医健体活动积极性，在问卷和访谈中也接收到来自教师非常积极的反馈。

在针对“你更喜欢传统课间操‘舞动青春’还是五禽戏”这一问题中，67 位教师选择了五禽戏，占总人数的 65.69%，35 位（占 34.31%）教师选择了传统课间操“舞动青春”，这一选择印证了五禽戏不光是学生的偏爱，它还是面向全年龄段、老少皆宜的一项中医养生活动。

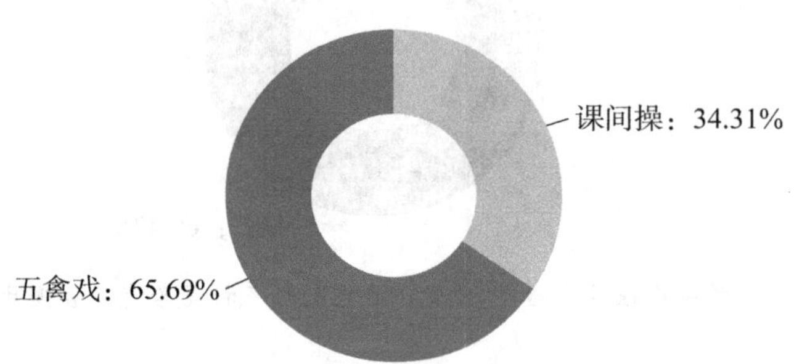

图 4-13 你更喜欢传统课间操还是五禽戏？（教师卷）

而在针对“通过参与学校中医健体活动，你觉得自己的精气神是否有显著提升”这一问题中，88 位教师认为有显著提升，占总人数的 86.28%，这体现了学校在教师精气神培养上也取得了一定突破。现今，尤其是“双减”政策之后，学校通过对中医健体活动的推广，帮助学校教师保持一个良好的精神状态进入课堂。这也是中医健体的一个重要成效。

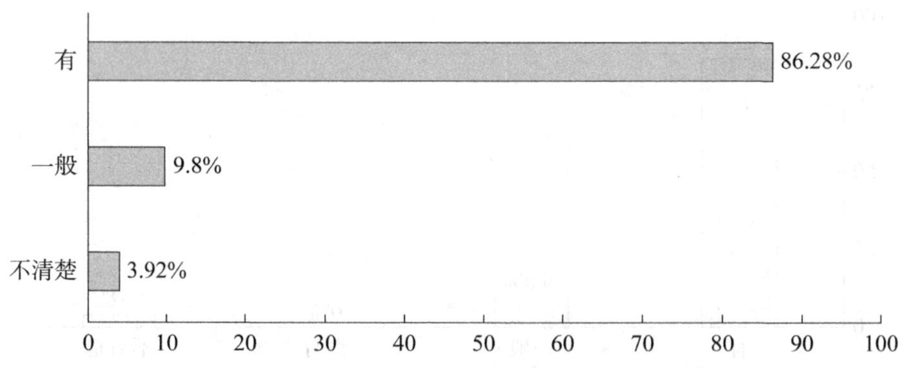

图 4-14 通过参与学校中医健体活动，你觉得自己的精气神是否有显著提升（教师卷）

与此同时，学校面向教师也开展了众多中医健体活动，在针对“你是否喜欢学校中医健体活动”这一问题的选择中，93 位教师投出了喜欢的一票，占总人数的 91.18%。这再次印证了中医健体活动的广泛号召力，只要投入一定的时间，便能发现其中的魅力所在。

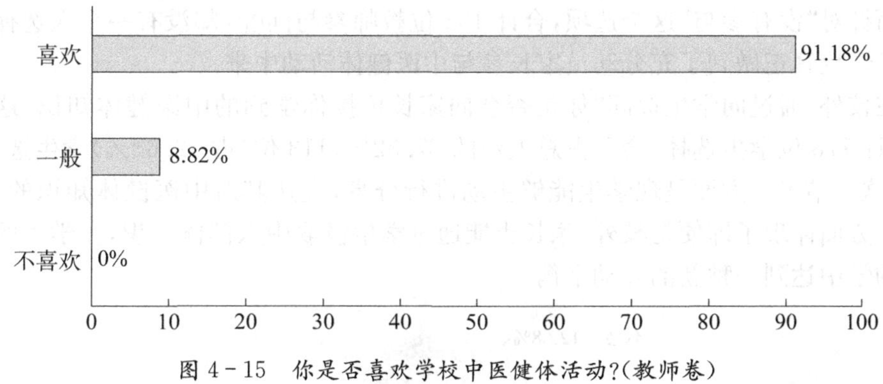

图 4-15　你是否喜欢学校中医健体活动？(教师卷)

(三) 家长参与程度

家长作为三主体之一，是以“医”健体活动的重要建设者、参与者、推动者。之所以说他们是建设者，是因为自学校创立伊始，家长的直接沟通、驻校参与等，都在一步步帮助建设着学校的点点滴滴，学校以“医”健体的活动推广过程中少不了家长忙碌的身影；说他们是参与者，是因为家长作为不可或缺的一分子，也广泛参与到学校中医健体活动中来，通过一次次驻校、运动会等活动，在耳濡目染下感受到中医健体的魅力，在体育的基础上，实现了家校联动；说他们是推动者，是因为学校能行走至今，离不开家长的推动，谁能想到曾有一位驻校家长在学生们做五禽戏时随手一拍，放至网上竟然能够起到那么大的宣传推动作用，引来社会范围内的好评。

通过对学生和对教师的问卷调查和访谈可以看出，无论是在校内还是校外，学生和家长都充分参与到中医健体活动中来。

在校内：通过教师对“目前学校举行中医健体活动中，家长是否充分参与”这一问题的回复，家长在校内中医健体活动的参与度可见一斑。88 位教师选择家长充分参与这个选项，占总人数的 86.27%。13 位(占 12.75%)教师选择认为家长参与程度一

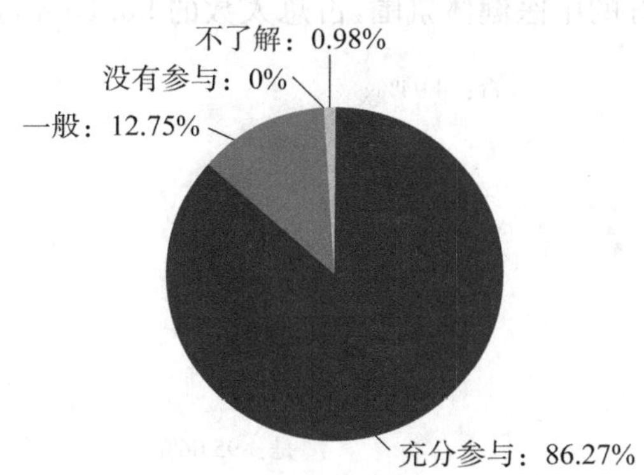

图 4-16　目前学校举行中医健体活动中，家长是否充分参与？(教师卷)

般。而针对“没有参与”这个选项，合计102位教师参与问卷，却没有一个人选择。这说明了学校真正做到了充分动员家长参与中医健体活动中来。

在校外：通过向学生提问“你是否会向家长传授你学到的中医健体知识”这一问题，共计778位学生选择“会”，占总人数的87.32%，113位（占12.68%）学生选择“不会”。这一结果一方面呈现学生能够主动进行分享，表达其对中医健体知识的喜欢，而另一方面体现了即便是校外，家长也能通过学生汲取中医健体知识，在学生的教和家长的学中达到一种新的互动平衡。

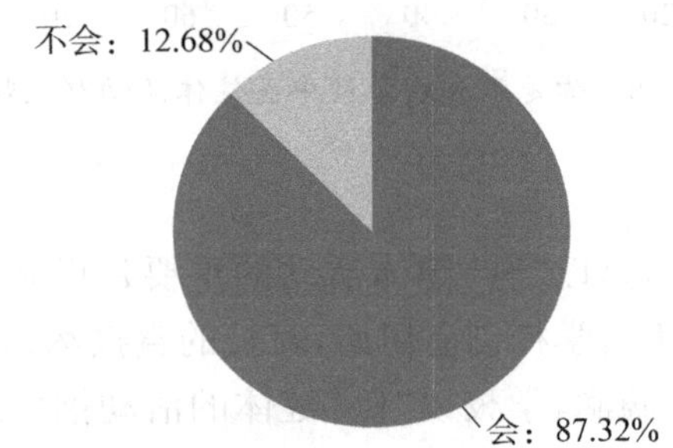

图4-17　你是否会向家长传授你学到的中医健体知识？（学生卷）

二、以“医”健体影响

（一）校内的健体生态建设

以“医”健体这一理念如一条岸堤五彩斑斓、花团锦簇的河流，在行进的路上，将中医特色体育课程、中医特色课间操、中医体育社团、中医特色食育等串成线，流淌在学生们的神采奕然中，漂流到教师们一节节精神饱满的课堂上，暗涌在家长们的默默支持里，最终实现了良好的体育生态建设……

在针对“你认为学校是否营造了很好的中医健体氛围”的问题中，847位学生认为学校已经营造了良好的中医健体氛围，占总人数的95.06%，这表现了学校体育融

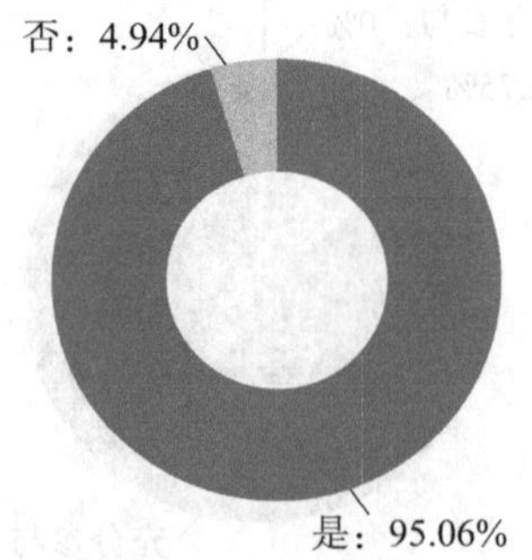

图4-18　你认为学校是否营造了很好的中医健体氛围？（学生卷）

通其他四育,为学生的身心健康发展培植了良好的土壤,能让学生充分参与饱含“天人合一”思想的以“医”健体活动中来,让学生在润物细无声中,通过中医健体活动,感受到中医文化的魅力。

(二) 校外辐射影响

校外的辐射影响由小而大,辐射到家庭、学区、社会。而这三方面的辐射影响都离不开“三主体”对中医健体活动魅力的充分感受、充分把握。

(1) 家庭辐射。

在“疫情期间,你每周大约有多少时间投入中医健体活动中”这一问题中,共有891位学生做出选择。其中,436位(占49%)学生选择0—30分钟,而有455位(占51%)学生在家通过中医健体活动锻炼超30分钟以上。更是有40人,每周坚持投入中医健体活动两小时以上。学生们随时随地都能灵活带动家长、老人一起通过五禽戏强身健体,让中医健体活动真正走出校园,进入千家万户。

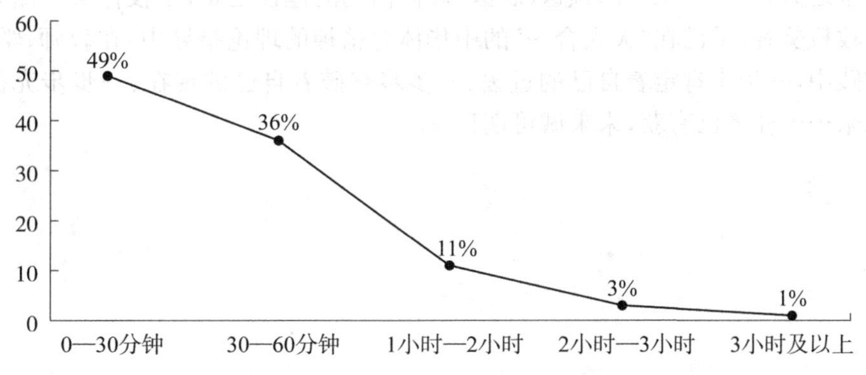

图4-19　疫情期间,你每周大约有多少时间投入中医健体活动中(学生卷)

(2) 学区辐射。

2019年,学校成为上海市闵行区梅陇学区联盟盟主校,在学区中发挥引领带动作用,协助学区打造具有中医国学特色的学区联盟,建构以中医药共建共享课程为核心,以一赛(区级中医药文创大赛)、一操(学区传统操比赛)、一景(中医药一校一品建设)为圆弧的中医药国学辐射圈。通过对传统中医健体的挖掘,进一步推动中医药的新热潮,在梅陇学区发挥辐射作用。

(3) 社会辐射。

学校自2019年4月起,通过“一课、一操、一团、一队”在校园推广五禽戏,是全国基础教育阶段的首所推广五禽戏的学校。2020年10月,学校五禽戏在《人民网》《新闻晨报》《东方教育时报》《新闻综合频道》《上海升学》等官方网址、电视频道和报纸频频报道,其中,在《人民网》点击量超过1 000万人次。这也引起了社会对以五禽戏为代表的中医健体活动进校园的广泛热议,推动了中华传统健体活动在全国范围进行内涵的不断挖掘、外延的不断扩充。

2019 年 9 月晶城中学被评为“教育部优秀文化五禽戏基地传承校”；2019 年 10 月被评为“闵行区体育传统校”；2020 年 10 月，校初中组女子团体荣获 2020 年上海市中学生羽毛球锦标赛第八名；2020 年 10 月，学校荣获 2020 年闵行区学生阳光体育大联赛广播体操比赛初中组二等奖；2020 年 11 月，荣获上海市拔河系列赛闵行梅陇站街镇组混合 640 公斤第三名；2020 年 12 月，荣获“上海市健康促进校”荣誉称号；2021 年 3 月，荣获 2020 年闵行区“健康校园”系列评选中的“健康促进校”荣誉称号；2021 年 7 月，荣获 2021 年上海市青少年体育俱乐部联赛射箭“优秀组队奖”；2021 年 11 月案例“弘传统文化，遵交通法规，促多元发展——晶城中学《自行车驾驶证》探索实践”荣获三等奖；2021 年 11 月，荣获闵行区教育局“弘传统文化，遵交通法规，促多元发展”微视频二等奖……更不用提在 2023 年 3 月上海市闵行区青少年射箭比赛中，学校师生不断勇创佳绩。

星星之火，却也燎原！回顾这以“医”健体活动的建设之路，学校伴着一路采撷而来的一枚枚奖牌，早已在“天人合一”的中华体育精神的理论指导中，在教师、学生、家长的实践中，一步步肯定着自己的过去、一步步突破着自己的现在、一步步充盈着自己的未来……往者已有获，未来诚可期！

第五章
以“医”蕴美:浸润心灵,让生命绽放光彩

中医药文化是中国优秀传统文化重要组成部分,晶城中学通过弘扬中医药文化,挖掘传统美学内涵,发扬传统美育精神。以发展中医药文化教育为抓手,立足学生发展需要发展综合性美育,提升中医药文化教育在中学教育的科学性和有效性,努力达到立德树人的根本培养目标,使具有中医药文化特色的美育成为学校在新时代发展的新动能。在帮助学生获取知识的同时,进一步陶冶情操,提高其艺术及文化素养。

第一节　中医文化融入美育的思想基石

中国在漫长的历史发展过程中留下了诸多宝贵文化成果,中医药文化是其中的突出代表之一,体现着丰富的美育理念。中医药文化教育是传统文化教育和素质教育的重要内容。在国家大力倡导美育的环境下,学校美育发展迎来了新的契机。因此,推动学生在学习和实践中传承和发扬中医药文化和传统技艺的同时,传承美育精神,提升美育素养,具有重要的现实意义。

一、以“医”蕴美的背景

(一) 学校美育发展现状

美是人类经过长期实践而被创造出来的,美育是学生素质教育的重要组成部分。苏霍姆林斯基指出:“美是道德纯洁、精神丰富和体魄健全的有力源泉。美育最重要的任务是教会孩子能从周围世界(大自然、艺术、人们的关系)的美中看到精神的高尚、善良、真挚,并以此为基础确立自身的美。”[①]美育是一种情感教育,通过各种审美活动,对学生进行情感教育,使学生在美的愉悦中接受教育,能够陶冶情操、美化心灵,提高审美鉴赏能力,促进身心发展。

学校是美育教育的主阵地。近年来,学校美育教育取得了较大的发展,但仍不甚

---

① 蔡汀,王义高,祖晶.苏霍姆林斯基选集5卷本(第1卷)[M].北京:教育科学出版社,2001:242.

乐观。我国中学普遍存在重知识技能、轻情感意志与人文素养的倾向，一些学校更喜欢使用知识单向灌输而非双向情感体验的教学方法，“填鸭式”“满堂灌”等应试教学方式在课堂教学中仍旧存在，缺乏对教学方式的优化，往往导致学生较差的教学体验。一些学校将美育单纯视为美术课和音乐课的教学，破坏了美育的综合性，学校美育在学校教育中面临边缘化的趋势。

中学生对于美育教育的兴趣和需求较大，但学校在美育教学方式、管理、宣传等方面存在不足，无法推动学生的全面发展。学生对美有基本认识，但对深层次的美育认知薄弱。当前中学多专注中考文化科目，对音乐、美术等艺术课程的重视程度普遍较低，专业教师少，课程体系不完善，教学方法、内容尚不丰富，教育成效不大。学生对美学理论、学校艺术课程了解较少，审美能力弱，较少能够主动学习，缺乏教师的专业指导，综合素养培养较少。在业余时间，学生阅读美学、艺术相关的书籍较少，且阅读程度较浅，美学素养缺乏培养。美育人文环境有待加强，美育氛围一般。部分学生进入高中或大学后，上课表现沉闷，与他人的接触和沟通交流较少，情感表达能力较弱，实际是缺乏美育教育的表现。在美育教育内容方面，也存在不平衡的现象，学生较为喜爱流行音乐、商业电影等贴近现代生活的艺术类型，对传统特色的音乐、美术较不感兴趣，无法深入思考和赏析作品背后的底蕴与价值。

面对当前学校美育发展中的短板和问题，2020 年 10 月，中共中央办公厅、国务院办公厅印发《关于全面加强和改进新时代学校美育工作的意见》，该意见针对学校美育发展的薄弱情况，强调要大幅提高对美育的重视程度，将美育作为立德树人的重要载体，发挥美育价值，弘扬中华美育精神，为新时代学校美育建设提供了政策依据与新的发展环境，具有重要指导意义。

学校高度重视美育在学校工作中的地位，基于区域特色和学校特色长期探索美育育人的实践路径与方法，为如何实施美育教育提供了丰富经验。

（二）中医药文化发展现状

中医药文化与中华优秀传统文化一脉相承，是中华民族特有的宝贵财富。在当代社会，中医药文化的地位和作用被重新挖掘，人们对中医药文化的需求和认知不断提升。另一方面，当前我国中医药文化发展仍然遇到较多困境，中医药发展投入长期不足，中医阵地严重萎缩。人们对中医药有关的知识和内容越来越陌生，在西医传入的背景下对中医药抱有不信任感，中医药文化传播范围不广，中医药文化进校园的途径和方法亟待创新。《中医药发展战略规划纲要（2016—2030 年）》指出，到 2030 年，中医药服务领域实现全覆盖，中医药健康服务能力显著增强，对经济社会发展作出更大贡献。要推动中医药进校园、进社区、进乡村、进家庭，将中医药基础知识纳入中小学课程。①

① 中华人民共和国国家发展和改革委员会. 中医药发展战略规划纲要（2016—2030 年）[EB/OL]. (2017-05-12)[2023-05-18]. https://www.ndrc.gov.cn/fggz/fzzlgh/gjjzxgh/201705/t20170512_1196760.html.

在当前弘扬中华传统文化、增强民族文化自信的时代背景下，增强对中医药文化的认同感和责任感，推动中医药文化进中小学校园已然迫在眉睫，而以“医”蕴美便是较好的切入点之一，有利于中医药文化的传承与创新。

二、以“医”蕴美的必要性

中华优秀传统文化历史悠久，内涵丰富多元，蕴含丰富的美学思想，对于提高文化认同感及民族自豪感具有重要作用。中医药文化作为中华优秀传统文化中的一部分，同样发挥着重要的美育价值。以“医”蕴美具有重要的现实意义，具体体现在学生素质教育、学生发展的内在需要、中医药文化的继承发展等方面。

（一）全面加强学生素质教育的要求

在科技进步、时代需要不断变化的背景下，基础教育改革势在必行。如何培养适应时代要求的高素质人才一直都是需要思考的重要问题。美育教育改革便是其中重要的切入口。当前我国高度重视中学美育工作，早在1999年，教育部发布《面向21世纪教育振兴行动计划》，文件指出美育不仅培养学生有高尚情操，还能激发学生学习活力，促进智力的开发，培养学生创新能力。

国家教育政策的出台为美育教育的发展提供良好的教育生态。2014年，教育部下发《教育部关于推进学校艺术教育发展的若干意见》，该意见指出“艺术教育能够培养学生感受美、表现美、鉴赏美、创造美的能力，引领学生树立正确的审美观念，陶冶高尚的道德情操，培养深厚的民族情感，激发想象力和创新意识，促进学生的全面发展和健康成长。落实立德树人的根本任务，实现改进美育教学，提高学生审美和人文素养的目标，学校艺术教育承担着重要的使命和责任，必须充分发挥自身应有的作用和功能”。[①] 2015年，教育部下发《教育部关于印发〈中小学生艺术素质测评办法〉等三个文件的通知》，该通知进一步规范了美育教育的开展。2018年8月，习近平总书记在给中央美术学院老教授的回信中强调，做好美育工作，要坚持立德树人，扎根时代生活，遵循美育特点，弘扬中华美育精神，让祖国青年一代身心都健康成长。

发展蕴含中医药文化等中国传统文化特色的美育教育，符合学科交叉融合的趋势，能够推动破解美育发展困境。2020年，中共中央办公厅、国务院办公厅印发《关于全面加强和改进新时代学校美育工作的意见》，该意见要求树立学科融合理念。加强美育与德育、智育、体育、劳动教育相融合，充分挖掘和运用各学科蕴含的体现中华美育精神与民族审美特质的心灵美、礼乐美、语言美、行为美、科学美、秩序美、健康美、勤劳美、艺术美等丰富美育资源。有机整合相关学科的美育内容，推进课程教学、

---

① 中华人民共和国教育部. 教育部关于推进学校艺术教育发展的若干意见[EB/OL]. (2014-01-14)[2023-05-10]. http://www.moe.gov.cn/srcsite/A17/moe_794/moe_795/201401/t20140114_163173.html.

社会实践和校园文化建设深度融合，大力开展以美育为主题的跨学科教育教学和课外校外实践活动。在教学改革方面，要求逐步完善“艺术基础知识基本技能＋艺术审美体验＋艺术专项特长”的教学模式。在学生掌握必要基础知识和基本技能的基础上，着力提升文化理解、审美感知、艺术表现、创意实践等核心素养，帮助学生形成艺术专项特长。成立全国高校和中小学美育教学指导委员会，培育一批学校美育优秀教学成果和名师工作室，建设一批学校美育实践基地，开发一批美育课程优质数字教育资源。推动高雅艺术进校园，持续建设中华优秀传统文化传承学校和基地，创作并推广高校原创文化精品，以大爱之心育莘莘学子，以大美之艺绘传世之作，努力培养心灵美、形象美、语言美、行为美的新时代青少年。

发展美育教育是“十三五”规划、“十四五”规划中的重要内容。《上海市学校美育发展“十四五”规划》中指出，到 2025 年，基本形成学校美育合力，进一步整合校内外艺术资源，持续深化学校美育教育教学改革。学校美育教育教学改革进一步深化，美育课程、美育师资、美育环境建设全面加强，推进机制和评价体系科学高效，学生的审美和人文素养在教育质量全面提升中得到显现，基本形成中小学优质均衡化、高校全面通识化、专业教育精品化、大中小学高度一体化的具有社会主义国际大都市水平的现代化学校美育工作体系。此外，报告中还强调要深化美育教学改革，推动学校美育教学特色发展。[①] 可以看到，当今社会的发展需要高质量的美育教育。而将中医药文化融入美育教育这一创新之举，能够推动新时代美育教育的改革与发展。

（二）学生发展的内在需要

没有美育的教育是不完整的教育。美育教育能够有效提高学生的鉴赏能力与审美能力，在教育中发挥着重要而独特的作用。美育是完善知识体系的重要途径，美育是发展学生德育、智育不可缺少的内容。蔡元培强调：“美育者，应用美学之理论于教育，以陶养感情为目的者也。美育者，与智育相辅而行，以图德育之完成者也。”[②]王国维也说：“美育者，一面使人之感情发达，以达完美之域；一面又为德育与智育之手段。此又教育者所不可不留意也。”[③]美育与德育、智育、体育及劳育相互协调，共同促进学生的全面发展。

美育教育能够培养学生的人文素质，促进学生对精神生活的追求，增强学生对身边美的感知，发现生活中的真善美，全面提升自身的艺术素养。美育教育是人格教育的重要组成部分。赞科夫指出：“审美发展和道德发展是密切联系的。对于美的欣赏可以使人变得高尚起来。美能唤起人的善良感情，如同情心、忠诚、爱、温柔等。感情

① 上海市教育委员会. 上海市教育委员会关于印发《上海市学校美育发展“十四五”规划》的通知(2022-01-24)[2023-06-12]. https://www.shanghai.gov.cn/gwk/search/content/0d8c6aae4fcb46a3a6bbce56091be176.

② 蔡元培. 蔡元培教育文选[M]. 北京：人民教育出版社，1980：195.

③ 王国维. 论教育之宗旨[J]. 教育世界，1903：56(2).

会在人的行为中成为一种积极作用的力量。”①加强美育教育是“以人为本”的体现，美育教育使学生产生正确的价值观与人生观，引导学生树立未来人生发展的正确方向。立德树人是中国传统文化中美育精神的重要内容之一，学校通过弘扬中医药文化，挖掘传统美学内涵，努力达到立德树人的根本培养目标。

(三) 与时俱进发展继承中医药文化

将中医药文化融入中学美育教育，也有利于中医药文化的繁荣和发展。中医药文化能够与美育巧妙地融合汇通，学生可以通过美术、音乐、书法等艺术实践，感悟中国传统艺术的魅力，体会到中医药文化的博大精深，加深对中医药文化的理解和认同，并进一步自觉弘扬中医药文化。中医药文化与中国传统文化间有着内在紧密的联系，通过在课堂教学当中渗透中医药特色的美育，引用中医药名家、中医药故事等，能够使课堂更加生动，拓宽学生的知识面，对学生理解中医药文化有着促进作用。

三、以“医”蕴美的价值

(一) 提高学生审美能力和审美素养

在美育过程中，中学生能够通过艺术作品进行丰富的想象和联想，体验到自然和社会美，进而发现美、认识美、创造美。如通过欣赏《月光曲》，学生可以了解到贝多芬创作时内心的感受和体验，激发起内心对大自然、美好生活的向往。“艺术教育是非功利的，非程序性的，是具体而微、随时随地在每位学生、每个阶段，甚至每件作品中寻求当下的沟通、指涉、领悟。这一随机的过程——而不是预定的程序——重视体验与经验，问题与可能性，激发好奇心与热情，并以此检验学生的智能与品性：它开放给未来，落实为人人。”②学生通过创作和欣赏中医药特色的艺术作品，能够自然而然地对其进行深入考察和理解，进而体会其背后所蕴含的精神。

(二) 养成学生健全人格

美育是关照人与人直接情感体验与感受的教育，能够唤醒学生的爱心与同情心。美育能调节人与人之间的关系，当人们在和谐的气氛中，会产生愉悦感和安全感，这种安全感来自对周围环境中各种事物关系的一种审美体验。“应该帮助儿童能通过艺术深刻了解自己的思想感情，更加明确地去思考，更加深刻地去感受；要帮助儿童把这种认识自己的能力变成认识别人的工具，变成更加密切地与集体联系起来的工具，变成通过集体和别人一起成长，并且一起走向崭新的，充满了深厚而有意义的感情的生活的工具。”③美育能够促使学生与他人平等友好相处，形成和谐的人际关系。

美育可以使学生形成良好的心理状态。美育不仅可以提高学生的审美能力，还

---

① 赞科夫. 和教师的谈话[M]. 杜殿坤，译. 北京：教育科学出版社，1980：121.

② 陈丹青. 退步集[M]. 桂林：广西师范大学出版社，2005：414.

③ 克鲁普斯卡雅. 克鲁普斯卡雅教育文选[M]. 卫嘉，译. 北京：人民教育出版社，1959：602.

可以使学生产生一种积极良好的心理状态。当前中学生普遍学习压力较大,有些中学生无法找到合适的调整心理状态的方式。审美教育的过程就是美的愉悦过程,美育可以使人们心情舒畅,身心放松,学生能够通过艺术实践活动放松自己,保持乐观心态,缓解日常压力。这些美感、愉悦等情绪状态是积极的、健康的,能够促进学生健全人格的形成和心理健康水平的提高。

美育能够促使人们追求精神生活。当今社会人们物质生活高度发展,但往往容易忽视对精神生活的追求。部分学生也较容易受这种趋势影响,更加注重物质享受,而轻视精神生活的养成。精神生活即需要拥有一个丰富的内心世界,在艺术中就是对美的追求。美育可以使中学生产生愉悦的心情,从而有助于培养学生积极进取的态度和乐观向上的人生态度。艺术教育不仅使人在审美愉悦中得到精神上的升华和净化,也使人在美的愉悦中增加对生活的体验,得到精神上的充实和满足,产生正确的价值观与人生观。

(三) 促进学生全面发展

1. 美育促进中学生智育进一步发展

加强美育教育是推动新时代教育高质量发展的重要内容。苏霍姆林斯基强调:“我们发展学生在艺术创作方面的才能,其目的并不是要把音乐或绘画作为他们未来的职业(那是专门学校的任务)。我们的职责是,全面地发展每个学生的个性,发现他的禀赋,形成对艺术创作的才能,以便使他享有一种多方面的完满的精神生活。”①美育以多种形式培育学生感知审美趣味,审美鉴赏能力,激发学生想象力与创造力,促进学生全面发展。

美育教育可以进一步开发大脑潜能,激发创新性思维发展,调动思维活力和积极性,创造智力教育的内在动力。美育能够陶冶学生情操,培养中学生健康的审美情趣,进而帮助他们树立正确的审美观和价值观,使中学生在学习知识时更具有创造性,从而有利于提高学习效率。

中医药文化的内核精神能够扩宽学生的思维角度,增强思考和探索的多样性。中医药文化是中华优秀传统文化的重要组成部分,具有严密的逻辑体系,是中国古代科学和技术的结晶。中医药传统文化知识、中医药发展史、中医药养生文化、中医药健康科普等能够增强学生学习的趣味性,激发学生学习科学文化知识的兴趣,丰富学生的知识体系,为学生提供了认识世界和改造世界的新的角度。在教学过程中,通过中医药文化特色的美育教育,培养学生发现、分析和解决问题的能力,从而促进中学生智力发展。

2. 美育是学生德育的有益补充

培养高尚道德情操对中学生教育具有重要意义,是教育的根本目的之一。学生

① 瓦·阿·苏霍姆林斯基.给教师的建议(下)[M].杜殿坤,编译.北京:教育科学出版社,1981:120.

是国家的未来和希望，他们的思想道德状况不仅关系到自己的前途，也关系到整个国家、民族和社会的未来。

美育是促进中学生德育发展的重要因素。孔子指出：“兴于诗，立于礼，成于乐。”通过美育教育，学生能够形成正确的审美意识，使学生得到心灵的净化。人类在长期实践中保留了大量富有价值的艺术作品，蕴含着诸多积极向上的精神力量。在美育过程中，中学生能够通过欣赏艺术作品来理解人生价值与社会价值，体会到追求美好生活的精神力量，丰富自身精神世界与人生体验，从而促进学生自身人格的塑造，树立良好品德。

第二节　以“医”蕴美的基本概况

晶城中学自2017年9月1日正式开办，建校7年来，不断探索优化美育育人的实践路径和工作机制，将中医药文化特色的美育融进学校育人的全过程，建立了全方位的美育教育体系，促进美育融合课程建设，成为学校“一校一品”特色中的重要组成部分。学校对艺术教育设置了相关指导思想：第一，艺术教育是学校实现办学理念“天人合一，情理相融”的重要途径；第二，把艺术活动看成是增强学生艺术素质、培养良好行为习惯、修养学生气质的重要载体；第三，将感受美、欣赏美、表现美、创造美作为全校师生共同的追求。学校积极贯彻学习国家和上海中长期教育改革和发展规划纲要及发展美育、中医药文化教育的精神，不断发展深化美育教育。

一、天人合一：构建情理校园环境和氛围

学校注重树立大美育观，而非局限于仅将音乐、美术等艺术教育课程等同于美育教育，形成全方位开展美育教育的格局。学校高度重视校园环境的建设，为学生提供一个舒适、美好的学习和生活环境。学校在校园文化建设中注重彰显美育元素，对校园环境和氛围进行了全方位、一体化的设计，在设计中融合审美认知，在潜移默化中渗透审美元素，创造良好健康的审美环境，令学生感受到美的力量，提升学生对美的想象力和创造力。同时，以广大师生的相关需求为导向，提供优质服务。

（一）人文环境的设计

学校在大量理论探究和实践的基础上，进行文化整合和理念提炼，形成了中医药特色的美育文化。文化建设属于最高层次的学校建设，学校文化建设是学校品牌建设的“根基”与“灵魂”。学校人文环境是文化育人的重要途径，“对周围世界的美感，能陶冶学生的情操，使他们变得高尚文雅，富有同情心，憎恶丑行。”①学校坚持以实

① 瓦·阿·苏霍姆林斯基.和青年校长的谈话[M].赵玮，等译.上海：上海教育出版社，1983：102.

现“让学校成为师生终生留恋的地方”办学愿景为导向，努力践行“尚善求真”的校训，创建一所具有中医药特色的、以弘扬中华传统文化为己任的，个性化、现代化、国际化的学校。基于这一办学目标和理念，学校对学校人文环境进行了精心布置和整体设计，校园里处处渗透美的元素，努力营造无处不在的中医药文化氛围。

学校注重通过设计建筑风格打造以美育人的校园氛围。陶行知指出：“校有校容，有其内必形诸外，我们首要重艺术化的校容……我们所要的校容不是浪费的盛装，而是内心的艺术感所求的朴素的表现。我们的校容要井然有条，秩然有序，凛然有不可侵犯之威仪。”[①]晶城中学以“传统与时尚并存，传承与创新并举”为建设思路，在楼宇设计方面，学校建筑呈灰白色调，整体为传统徽派风格建筑群，给人以厚重的历史感。学校从上千味中药中选出兼具育人价值的四味中药，命名四栋教学办公楼，分别为远志楼、厚朴楼、佩兰楼、凌霄楼，使学生能够沉浸在浓厚的中医药文化氛围之中，体验中医药文化的独特韵味。

在晶城中学，校歌、校徽、校标等文化符号均以中医药文化为主题。在教室、走廊、艺术墙等处也渗透着中医药文化，分布着与中医药文化有关的图片、文字等。学校设置创新实验区，包括思邈馆、本草园、中草药种植小公园等，在走廊文化区，则宣传中医药名人故事、中药材数字故事等。此外，学校还设置了休闲阅读区，布置了四季二十四节气主题坊，让学生深刻感受四季变化。

学校在图书馆、美术教室、梦想剧场、书法教室等处渗透传统文化元素，陈设古香古色。此外，学校还建设了本草园、中药房等特色教室。这些场地的设置使师生都能感受到浓浓的中医药文化氛围，不仅为学生的学习生活提供便利，也使学生在潜移默化中感受到校园环境所承载的美。

学校秉承“天人合一，情理相融”的核心办学理念，将中医药文化的精神和理念融入校园环境的各个角落中，引导学生学会关注身边的点滴，实现了校园环境的使用功能、审美功能和教育功能和谐统一。

（二）引入学校日常管理服务

学校日常管理服务是校园美育氛围营造的重要组成部分。通过将美育引入学校日常管理服务，用美的语言、美的行为服务师生，使师生获得良好的审美体验，是学校“立德树人”根本任务的重要体现。

学校提出“人人都是教学工作者”的理念，每一位教职员工都是教育的承载者，在教育工作中，始终坚持以学生的发展为本，注重激发全体教职工的服务意识，以广大师生的相关需求为导向，做好后勤保障工作，完善部门服务制度和服务体系，全心全意为学校教学工作服务。学校制定了人性化的管理制度，为学生、教师、家长三主体提供高质量服务的管理模式，做到情理育人，使教师能够在充满美感的环境中进行教

---

① 陶行知. 陶行知文集[M]. 南京：江苏人民出版社，1981：709.

学，使学生能够在愉悦的氛围中成长，这也让家长十分满意。

在部门架构方面，校长室下设行政服务中心、德育中心、教学中心，党总支下设工会和团支部，明晰各部门的职权范围，拉近与师生的距离，以便更好地为师生服务。学校建立完善的会议制度，每月举行一次行政扩大会议，每周举行一次教工大会和家委会议，定期邀请专家进行指导。

学校充分运用数字化手段，建设校园一站式平台，统计分析学生的个性化选餐、借阅书籍、选课结果、考勤记录等，实现可视化、个性化管理，体现校园内科学有序的美感。

学校还举行了多样化的服务活动，通过举办“每天一次评价”“每周一次爱心陪伴”“每周一次家校沟通”“每月一次主题活动”“每学期一次成长导师”等活动，形成以美润德、以情激智、以美益劳、以美健体的情善理真育人成效。

学校结合“情理校园”的核心理念，渗透了丰富的美育思想，构建了一套颇具特色、互相协调的管理制度，完善了学校管理，实现学生自我管理，促进学生全面发展。

二、面向人人：建设美育特色课程体系

《上海市学校美育发展“十四五”规划》中指出，以学生全面发展为中心，构建“艺术基础知识与技能＋艺术审美体验＋艺术专项特长”的教学模式，鼓励学生积极参与美育特色项目，引导学生学会发现美、体验美、欣赏美和创造美，确保学生形成1—2项艺术特长。鼓励学校特色发展，打造一批美育“名学校”。①

除了校园环境的建设之外，学校还充分发掘中医药文化中的教育价值，引入校园生活和课程之中。学校凝聚各方力量，深化教学改革，树立了较高的课程意识，努力建设“情理”课程，遵循美的规律和教育规律，对课程体系进行整体架构，将美育贯穿于学校教育各门课程之中，建立并且在实施过程中不断完善提高。

学校以“全面发展，特色成长”为总体目标，坚持高标准、高品质，将课程类型分为基础型、拓展型和探究型课程，低年级学生以普及型课程为主，高年级学生则以拓展型课程和探究性课程为主，这些课程均充分结合了学校的办学理念和课程理念。在各种类型的课程中，晶城中学各学科定位了相关的美育课程目标，确保能够逐项落实。在基础型课程方面，学校大力建设音乐课程、美术课程，夯实学生美育基础，推动美育教学走实走深，强化美育育人功能。

学校注重通过挖掘中医药文化的底蕴和价值，弘扬中华美育精神，着力引导学生体验美的同时，提升美的素养，学习科学文化知识，感受中医药文化的魅力。在具体

---

① 上海市教育委员会．上海市教育委员会关于印发《上海市学校美育发展“十四五”规划》的通知[EB/OL]．(2022-01-24)[2023-06-12]．https://www.shanghai.gov.cn/gwk/search/content/0d8c6aae4fcb46a3a6bbce56091be176.

教学中,深度融合地方特色文化和中医药文化,以激发学生的学习兴趣。如在音乐课中,特别开设了中医沪语童谣教学,中医沪语童谣的作曲、钢琴伴奏由学校教师陈文婷完成,词来源于明代的医学典籍,通过音乐课堂中的练习和创作相结合,目前已完成《十九畏》《薄荷》等作品。中医沪语童谣受到学生的欢迎,一位学生认为"生姜性温,通畅神明;咳嗽呕吐,开胃即灵"这一朗朗上口的中医药歌谣传遍了晶城中学的校园,让大家感受到中医药文化在校园里的传承和发扬。中医药文化走进了晶城中学的校园,不仅播撒了传承中华优秀文化的种子,还能增强青少年的健康意识,从小养成正确的生活习惯。从教师角度而言,中医沪语童谣的教学有效贴合了音乐教学目标和育人目标,提升了教学质量,进一步实现了音乐教学目标和育人目标。中医沪语童谣主要由教师创作、学生参与,能够拉近教师与学生的距离,调动学生的学习积极性和创造力。同时,通过教学和创作相结合,促进了教师本身的成长。从学生角度而言,中医沪语童谣较为新颖,通俗易懂,结合了本土特色,学生易于接受和学习,在学习音乐的过程中还能够感受到中医药文化的智慧。

在拓展型课程方面,学校开设了运动与健康、语言与人文、艺术与审美、数理与科技、品德与社会等专题教育、社团活动。其中,与美育相关的就有古筝拓展课、合唱拓展课、民乐拓展课、戏剧拓展课等。每周五下午,学校以拓展课形式开设了10门"中医药+"拓展型课程。学校致力于促进美育融合课程建设,推进研究性学习的实践和研究,培养学生跨学科学习的能力和尚善求真的精神,提升学生在实际情境中发现问题、解决问题的能力,使课程更加彰显育人本色。

探究型课程是提升学生核心能力素养的重要途径,学校结合本土特色和校内外优秀资源,进一步加强五育视野下学科拓展课程和中医药特色课程建设,开设丰富多样的探究型课程,包括环保、心理、科技、艺术、人文、社会调查六大特色课题群,在美育方面开设了"光和彩的世界""小记者摄影""视频编辑""茶艺""国画"等。"光和彩的世界""国画"等引导学生通过各种艺术形式认识客观世界,用美的视角观察现实生活。"小记者摄影""视频编辑""茶艺"等锻炼了学生的动手能力和创新能力。在课程评价方面,学校每学期组织艺术教师对学生的成绩评定、展示记录等进行汇总与整理,同时借助学生电子成长评语平台,认真完成教师评语、学生互评、自我评价等填写,如实记录每一名学生的艺术素质测评结果,并纳入学生综合素质档案。这些课程均与实际生活密切相关,颇具现实意义,注重培养学生的实际工作能力和生活能力,提高学生的综合素养,增强学生团队合作探究的能力,为学生提供全面展示自我的平台,充实学生精神世界,促进学生对美育的认识与理解。

三、百花齐放:创设多元美育实践活动

学校美育具有深厚的文化底蕴。蔡元培十分强调艺术实践活动,他表示:"应提倡美育,使人生美化,使人的心灵寄托于美,而将忧患忘却。于学校中可实现者,如音

乐、图画、旅行、游戏、演剧等，均可去做，以之代替不好的消遣。”①中国传统艺术具有丰富的表现风格、表现形式、技法等，具有独特的美学气质。学校有效将中国传统艺术和现代元素进行结合，使中国传统艺术焕发新的活力，并通过开展多种形式的艺术活动，推动传统艺术的传承与发展。学校致力于将美育理念渗透于具体的学校实践活动中，结合中医药文化等优秀传统文化，采用中西方艺术形式，形成美育系统活动，引导学生感受美、创造美。

（1）艺术类社团活动。

学校立足于现有师资、场地、设施等条件，广泛开展各类艺术兴趣课程与社团，为学校社团的建设和发展提供了充分的发展空间，提供了充足的指导和支持。结合传统文化和中医药文化优势，针对晶城学生的学情和兴趣爱好，学校建设了陶笛社、京剧社团、戏剧社团、舞蹈社团和合唱团等艺术社团，涵盖文化艺术、民族传统文化等领域，涉及音乐、美术、书法等艺术学科。在每周五 13：30 至 15：25 开展艺术团队实践活动，美术社团活动也会通过劳技课的形式进行，充分建设美育的育人环境，极大增加了学校的文化氛围和艺术气息。

晶城中学合唱团成立于 2018 年 9 月，以“让学生接受艺术熏陶，培养兴趣，发展学生个性、情理相融、弘扬民族文化”为宗旨，开展诸多艺术交流活动。校园合唱团的活动十分受欢迎，吸引了大量的学生参与。在合唱团的演出中，学生们可以展现自己的音乐才华，同时锻炼团队协作能力和人际交往能力。学校合唱团定期组织排练和演出，让学生有机会在舞台上展示自己的才华。合唱团还参与校内外各种比赛和文艺活动，获得过各类合唱比赛的诸多荣誉，为学生校园文化生活增添色彩。

学校艺术社团开展了丰富多样的艺术活动，学生能够根据自己的兴趣爱好进行自由选择。学校艺术社团为学生提供了展现自我的机会，学生通过深度参与社团艺术活动，表达自己的思想感情，锻炼艺术创造能力，激发学习热情。通过亲身参与美育活动，体验人生的真、善、美，学生能够感受到美的内涵，最大程度受益于美育的育人价值。

（2）艺体节。

除常规的艺术社团活动外，学校每学年均开展校园艺术体育节活动。校园艺体节是精神文明建设的亮丽风景线，是学校实施素质教育的重要载体。它能够丰富学生多彩多姿的校园文化艺术生活，培养中学生健全的人格、拼搏的精神，增强学生的美感体验，培养欣赏美和创造美的能力，有效营造出“高雅、美丽、活力”的校园体育艺术氛围。每届艺体节均设置相应主题，涵盖形式多样的艺术活动，丰富了学生的业余生活。如学校第一届校园艺术体育节活动，以“多彩校园，健康生活”为主题，其中艺术活动主要包含三部分活动，第一部分是“乐韵传晶城”活动，设置“乐美晶城”器乐大

① 蔡元培. 蔡元培教育论集[M]. 长沙：湖南教育出版社，1987：289.

赛和“唱响晶城”班级合唱比赛，“乐美晶城”器乐大赛给予学生充分展现才艺的机会，锻炼学生音乐演奏技艺，“唱响晶城”班级合唱比赛能够加强班级凝聚力，推动形成“班班有特色，人人有发展”的良好局面，展现学生昂扬向上的精神面貌。

第二部分是“妙笔绘晶城”活动，包括“妙笔巧手”美化校园布置和“人人都是设计师”校园吉祥物设计大赛，通过美化校园布置，学生能够学习美的具体实际应用路径，增强审美能力，在这一过程中发挥自己的想象力，创造出各种形式的装饰品、艺术品等，了解各种美术材料和布置技巧，让学校变得更加美观，增强学生的归属感和自豪感，培养学生的主人翁观念，为校园的美添砖加瓦。校园吉祥物设计大赛可以让参赛者发挥创意，通过设计校园吉祥物形象为学校增添活力和文化底蕴，丰富学校的形象。这不仅可以丰富学生的课外生活，而且有利于学校的文化建设，打造品牌形象，激发学生的创美意识和能力。

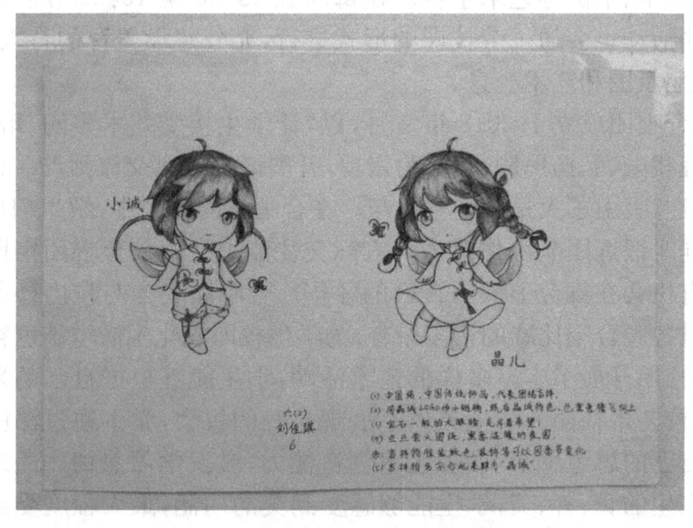

图 5-1 “人人都是设计师”校园吉祥物设计大赛作品

第三部分是“多彩艺术耀晶城”活动，包括“光影之间，领略电影艺术”电影观摩活动、“新时代·中国梦·我的故事”演讲艺术展示、“科普秀场，创新科学艺术”科学秀活动、“走进廊下，体验民间艺术”社会实践活动，通过观赏电影可以了解不同的历史文化背景和自然人文景观，通过演讲可以学习表达技巧和思考方式，通过科学艺术可以了解科学知识和锻炼创新思维，通过民间艺术能够了解传统文化和民俗习惯。如此一来，学生可以从不同的角度去感受艺术，更加全面地了解艺术，拓宽自身的视野和思维方式，提升审美水平和文化素养。

2019 年 4 月，学校第二届校园艺体节正式开幕，此次艺体节的艺术活动以“陶笛”为核心，兼有个人和集体风采展示。在个人比赛方面，首届“笛声飞扬”陶笛大赛，评分标准涉及陶笛演奏的节奏、音准、音色，演奏作品的难易度，精神面貌及台风等，优秀者能够有机会获得导师进一步的专业指导并参加学校迎新文艺汇演。陶笛大赛为广大喜爱陶笛的学生创设交流、学习的平台，提高学生的表演能力，激发学生积极的表演热情，培养对文化艺术的审美能力。此外，举办了“风雅陶笛，古风之美”陶笛绘画比赛，六年级以中国古诗词为主题设计陶笛，七年级以中草药文化为主题设计陶笛，以此丰富广大同学的课余生活，锻炼动手实践能力，同时促进对中医文化的了解和传承。“乐陶宝贝”陶笛吉祥物设计比赛要求学生结合陶笛特色文化设计和学校特色设计陶笛吉祥物，注重融入中国传统文化元素，提高学生制作陶笛的艺术表现力，培养学生动手动脑能力。学生在这些比赛中，积极发挥了自己的想象力和创造力，涌现了不少创意，提升了自身的艺术素养。

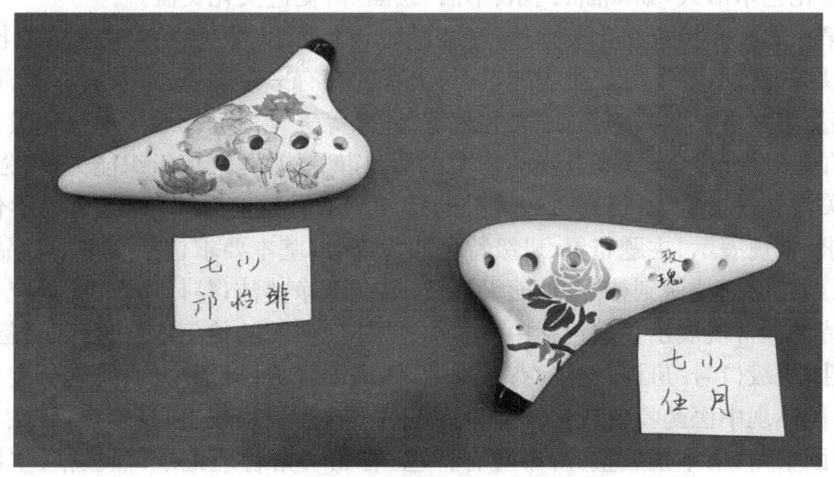

图 5-2 “风雅陶笛，古风之美”陶笛绘画比赛

在集体比赛方面，学校举办了“陶韵诗词，醉美晶城”班班有笛声陶笛大赛，比赛以“古诗词”为主题，表演曲目皆选自谷建芬所创作的 10 首古诗词歌曲，风格和内容各有不同。各班级均集思广益，精心编排演出内容，呈现了自己的特色和创意，为大家带来美的享受。这一过程进一步拓宽了学生的知识面，培养了学生对传统古诗词文化艺术的审美能力，丰富了班级文化内涵，展现了学生良好的艺术素养和积极向上的精神风貌。

学校通过举办校园艺术体育节活动，营造校园浓厚美育氛围，完善校园美育平台，产生了众多优秀艺术作品。如柏拉图所言：“节奏和乐调有最强烈的力量侵入心灵的最深处，如果教育方式适合，它们就会拿美来浸润心灵，使它也就因而美化……受过这种良好音乐教育的人可以很敏捷地看出一切艺术作品和自然界事物的丑陋，很正确地加以厌恶。但是一看到美的东西，他就会赞赏它们，很快乐地把它们吸收到心灵里，作为滋养，因此自己性格也变得很高尚优美。”①在缓解学生课程学习压力的同时，这些活动引导学生养成正确的审美观和审美能力，提高学生综合素养，助力学生全面发展，推动形成“三全育人”新格局。学校高度重视美育的教学与实践，进行了内容丰富、形式多样的实践探索，不断扩展中医药特色的美育内涵，将美育教育理论贯彻于中学教育的全过程中，努力提高学校学生的美学素养。

(3) 传统文化节。

学校定期举办传统文化节，让学生更好地了解和传承传统文化，感受到传统文化中的美。在“天人合一”的思想指导下，学习与传承中华民族优秀传统文化，弘扬中华传统美德，促进中华优秀传统文化教育在学校深入开展，引导学生增强民族文化自信和价值观自信。在传统文化节上，科学设置了众多与美育教育有关的活动，展示了各种传统文化艺术形式，如戏曲、民乐、书法、绘画等，促进文化交流。

以第一届校园传统文化节为例，学校精心设计了以“传统滋养美德，文化润泽心灵”为主题的活动，并下分三个主题，均与美育教育有一定联系。主题一为“营造传统氛围，感受美好文化”，其中包括“书香教室”评比等美育活动。学生通过积极参与“书香教室”的建设和设计，提高自身的艺术水平和审美能力，锻炼组织能力，增强对教室环境的关注和爱护意识，提高对环境美的感知。“书香教室”的评比具有科学性，分为基本要求、常规展示、主题布置、班级特色四大部分，基本要求包括教室的物品摆放要整齐；课桌椅的摆放做到整齐；地面无垃圾，讲台干净整洁；整体协调、布局统一，能体现传统特色。常规展示要求包括中队名称：能体现传统的价值取向；班级目标：明确，有激励性；班级口号/班训：精炼，有激励性，体现语言美；班级公约：明确行规要求，有激励性，能体现中医药特色或传统文化特色；公告栏：课程表、值日生表，张贴有序，要求明确；图书角：书本摆放整齐，布置有特色，有图书角管理记录；黑板报：主题明确，内容丰富，画面美观。主题布置包括主题展示区，围绕主题进行布置，如手抄报、照片、漫画；学习展示区，布置美观，主题明确。班级特色要求能呈现班级独特的文化风貌，具有教育功能。

通过“书香教室”的建设和设计，充分展现不同班级的文化特色，营造良好的读书氛围，发展学生阅读和学习的兴趣，提高专注力和学习效率，为学生提供一个更好的学习体验，增强学生的综合素质，使学生能够在舒适、整洁、优美的环境中进行学习，促进学生美好心灵的形成。

主题二为“探访国学精粹，研究地方特色”，其中包括“聆听传统艺术：京剧进校园”等美育活动。京剧是中国传统文化中的重要艺术形式之一，融合了音乐、舞蹈、戏剧等多种艺术形式，具有很高的艺术价值。在此次传统文化节的第一周，晶城学子聆听了上海京剧院傅希如先生《不近梨园，怎知京彩如许》的讲座，晶城学子都被傅先生

① 柏拉图. 文艺对话集[M]. 朱光潜，译. 北京：人民文学出版社，1963：62 - 63.

所讲述的魅力梨园和京剧瑰宝深深吸引。讲座刚开始,上海京剧院京胡演员周教师为大家带来了京胡演奏。琴弦声起,古韵悠长。开场的这一段京胡让在场所有人仿佛身披戏服、摆起起势,融入京剧的世界。之后,傅先生展示了京剧的表现手段,唱念做打精彩演绎,唱段、调式、板式、韵白、京白等梨园特色文化引人入胜。傅先生又演绎了一段传统京剧《野猪林》中的韵白,精彩的旋律与节奏铿锵有致,引来全场喝彩。此外,傅先生还教授学生们如何用韵白念自己的名字,带领全体学生学唱《智取威虎山》中的著名唱段。"来日方长显身手,甘洒热血写春秋",余音不断,声声传晶城,晶城学子与傅先生一同徜徉于梨园魅力中。晶城学子用经久不息的掌声感谢了傅希如先生的精彩讲述和演绎。

同时,学校还安排学生到剧院观看实景的京剧表演,使学生对于国粹京剧的认识进一步加深。表演现场还邀请了一支闵行京剧票友协会的京胡演奏团队,专业的演奏教师和志同道合的老年大学的爷爷奶奶们,一起为学生们献上了精彩的表演。一开始的《梨花诵》和打龙袍《龙驹凤辇进皇城》为京剧文戏的经典桥段,唱腔韵味醇厚,悠扬委婉,声情并茂,令人惊叹;而后的经典武戏《三岔口》以形传神,神形兼备。紧凑精彩的武打,且不乏幽默,在亮堂的剧场之中,两人摸黑对打惟妙惟肖,体现京剧的特色。在《三岔口》片段之后,上海京剧院的专业演员邀请学生上台学习,令学生们真正意识到这简单的一招一式都需要十年之功才能练好,京剧演员的身型和动作都极富艺术张力。随后的红灯记选段《光辉照儿永向前》《铡美案包龙图打坐在开封府》、现代京剧《沙家浜》片段《智斗》、梅派经典剧目《贵妃醉酒》也引起了学生极大的兴趣。京剧进校园采用演出、讲座等方式,为学生提供了接触和学习京剧的机会,能够让学生了解到京剧的历史渊源,近距离了解京剧的剧情、唱腔、表演技巧等方面的知识,观

图 5-3 "聆听传统艺术:京剧进校园"活动

看京剧大师精湛的表演，深入了解中国传统文化中的美学观念，有利于京剧的传承和发展，加强对传统文化的认识和理解，传承和弘扬传统文化，发现传统文化中独特的美，促进学生文化素质和审美能力的提高。

主题三为“走进中华经典，演绎文化之美”，包括课本剧、“书写民族精粹：软硬笔书法比赛”“欣赏丝竹之美：民乐团展示”等美育活动。课本剧让学生们选择自己喜欢的课本内容，并进行剧本创作、编排和表演，理解和表达剧本中的情感和内涵。一方面能够使学生更加理解课本的内容，另一方面也能通过表演深入理解剧本中的角色情感和内心变化，提高他们的表达能力和情感认知。同时，通过在学校进行表演，学生得以提升团队合作能力和创造力。硬笔书法比赛能够提高学生对书法的认识和理解，锻炼学生的毅力和耐性，提高学生的综合素质。书法艺术不仅仅是一种技能，更是一种文化传承和人类智慧的结晶。通过研习书法，学生得以发现文字中的美，感受书法艺术的魅力和价值，激发对书法艺术的兴趣和热爱，体悟书法作品所传达出的情感和意境，带来美的享受和精神上的满足，从而更好地理解和欣赏中国传统文化。民乐团展示是学生进行民乐练习和实践的成果，通过演奏传统的民族音乐，将传统音乐的情感和内涵传达给观众，不仅让民乐团成员们和听众感受到传统音乐的美妙，更能够让学生了解和感受到中华文化的深厚底蕴。在日常练习和演出过程中，民乐团成员们不断地探索和发掘传统音乐的魅力，让这些古老的曲调在现代得到传承。通过民乐团展示，传播和弘扬中华传统文化，让更多的人了解和喜爱传统音乐。

(4) 国际文化节。

学校每年举办国际文化节，并通过诸多有趣、有意义的美育活动，推动学生了解世界不同文化。中华优秀传统文化已经成为中华民族的基因，植根在中国人内心，潜移默化地影响着中国人的思想方式和行为方式，而“天人合一”的思想理念更强调包容与传承。也是因为包容与传承，中华文化才能绵延几千年却越来越有生命力。从古代丝绸之路，到现代改革开放，我们的民族文化融合了很多外来文化的优秀传统，因此而迸发出勃勃生机。立足传统，放眼国际，才能培养出既具有传统素养又具备国际视野的人才。学校第二届校园国际文化节与端午节活动结合举办，其中一个活动就是鼓励学生进行香囊制作。文化节期间，学校梁清锋教师还详细介绍了端午节的名称来历，以及裹粽子、赛龙舟、饮雄黄酒、佩香囊、挂艾叶等民间习俗。端午节制作香囊是学校一项特色活动，这既是对民俗文化的传承，也与学校具有浓郁的中医药特色、大力弘扬中华传统文化的目标相得益彰。香囊制作是一种传统的手工艺品制作方法，蕴含中国传统美学，学生在制作过程中能够加深对中草药药材的了解，在制作完成后，可以在香囊上加上一些装饰，使其更加美观。通过制作香囊，学生能够对中国传统文化有更为深刻的理解，并进一步与国际不同文化进行比较吸收。在国际文化节期间，学校还开展了“追寻英雄足迹，弘扬民族精神”班级展示与评比。世界各国有大批英雄豪杰、仁人志士为国家民族乃至整个世界作出了无私奉献，学习和阐释他们的精神具有重要意义。在国际文化节上，学生们演绎了斯巴达克斯、圣女贞德、朔尔兄妹、哥伦布、曼德拉、马丁·路德·金等人物的故事，通过这些活动，学生逐渐成为既具有传统素养，又具备国际视野的人才。

学校还开展了以“信仰照亮青春之路”为主题的国际电影节，对优秀影片的英语影评进行征集。活动一推出，学生们积极参与，踊跃投稿。英语教师们对提交作品初步筛选后，选出了优秀作品若干，最终产生了最佳人气奖、十佳影评奖、优秀奖、优秀参与奖、最佳表达奖等各类奖项。通过参加英语影评活动，学生得以学习电影艺术的知识，提高对电影的理解和欣赏水平，对电影艺术有更深的理解，强化自身文化素养和审美能力。

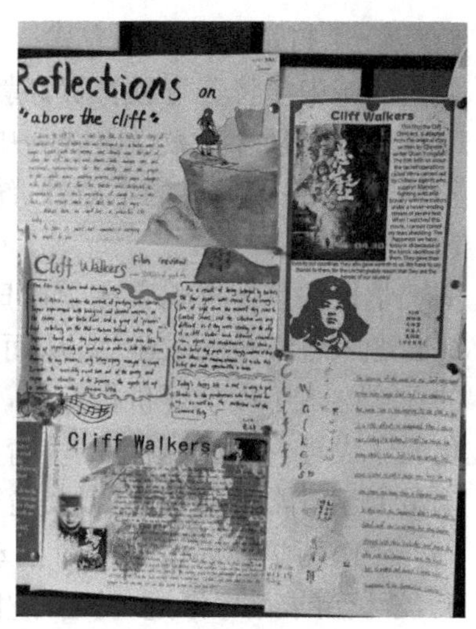

图 5－4　英语影评展示

第三节　以“医”蕴美的实践探索

学校高度重视美育的教学与实践，进行了内容丰富、形式多样的实践探索，将美育教育理论贯彻于中学教育的全过程。通过美术课程、音乐课程、舞蹈课程等美育，丰富学生的艺术修养，提高学生的审美能力和创造力。同时，注重将美育融入其他课程中，如语文、数学、科学等，使学生在学习中感受到艺术的魅力，提升学生的综合素质。中医药文化与美育教育拥有诸多共同之处，通过以“医”蕴美的实践，将传统的中医药文化和现代的美育进行结合，培养学生的情感、品德和人文素养，促进身心健康，为学生的未来发展打下坚实的基础。

一、深度渗透中医文化，建设美育特色教学

学校美育要“以综合性美育为抓手，克服狭窄化倾向。美育不仅是使学生掌握美学的知识和技术，更为重要的是培养学生的审美素养，涵养学生的人文情怀”。① 学校建立了以艺术课程为主体、各学科相互融合的美育课程体系，在教学目标、教学意义、教学内容与教学过程进行融合美育。

① 张海华．学校美育的超越性——基于中学美育实践的困境与策略[J]．集美大学学报（教育科学版），2020(02)：56．

(一) 打造美的教学方式

晶城中学将美育教育贯穿教育教学的全过程,经过数年探索实践,形成了适应新时代的教学理念和教学方式。中医药文化中蕴含整体思维观,注重从整体出发,挖掘整体规律,强调世界的本原性、统一性和规律性,这要求在教学的每个环节中都应渗透美的元素。

学校注重发挥美育在学校日常教学中的地位和作用,将对学生美学素养的培育综合融入各学科的教学中,从而推动学生对各学科的学习和对美的感悟。学校将美的元素融入于教学评价指标中,在立足学科育人目标的基础上,努力用美的元素来优化教学设计,挖掘教材内的美育元素,达到良好的教学效果。学校注重将美育教育理论贯彻于日常教学中,创设美育情境,实现课堂的审美化建构。

中医药学以揭示人生命活动的普遍规律为出发点,与之相对应的,在教学进程上,学校讲求循序渐进,符合学生身心发展规律。在教学方法上,注重中医药文化与学科教学相结合,尝试运用情境教学法等灵活多样的教学方法,综合运用各种现代化教学手段,注重感情熏陶与渲染。在教学内容上,引导学生能够感受到课程内容中的美,包括自然美、人文美、人性美、科学美等。引导学生学会学习,学会思考,提高对课程内容的接受度,增强主动学习的意识。中医药文化中蕴含"治未病"的思想,针对每一位学生,教师均给予充分的人文关怀,做到根据每一位学生的特点进行指导。

在教学氛围上,赞科夫指出:"教师本身先要具备这种品质——能够领会和体验生活中和艺术中的美,才能在学生身上培养出这种品质。如果照着教学法指示办事,做得冷冰冰、干巴巴的,缺乏激昂的热情,那是未必会有什么效果的。"①学校教师注重与学生情感的交流,充分听取学生的意见和建议,给予学生人文关怀,与学生建立起和谐的师生关系,使学生沉浸在轻松愉快的学习氛围中,为学生带来美的体验,引领学生体验学习和生活,提高学习的积极性,促进对知识和技能的掌握。

同时,通过加强交流,优化课堂展示和评价。学校每学期开展一次"以美育人,以情育人"的学科展示活动,并邀请相关专家现场进行指导与点评,旨在分享教师基于情理教学的专业成长历程,促进学校情理育人目标的实现。学校各学科每学期开设一堂公开课,形成一篇高质量的情理教学设计。每两月组织一次情理专家讲座,每月一次情理课堂研讨活动,通过实施基础型课程校本化,探讨课程自主化、个性化。各类课程融通,形成课程合力,融情入理,益智激趣,助推学生的生涯可持续成长和发展。学校通过优化完善每个教学过程,做到情理育人,以实际行动感染每一位学生,进一步提升育人质量。

(二) 推动美育师资建设

美育是塑造人、引领人的重要形式,教师是美育教学的直接承担者和教学改革的

---

① 赞科夫. 和教师的谈话[M]. 杜殿坤,译. 北京:教育科学出版社,1980:116.

实施者,拥有高素质、专业化的教师队伍至关重要,因此在美育师资建设上需尤为注意。为充分优质教育资源和文化特色,学校着力引进美育相关的专职教师,力争构建出具有中医药特色的探究型课程。学校拥有一支数量足够、结构合理、质量较高的艺术教师队伍。拥有五名专职艺术教师,其中两名研究生学历,三名本科学历,均毕业于艺术类大学,有先进的教育理念,有良好的师德,有事业心、责任心和较强的专业技能。学校强化师德师风教育,为艺术教师的专业发展提供保障,通过开展多种形式的教研活动、不同层次的教师培训,检验美育教学成果,提升教师的美育教学理念,推动教师快速成长,增强教师教学能力。学校充分挖掘并利用学校及其周边的教育资源,开发与实施以探究型课程和拓展型课程为主体的校本课程,体现课程的育人价值。除本校专职艺术教师外,积极引进校外兼职教师,充实美育教学力量。充分发掘和利用社会艺术教育资源,聘请校外艺术教育专家对学校艺术教师和艺术活动进行指导,提高传承艺术项目的教学水平和课外活动水平。

美育教师不仅仅包括艺术教师,而是应努力让全体教师具有美育素养,帮助全体教师成长为美育教师。据调查问卷显示,学校超过80%的教师接受过美育方面的相关培训,对美育教育拥有一定基础。

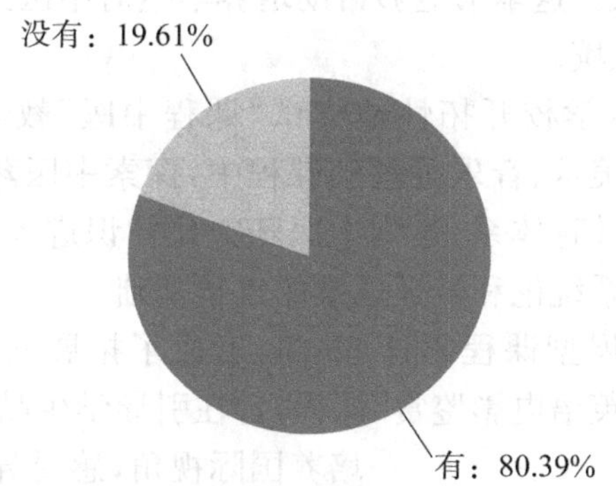

图5-5　你接受过美育方面的相关培训吗?(教师卷)

(三) 立足艺术课程教学

学校对艺术类课程高度重视,旨在培养学生审美情趣,提高学生艺术素养,塑造学生人格品质,不断完善多元艺术课程。学校对艺术类课程课时进行了保障,按照国家发布的课程计划,开齐开足艺术类课程;面向全体学生开展丰富多彩的课内外艺术活动,学生的参与率达到100%;努力建设积极向上的校园文化,逐步打造并形成本校鲜明的艺术活动特色和传统。

为更好地开展美育教育,学校还设置了机制保障,校级领导安排专人分管艺术教育,成立了艺术教育管理机构。艺术教育管理工作机制健全,档案齐备,具有较高的管理水平。对照学校艺术工作有关要求,该机构对本校艺术活动开展情况进行每学期定期总结，并定期开设艺术专题研讨会、成果展示及典型推广等活动。

二、整合资源融合发展，推动美育课程开发

学校以教育科研促整体发展，倡导人人都是科研工作者。学校充分挖掘并利用学校及其周边的教育资源，开发与实施以探究型课程和拓展型课程为主体的校本课程，充分发挥美育课程的育人价值。同时，在此基础上根据新时期中学生培养目标并结合学校实际，不断调整、优化学校课程图谱，将美育融入课程图谱，使之逻辑清晰，内容充实，形式多样，使学生走进学校就步入一个异彩纷呈的艺术世界。

学校美育应特别注重发展基于民族文化特点的美育内容。在学习基本的音乐与美术知识后，学校六年级便全面展开中医药特色课程教学，每周确保有1课时的教学时长。课程内容包括中医特色诊疗、理疗、药学及中医药故事等内容，培养学生对中医药的兴趣，更好地了解中医药的文化背景和特点，营造中医文化氛围，从而为中医药学习打下更加坚实的基础，更加深入了解中华文化的精髓。

根据中学生认知发展规律，学校组织学校教师力量，结合教学经验编制中医药校本读本，以图文并茂的方式传授中医药基本知识。在此基础上编著的《菁菁本草》一书已于2021年正式出版。这本书能够帮助培养学生对中医药的兴趣，营造中医文化氛围，厚植中医药学习土壤。

在拓展型课程方面，学校开拓性地尝试“课程中医”教学，即以“中医药文化元素＋”的形式，充分融入美术、音乐等基础课程中，探索中医药文化与中学基础课程、基础教育相融合的课堂教育体系，达到中医药文化知识进校园减负不增负的教学效果，打下中学生整体观、系统论和辩证思维的哲学基础。

学校共建设各类拓展型课程累计38门，形成了拓展型课程悦得(REDI)体系。与美育相关的课程，如“英语电影鉴赏”课程，旨在引导学生品味原版，理解国际文化，培养国际视角，感受异域风情；“京剧社”课程为孩子们打开戏曲的大门；《舞蹈》课程展现中学生的青春与活力；书法是中华民族的独特艺术形式，“书法”课程帮助传承中国传统文化，提高对传统文化的鉴赏能力；“光和影的艺术”课程则是引导学生在“光和影”中感受艺术交融，使学生感受摄影的魅力。调查问卷显示，91.81%的学生对学校的美育课程十分满意。这些课程使学生找到自己的兴趣爱好，最终学有所长。

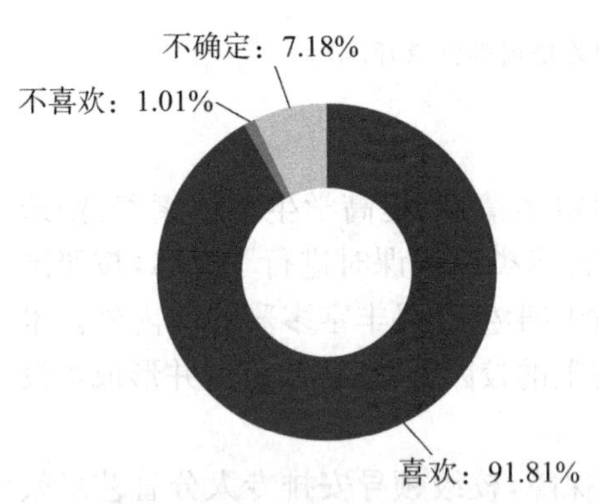

图5-6 你喜欢学校的美育课程吗？(学生卷)

此外，在课题研究引领下，学校还开发了诸如“历史上的本草——名家、中医与社会”

“中医药与书画艺术”“中医世界里的光和影”等与美育有关的衍生课程，将中草药特色课程与美育学科相结合，与书画艺术、民俗文化等主题文化之间进行整合。通过这些活动，学生能够更深入地了解学科知识的内涵和外延，激发学生的学习兴趣和动力，从而更好地掌握和应用这些知识。

三、完善校园美育平台，开展美育特色活动

（一）建设特色美育设施

学校校园环境优美，对美育教育资源配置方面给予了充分保障。学校艺术专用功能教室一应俱全，除了常规的音乐教室和美术教室供教学外，还设置有舞蹈室、书法室、茶艺室、校园电视台、录播教室、阶梯教室等教室和艺术实践场所，这些场所极大地便利了美育教育的开展，促进学生的艺术素养和审美能力的提升。如校园电视台为学生提供了充分实践的机会以掌握更多知识技能，使学生能够尝试摄影摄像以及各类音视频的剪辑加工等工作，培养学生的表现能力和团队协作精神，捕捉校园里美的片段，从而感悟美、创造美。校园电视台在促进学校文化建设和提高学生美育素养方面起着重要的作用。校园电视台为学校提供了信息传播和文化交流的平台，通过播放学校的新闻、活动、讲座、演出等内容，让师生及时了解学校各方面的动态。校园电视台还在课余时间为学生提供各种音乐节目，包括流行音乐、古典音乐等中外不同风格，让学生在课余时间可以享受音乐的魅力。学校所有教室都设有电教平台，配备先进的电化教学设备，全校 Wi-Fi 覆盖，有效提高课堂教学的效率，为全面实施美育教育提供有力的保障。

（二）开展美育特色活动

学校艺术工作稳步推进，积极创新，结合“天人合一，情理相融”的办学理念，创设具有学校特色的艺术氛围。在坚持办学理念的前提下，学校努力推进并实现艺术教育活动过程最优化、活动结果有效化、活动管理规范化，逐步形成学校教育工作与艺术教育特色同步发展的良好局面，充分展示了学校美育工作成果，促进学生全面发展、健康成长。

(1) 举办陶笛艺术进校园活动。

学校把陶笛作为艺术教育普及项目，推进器乐进课堂教学工作，让学生获得艺术审美的愉悦体验，培养学生良好的审美情趣，激发学生热爱艺术的兴趣。学校自建校以来便一直坚持开展陶笛特色课程以及陶笛系列活动，注重提高教师的陶笛教学水平和能力，定期邀请意大利陶笛大师进行授课，教师也积极参与陶笛教学培训，掌握陶笛专业的演奏技巧和教学方法，为陶笛教学进行充分准备。学生在接触陶笛的过程中，能够进一步培养审美能力和手动能力，感受陶笛的独特魅力，更好地了解中国民俗文化。通过陶笛艺术特色活动，学生在音乐学习中获得更多的乐趣和收获，拓宽了音乐视野，促进了音乐素养和文化修养的提升。如在 2018 年，学校以“音乐浸润心

灵，艺术点亮人生”为主题开展了陶笛大师进校园活动，期间专门邀请了意大利陶笛演奏家法比欧先生来校开展一堂陶笛课程。法比欧先生对陶笛社团的学生演奏进行了点评，并详细介绍了陶笛的发展历史和演奏技术，最后还在现场为大家演绎了陶笛经典作品，令学生印象深刻，受益匪浅。

另一方面，通过陶艺社团开设陶笛制作课程，学生可以学习如何用陶土制作陶笛，并且可以自己设计陶笛的造型和装饰。陶笛制作课程让学生更深入地了解陶艺的魅力，在这一过程中培养创造力和手工能力。陶笛制作完成后，可以作为装饰品或者演奏乐器。学生不仅都会吹奏陶笛，也会制作陶笛，用各式各样的陶笛展示了同学们无限的创造力。

(2) 开展艺术展演和参加比赛。

学校积极参加市区级比赛，创造和参与艺术实践平台，充分深入挖掘学生的艺术潜能，以往学生艺术团队如古筝乐队、民乐团、陶笛七重奏、合唱团等在每年元旦、主题教师节活动等大型主题教育教学活动中进行多次展示。2022 年因疫情，学校的艺术社团及学生个人以视频方式参与市区级各类艺术评比活动，艺术社团的作品也以视频方式录制参赛，学生绘画、陶笛绘画及书法作品也在校内不定期进行展示。

2018 年 4 月 11 日下午五点半，上海中医药大学附属闵行晶城中学首届器乐大赛决赛在梦想剧场拉开帷幕。本次决赛共分为上、下两场，上半场为西洋乐器组比赛，下半场为民族乐器组比赛，学生们演奏的乐器和演奏手法多种多样，充分展现了自身的艺术才华，每个选手演奏结束后都有评委专业的点评指导，使学生的演奏水平和审美水平得到显著提升。

学校还开展了“美育云端课堂”活动，以名家讲堂、音乐党课、网上演唱演出等多元形式为载体，在普及审美知识的同时，营造了良好的校园文化氛围，激发了学生积极参与的热情。晶城学子活动中既增长了见识，又陶冶了艺术情操，进一步提升了自身的审美素养。

(3) 举办日常美育活动。

在各项日常活动中，学校也注重美育活动的渗透。如在 2020 年迎新晚会中，精心设置了大量与美育相关的节目，晚会以学校民乐团演奏的《太阳，你早》和《花好月圆》两首优美的乐曲拉开序幕，还设置有二胡协奏《赛马》、舞蹈社团的表演《且吟春雨》、戏剧社的情景剧《帮助》、陶笛社团的陶笛七重奏《Always with me》和《天空之城》，来自上海中医药大学武术队的学生带来了五禽戏表演《戏说五禽戏》，学校学生、教师和家长联合带来了诗朗诵《三主体》，表达了学校“三主体”立足新时代，必将齐心协力，用实际行动创造新辉煌的初心与决心。此外，古筝社团的学生还用《战台风》和《我和我的祖国》两首乐曲表达了浓浓的爱国深情。晚会内容丰富，形式多样，充分展现了学校进行美育教育活动的成果，提供了学生展示自我的舞台，促进了学生全面发展。

图 5－7　学校 2020 年迎新晚会

图 5－8　歌曲表演《强国一代有我在》

四、促进校社联动共建，激发学生创美能力

推动美育教育的高质量发展，需要家庭、学校、社会的共同参与。2016 年，国务院印发《中医药发展战略规划纲要（2016—2030 年）》，文件要求大力弘扬中医药文化，发展中医药文化产业，推动中医药进校园、进社区、进乡村、进家庭，将中医药基础知识纳入中小学课程。为充分发挥学校的中医药特色，进一步普及、弘扬中医药文化，丰富学生线上暑期生活，学校还会在暑期面向上海市中小学生举办“晶城杯”中医药文化科普系列活动，分为“中医药文化知识知多少”“本草绘制”“经典方剂歌诀朗

诵”“制作养生药膳”四个部分。其中,“本草绘制”引导学生发现生活中常见的中草药,使学生能够在绘画过程中耐心细致地观察本草的特征,加深对本草的理解。

“经典方剂歌诀朗诵”活动要求学生围绕中医药方剂歌诀制作原创微视频,朗读并解读方剂歌诀,通过编制歌诀,促使学生对中医药方剂产生浓厚兴趣,从而进行了解和分析;歌诀的产生也使中医药方剂更加通俗易懂,朗朗上口,使更多人能够接受,通过歌诀朗诵这一形式,使中医药方剂得到进一步传播,同时也使学生产生美的体验,锻炼了语言表达能力和创美能力。学生在日常学习和生活中了解到了更多的中医知识,中医知识的融入激发了学生对传统中医文化的极大兴趣,丰富了课堂,也传承了文化。学校也为其他学校提供了感受中医药文化魅力的平台,扩大了中医药文化的影响力,推动了中医药文化进校园的共建共享。

为充实学生暑假和寒假的假期生活,学校着力打造成为“家门口的好学校”,每年举办“远志”学校少年宫活动,主要以录制线上视频的形式展开,其中也设置了丰富的美育活动,进一步提升育人质量。如 2021 学年暑期,设置了“咏唱经典——《花非花》”活动,《花非花》这首歌是唐代诗人白居易所写的诗歌,由近代作曲家黄自先生谱曲的一首艺术歌曲,词曲表达了人生短暂、时光即逝的感慨之情。歌曲意境优美、富有诗意,演唱时需要注意用柔和的声音歌唱,气息饱满,令人充满无限遐想。在本次活动中,教师教授学生如何用基础、科学的发声方法唱歌,主要从气息和共鸣两大基础方面进行讲授:“学会科学的发声方法后,在演唱《花非花》这首作品时,首先要对该曲目内在体现出的意境与内涵进行理解;其次要对该曲目中诗词在咬字吐字上加强练习,同时对演唱中气息正确的使用进行分析与训练;最后在与伴奏合作时,要加强自己对音色的控制,配合相应的演唱情绪,使本首作品能够更加完美地演绎。”通过参与本次活动,学生对中国经典曲目有了更为深刻的理解,掌握了专业歌唱的一些技巧。

2023 年寒假,学校开展了“绘制本草—水彩黄芪”活动,黄芪具有健脾补中、升阳举陷、益卫固表、利尿的功效,主治脾气虚证、肺气虚证、气虚自汗证、气血亏虚等。冬天吃黄芪可以补中益气,补充体内的阳气,而且有利于逼出体内的湿寒之气,是人们常用到的一味中草药。通过用艺术形式呈现黄芪,使学生发现中医药中的美。通过此次学习,使得中医药文化不再远离生活,学生们获得了前所未有的学习体验。引导学生了解黄芪的主要功效,对生活中的中药材产生浓厚的探究兴趣,增进对中医药的了解,加深对中华传统文化的了解和认同。在春节期间,学校结合传统文化和艺术形式,开展“屋檐下创‘美育’”的活动,引导学生与父母一起打造“最具年味”的居家生活。有的学生亲手剪贴窗花、书写春联“福”字,购买盆栽绿植进行硬环境的布置,也有新年亲子演奏会、家庭演奏会软文化的打造,提高学生的审美能力和创造力。

通过家庭、学校、社会的合力,这些美育活动不仅可以增强学生的创造力和团队协作能力,还可以让他们更好地了解中国传统文化、节日习俗的丰富内涵和历史渊源。同时，这些活动也为家庭和社区带来了欢乐和温馨氛围，促进了家庭内的交流和互动，打造中华传统“家”文化。

第四节　以“医”蕴美的实践成效

当前中医药文化教育活动仍然存在不足与困境，“中医药文化教育活动枯燥单一、缺乏创新，很难激起大中小学生的兴趣。中医药文化教育活动未深入践行知行合一，虽然有不少实践类活动，但基本上是参观中医药文化基地、植物园、中医药博物馆等，参与式、体验式的实验教学缺乏”。[①] 学校为中医药文化进校园提供了典型经验，将中医药文化教育与美育教育进行深度融合，从组织创新、思路创新、方法创新等方面推进以“医”蕴美，在学校环境、课程、教学、活动、管理等方面渗透美育思想，引导学生进行审美体验和审美创造，取得良好的育人成效，推动学校教育教学成绩稳步提高。

一、以中医药文化赋能，推动美育教育的高质量发展

学校合理利用地方特色资源，重视中医药文化的宣传和教育，并以中医药文化特色引领美育教育的发展。这种教育模式能够帮助学生更好地了解中医药文化，增强他们的文化自信心和国家认同感。同时，这也有助于培养学生的审美意识和文化素养，为学生未来的发展打下良好的基础。中医药学是中华民族优秀文化的瑰宝，很多理念都和教育的本质是相通的，中医药文化被有效地渗透于学校美育教育的各个环节。目前，学校形成了基础知识水平、探究能力培养、思维水平升华三层次的中医药特色课程培养目标，打造了以中医药普及性基础型课程、“中医药＋”学科融合的拓展型课程、探究型课程实施模式。学校在艺术教育领域的课堂教学、课外活动、校园文化建设、艺术教师队伍建设、教学研究、办学条件、保障机制等方面均作出了大量举措。

二、增强审美意识与能力，促进培育学生综合素养

学校推动中医药文化等中国传统优秀文化与现代美育教育的融合发展，创新了美育教学活动的内容与形式。为通过艺术活动的推进，浸润传统文化，提高学生审美情趣，陶冶人文关怀，提升美育实效，学校在数年的教学与实践下，帮助学生提升美学素养，深度感受艺术魅力，普遍形成音乐、美术、书法等方面的兴趣爱好，推动建立科学的审美价值观。学校校内艺术活动异彩纷呈，合唱团展示、诗朗诵、戏剧团展示、学

① 李赣，等. 大中小学一体化中医药文化教育的困境与应对策略[J]. 中医药管理杂志，2023(03)：237.

生绘画、陶笛绘画及书法作品等均在校内进行不定期展示，使学生得到充分的锻炼机会。

三、融合中医药特色与美育，有效提升育人成效

美育是纯洁道德、丰富精神的重要源泉。通过将中医药文化教育与美育教育进行融合，形成美育教育新模式，增强学生的民族文化认同，提升审美能力。苏霍姆林斯基认为，音乐修养是道德修养的一个极重要的条件。音乐形象能触动人的心灵，陶冶人们高尚的情感，具有很大的感染力。进行音乐教育，目的不是培养音乐家，而是培养和谐的人。① 学校秉承“天人合一，情理相融”的办学理念，坚持以人为本，通过多年美育教育的实践与探索，获得了显著的育人成效。调查问卷显示，75.98%的学生认为学校中医药特色融入美育的程度较高，超过80%的学生认为学校的美育资源十分丰富，学校美育教育有助于自身的个性化学习需求。同时，在学校浓厚美育教育氛围的影响下，学生对美育教育的兴趣和积极性较高，92.48%的学生支持学校举办艺术活动，65.66%的学生参加过学校的艺术类社团。

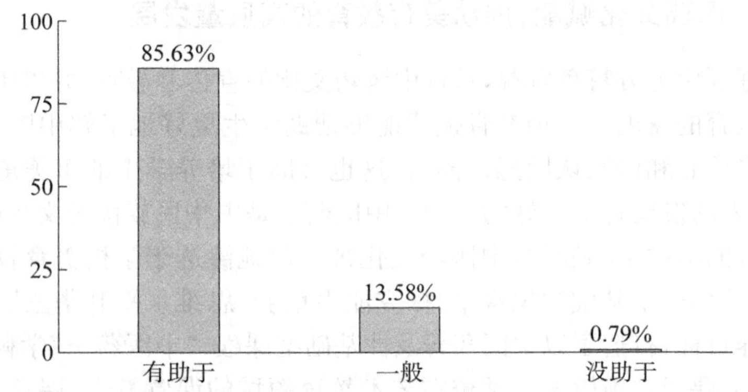

图5-9 你认为学校美育教育是否有助于个性化学习需求?(学生卷)

学校在校园环境和校园文化上尤为注意彰显美育元素，建设美的校风和学风，逐渐形成了一支朝气蓬勃、爱心与凝聚力的优秀教师团队，形成融洽的师生关系。学校在美育方面的教育工作较为充分和有效，调查问卷显示，82.35%的教师认为美育课程在学校课程体系中的地位较高，教师对美育课程的认识和重视程度较高，对于学生的全面发展和综合素质的提升具有重要意义。

中医药特色与美育的融合，打破了各学科之间的界限，提升了学生的综合素养。美育教育不仅能够培养学生的艺术素养，还能够促进学生掌握学科知识，激发学习兴

---

① 瓦·阿·苏霍姆林斯基.和青年校长的谈话[M].赵玮，等译.上海：上海教育出版社，1983：106-107.

趣。通过美育教育，学生可以接触到各种艺术形式，如音乐、绘画、舞蹈等，从而培养自己的审美能力和创造力，拥有自己的艺术之长。另一方面，通过创造性的艺术活动，学生能够感受到自己的创造力和想象力，激发自身的求知欲，回归生活并发现美和创造美。美育教育在各学科的渗透还能够帮助学生更好地理解和掌握学科知识，激发学生的学习兴趣和动力。超过80%的学生均认为学校美育教育有助于自身的个性化学习需求，促进个性成长。

学校将美育思想融入日常的教学与实践，改革教学方式方法，优化学生评价。学校坚持创新，强化美育课程建设，将美育课程列为教学计划中的重要组成部分。整合校内外特色优势和资源力量，建设优化美育师资队伍，培养研究型教师，不断提升美育育人质量，使学校成为终生留恋的地方。

四、推动学生理解和热爱中医药文化

中医药进校园，是中学生迈向文化自信的重要途径，是弘扬中华传统文化的重要举措。通过欣赏中医药主题的艺术作品，进行丰富的想象和联想，学生可以了解到中医药文化的历史、特点、发展等方面的内容，体验到中医药中独特的美。通过艺术的形式展现中医药的精髓和内涵，学生能够更好地理解中医药的理论和实践，感受中医药文化的深厚底蕴和博大精深。

艺术形式能够生动、丰富地反映中医药文化的内涵和精神。学生在学校不同平台，通过用诗歌、绘画、手工、舞蹈等艺术形式将中医药文化展现出来，掌握理解和阐释中医药文化的方式方法，激发对中医药文化的兴趣和热爱，从而推动学生更好地理解和传承中医药文化。学生通过亲身感受中医药文化的历史发展脉络、具体内容和内在精神，获得大量中医药文化知识，并自觉运用多种途径了解和运用中医药文化，大大增强中医文化自信。

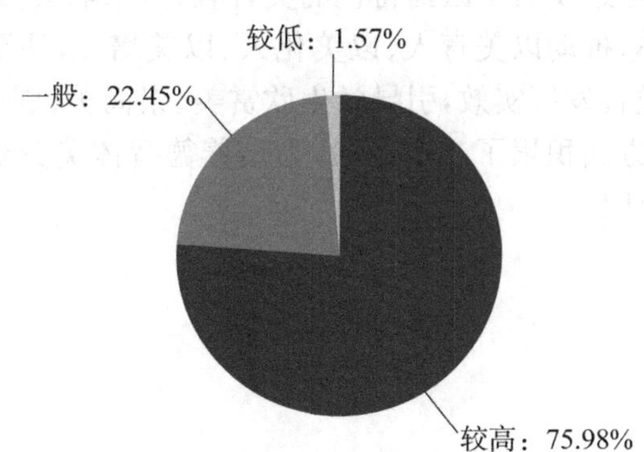

图5-10　你认为学校中医药特色融入美育的程度如何?(学生卷)

五、获得校内外取得广泛影响

学校致力于打造中医药文化的辐射引领圈。2019 年晶城中学成为闵行区梅陇镇学区联盟盟主校，致力于将学区打造成具有中医国学特色的学区联盟学校，建构了以中医药共建共享课程为核心的，以一赛（区级中医药文创大赛）、一操（学区传统操比赛）、一景（中医药一校一品建设）为圆弧的中医药国学辐射圈，进一步推动了中医药学习的新热潮，收获了师生和社会的一致好评。

当前的美育仍然是教育的薄弱环节，晶城中学的美育经验具有重要价值。学校重视以“校内外联动”方式发展美育教育，与兄弟学校、社会力量进行深度互动，努力打造更多优质艺术作品和品牌活动，尽可能地扩大发挥美育的功能和作用。学校充分依托上海中医药大学资源，通过“情理课堂”的改革和实践，推动美育与德育、智育、体育、劳育相结合。中医药特色的美育课程在梅陇镇学区建设中起到了示范和引领作用。

学校多次在市区举办的活动中取得优异成绩，积极参加市区级比赛，创造和参与艺术实践平台，充分深入挖掘学生的艺术潜能，学生艺术团队如古筝乐队、民乐团、陶笛七重奏、合唱团等在每年元旦、主题教师节活动等大型主题教育教学活动中进行多次展示。在上海市“海伦希望之星”钢琴展示活动、上海市学生艺术单项比赛、闵行区学生艺术单项比赛、闵行“黎明杯”中小学生优秀书法作品征集等活动中，晶城学子获得多项奖励，在社会范围内产生较大影响力。作为闵行区合唱联盟校，晶城中学积极配合参加合唱联盟活动，为推进合唱特色项目而努力。学校大力指导和推荐艺术社团和学生参与市区级各类艺术评比活动，展现了晶城学子的风采，巩固了学校美育育人成果。

总之，学校始终坚守教育初心，树立大美育观，将美育贯穿于校园环境、各学科教学、各类学校活动中，通过发展中医药特色的美育教育，采取灵活多样的形式，以课堂为主线，以活动为载体，推动以美育人、以美化人、以美培元，注重培养学生音乐审美意识和能力，让美育教育发挥实效，引导学生欣赏美、崇尚美、创造美。学校在美育教育理念、制度、实践等方面积累了一定经验，为培养德智体美劳全面发展的社会主义建设者和接班人而奋斗！

第六章
以“医”促劳：本草沁香，劳动育人践初心

古往今来，劳动一直被视为中华民族的传统美德而受到世人的赞美和歌颂。正所谓，天道酬勤，任何一项事业的成功都离不开劳动。劳动的过程本身也是一种教育，它能真正实现人的全面发展。为继承和弘扬中华民族勤劳的传统美德，学校结合中医药和传统文化，探索了一系列形式新颖、内涵丰富、卓有成效的中医药相关劳育课程和实践活动，充分发挥了劳动在树德、增智、强体、育美等方面的综合育人价值。

第一节　中医药文化融入劳育的思想基石

中医药融入劳育是学校一以贯之的理论思考和实践探索，以几千年的深厚文化和当代的现实之思凝结成线，串起学校以“医”促劳这一宝珠。学校通过丰富劳动教育的内涵、创新劳动课形式、拓展劳动课实践，让学生在感悟优秀传统文化熏陶的同时，深刻体会到劳动的意义，铸造学校中医文化融入劳育的思想基石，让菁菁本草沁人心脾，让劳动育人践行初心。

一、以“医”促劳的背景

（一）以“医”促劳的时代号召

民生在勤，勤则不匮。勤劳是中华民族的传统美德，长期以来，中华民族对劳动的提倡和颂扬组成了中华优秀传统文化的重要部分。远古时代就有燧人氏“教民钻木取火”、神农“制耒耜，种五谷，尝百草”、伏羲“教民结绳，以作网罟，捕鱼猎兽”等诸多歌颂勤劳创造的神话。正是因为劳动创造，中华文明才得以生生不息，中华民族才不断铸就了辉煌成就。正如习近平总书记强调，人民创造历史，劳动开创未来。人世间的一切成就、一切幸福都源于劳动和创造。在新时代建设中国特色社会主义强国的征程上，加强劳动教育对于培养“五育并举”的社会主义现代化强国合格建设者和

可靠接班人、实现中华民族的伟大复兴都具有重要的理论价值和实践意义。①

党的十八大以来，习近平总书记十分重视劳动教育，多次在重要的会议场合发表劳动教育的相关表述，为当前劳动教育的科学开展提供了必要的理论指导。2020年，《中共中央、国务院关于全面加强新时代大中小学劳动教育的意见》出台，要求劳动教育要“坚持立德树人，坚持培育和践行社会主义核心价值观，把劳动教育纳入人才培养全过程，贯通大中小学各学段，贯穿家庭、学校、社会各方面，与德育、智育、体育、美育相融合，紧密结合经济社会发展变化和学生生活实际，积极探索具有中国特色的劳动教育模式，创新体制机制，注重教育实效，实现知行合一，促进学生形成正确的世界观、人生观、价值观”。

2019年，中共中央、国务院印发《关于促进中医药传承创新发展的意见》，《意见》明确指出“实施中医药文化传播行动，把中医药文化贯穿国民教育始终，中小学进一步丰富中医药文化教育，使中医药成为群众促进健康的文化自觉”。中医药文化作为中华优秀传统文化，蕴藏丰富的劳动文化、创造精神和实践模式，可以为新时代劳动教育提供丰富的资源。为进一步促进中医药文化的传承与发展，弘扬劳动精神，引导学生形成正确的劳动价值观和良好的劳动品质，学校积极响应国家教育政策，以中医药文化进校园为契机，在充分尊重学生特点和发挥学校自身优势的基础上，将中医药文化与劳动教育有机融合，意在培养学生对中医药文化的文化自觉的同时，发挥劳动育人的价值以促进其形成良好的劳动精神和劳动品质。

（二）以“医”促劳的现实困境

劳动教育在中小学教育教学中的地位颇为尴尬，面临一系列实践困境。如实践形式过于单一，通过乏味、冗长、无趣的劳动理论课程形式加以实行，限于枯燥地念课本等窠臼，引起学生的不满和抵触心理；教师对劳动教育的价值认识不清，从教师层面就对劳动教育缺乏一定的客观性认识，更不用提及向下推进劳动教育课程开展；课程资源高度欠缺，缺乏优良的劳动教育课程资源，导致学生对劳动教育课程不仅不能亲身投入劳动实践的过程中，更无法深入体会到劳动的内涵和意义；保障机制不完善，中小学劳动教育实施过程中无论是教师、教材还是经费、场地和评价反馈等机制都处于缺位状态。②

在此背景下，学校高度认识到中小学劳动教育的价值，从上到下转变对劳动教育的价值认识，引导教师转变劳动观念。引导教师发挥主动性、创造性，设置多样化的活动和课程，帮助学生增强劳动能力、学习劳动技能、改善劳动认识，提高参与劳动的积极性。在实践中，不断完善劳动教育实施方式，转变教学方式，增加实践属性，减少

① 刘明定，何剑柯，姚思齐. 习近平新时代劳动教育观的形成逻辑、现实意蕴及其价值向度[J]. 喀什大学学报，2023(01)：16.

② 赵洋洋. 中小学劳动教育的实践困境与出路研究[D]. 重庆：西南大学，2019：35－38.

说教属性，发挥劳动育人功能。在积累了丰富的经验基础上，逐渐建立中学劳动教育课程资源体系，开设多层次、多方面的劳动课程，通过“线上资源＋线下课程＋校内外种植园＋校内外实践探索”等多种形式丰富课程形式，拓展劳动教育课程内容。

二、以“医”促劳的价值

中医药文化是中华民族优秀传统文化的重要组成部分，是中医药学发展过程中的精神财富和物质财富，是中华民族几千年来认识生命、维护健康、防止疾病的思想和方法体系，是中医药服务的内在精神和思想基础。① 中医药文化根植于我国优秀传统文化，是在五千年文明历史实践土壤中形成的，蕴藏丰富的人文价值和实践意义。中医药学的价值观是中国传统文化价值观的体现，其倡导的“仁、和、精、诚”核心价值观吸收了中国古代哲学的价值观，例如哲学经典《周易》中的“中和”、儒家提倡的“中庸”“仁和”、道家的“中道”“柔和”等。② 不仅如此，中医药也深入传统文化的各个领域，与传统哲学、天文学、地理学、生物学、化学、史学、文学、伦理学、语言文字学、阴阳、五行、干支、八卦等密切相关，而且还充实、发展了这些学科。③ 此外，中医药文化所包含的文化理念、文化实践、文化环境，可以为丰富和创新当前中小学劳动教育提供有益的启发。

（一）丰富劳动教育的内涵

新时代劳动教育内容包含“四最”劳动观念，即“劳动最光荣、劳动最崇高、劳动最伟大、劳动最美丽”的观念，凸显劳动的重要性，促进全体劳动者焕发强烈的劳动热情。同时，要大力弘扬“三种精神”，包括“劳模精神、劳动精神、工匠精神”，激励广大劳动人民在现代化建设中凝心聚气。要培育“两项”劳动能力，既要注重培养创新创造的能力，又要注重培养诚实劳动的能力。要营造一股“尊重劳动、热爱劳动、崇尚劳动”的社会劳动氛围，有效激发劳动育人和引领良好社会风尚的功能。

“工匠精神”是中医文化价值观的核心要义之一。④ 追溯历史，工匠精神的“工”实际上就是对“医”的称谓。许慎在《说文解字》中将“医”定义为：“医，治病工也。”《黄帝内经》记载：“上医治未病，中医治欲病，下医治已病。”在此基础上，孙思邈提出“上工治未病之病，中工治欲病之病，下工治已病之病”，意指高明的医生往往能够在疾病未发之时及早干预，从而防止病发。中医理论主张“大医精诚”，其核心要义是“医术精，医德诚”，完美诠释了“工匠精神”的要义。纵观古今中国，历代医者名师，如扁鹊、华佗、孙思邈、李时珍、张仲景等，他们不仅勤学不怠以精研医道，同时都极其注重医

① 吉文辉. 试论中医药文化内涵的界定[J]. 南京中医药大学学报(社会科学版)，2009(03)：133.

② 张其成. 论中医药文化核心价值“仁和精诚”的凝练[J]. 中国医学伦理学，2018(10)：1229.

③ 吉文辉. 试论中医药文化内涵的界定[J]. 南京中医药大学学报(社会科学版)，2009(03)：134.

④ 田世宏. 论中医文化中的工匠精神[J]. 广西中医药大学学报，2018(04)：135.

德修养，心怀慈悲以精微医术救人民于水火之中。正是一代代医者对“大医精诚”这一理想信念的坚守，传统中医之“工匠精神”才得以流芳百世。由此，深入挖掘中医理论和历代名家实践中的“工匠精神”，有助于丰富劳动教育的精神内涵，促进劳动教育的深层次开展。

（二）创新劳动课形式

2020 年 7 月，教育部印发《大中小学劳动教育指导纲要（试行）》，文件指出：劳动教育要继承优良传统，彰显时代特征，在充分发挥传统劳动、传统工艺项目育人功能的同时，紧跟科技发展和产业变革，准确把握新时代劳动工具、劳动技术、劳动形态的新变化，创新劳动教育内容、途径、方式，增强劳动教育的时代性。同时提出，各级各类学校将劳动教育纳入人才培养全过程，丰富、拓展劳动教育实施途径。

中医药文化在千百年来的历史发展过程中，积累了丰富的劳动实践形式。一方面，药物的处理过程中包含一道道的工序，例如草药的种植、培养提取和研制，其本身就是一项体量大、环节多、细节多的劳动。另一方面，中医治病救人也是一项精微的技术活，需要积累大量的临床实践。例如中医“望闻问切”四诊法和辨证施治的技术，不仅要求医者有深厚的中医理论功底，还必须经历长久的亲身实践以练就高超的医术。此外，中医药实践中蕴藏一种高层次的劳动，即苦学精研医道和进行医药理论实践创新。这些实践形式贯穿于古今中医药文化的发展过程，是新时代劳动教育必须继承的优良传统，也是劳动教育形式创新的重要源泉。

（三）拓展劳动课实践

2020 年 3 月，中共中央、国务院发布《关于全面加强新时代大中小学劳动教育的意见》，《意见》明确指出劳动教育中要广泛开展劳动教育实践活动。一方面，家庭要发挥在劳动教育中的基础作用，注重抓住衣食住行等日常生活中的劳动实践机会，通过日常生活的言传身教、潜移默化，让学生养成从小爱劳动的好习惯。另一方面，学校要发挥在劳动教育中的主导作用，开齐开足劳动教育课程，科学设计课内外劳动项目，采取灵活多样形式，激发学生劳动的内在需求和动力。

但是，近年来一些青少年中出现了不珍惜劳动成果、不想劳动、不会劳动的现象，劳动教育正被淡化、弱化，这与学校中劳动教育的实际开展情况有着莫大的关系。由于劳动教育在学校教育实践中不受重视，学校中劳动教育存在劳动实践机会少、范围局限、方式单一、体验不够深刻等重要问题。为响应国家“推进中医药文化进校园”的号召，学校结合劳动教育开展“中草药种植”“制作传统节日美食”“制作中医药文创和手工产品”等活动，进一步丰富校园劳动教育实践，让学生在感悟优秀传统文化熏陶的同时，深刻体会到劳动的意义。

（四）发扬中医药理念

在历史发展的长河中，中医药的内在意蕴也不断演化、丰富，最终形成了一套系统、完整的中医养生理念，这一理念有三个重要的观点，包括生命观、健康观、预防观。[①] 而对这三大观念的进一步探索，也不断充实着学校以“医”促劳的内涵。发扬和拓展中医药理念成为学校开展一系列活动的价值导向。

(1) 中医养生生命观。

中国传统养生观认为，所有生命均来源于天地之气的运动，依赖于天地所提供的物质和空间而生存和延续。“天地合气，命之曰人。”生命存在的性质是物质性的，生命是由物质转化的。而“精”“气”“神”是形成生命的三大要素。

《黄帝内经》：肝藏血，血舍魂，肝气虚则恐，实则怒。脾藏营，营舍意，脾气虚则四肢不用，五脏不安，实则腹胀，经溲不利。心藏脉，脉舍神，心气虚则悲，实则笑不休。肺藏气，气舍魄，肺气虚则鼻塞不利，少气，实则喘喝，胸盈，仰息。肾藏精，精舍志，肾气虚则厥，实则胀。

“精”是受于父母的生命物质与后天水谷精微相融合而形成的一种精华物质，是生命的本源；“气”是人体内活力很强、运行不息的极精微物质，是生命的维系；“神”是人的意识、思维、情感等精神活动，是生命的主宰。精、气、神三者密不可分，共同维持“形与神俱”的生命状态。而对这三者的充分尊重与挖掘也构成了劳动教育的终极价值追求。[②]

(2) 中医养生健康观。

西医诊疗在判断一个人是否健康时，往往是以“疾病”作为参考物，只有出现了特定的或外显或内藏的病症，才将其诊断为生病。而在中国传统养生健康观点中，健康与疾病的关系并不是完全对立的，而是共存共生，处于一直不断生长的动态变化中，一消一长，一盛一衰。

《黄帝内经》：是以志闲而少欲，心安而不惧，形劳而不倦，气从以顺，各从其欲，皆得所愿。故美其食，任其服，乐其俗，高下不相慕，其民故曰朴。是以嗜欲不能劳其目，淫邪不能惑其心，愚智贤不肖，不惧于物，故合于道。所以能年皆度百岁而动作不衰者，以其德全不危也。

人生长于天地之间，需要不断抵抗邪气和疾病，这种斗争不是一时的，而是充满永恒性，甚至说，它是人的一种生存的状态。人与邪气、疾病的斗争过程也是人与自我生理、心理、自然、社会不断磨合、协调，而最后寻求共生的过程。只有对健康持有一种正确的、积极的态度，才能更好保证形体健康、心理健康、适应社会、道德健康，达到形神兼备的至高境界，[③]而这也是学校在融汇劳育概念基本构成时所积极汲取的养分。

① 杨柱．中医学[M]．北京：中国医药科技出版社，2016：266.

② 李春艳．健康管理与健康促进[M]．武汉：武汉大学出版社，2019.06：262.

③ 杨柱．中医学[M]．北京：中国医药科技出版社，2016：267.

(3) 中医养生预防观。

中医认为疾病的发生是"失和",一是外感,以六淫之邪为主;二是内伤,以七情为主。由这六淫七情,提出相应的养生要求:一要预防外邪侵袭,即所谓"虚邪贼风,避之有时";二要避免精神刺激,即所谓"恬淡虚无,真气从之"。前者为"治外之道",后者是"治内之道",体现内外结合的预防观。

《黄帝内经》:圣人不治已病而治未病,不治已乱而治未乱。夫病已成而后药之,乱已成而后治之,犹渴而穿井,斗而铸锥,不亦晚乎。……法于阴阳,和于术数,食饮有节,起居有常,不妄作劳,故能形与神俱而尽终其天年,度百岁而去。

当疾病发生后再去治疗,已经为时已晚,就像口渴了之后去挖井,已然错过了最佳时机。中医讲究的就是防患于未然,而这种"治未病"的精神也可充分应用于提升学生体质的进程中:"和于术数",通过适当地运用各种养生的方法,诸如学校采用的参与劳动等方式,健强筋骨,专注意念,达到保精益气、祛病健身的作用;通过"饮食有节"让学生保持充足的营养供给,不过饥过饱,不偏嗜五味,不过食肥甘厚味,追求适度原则;在学生的日常睡眠保障上,为学生安排午休时间并充分与家长协作沟通,制定"菁菁家园"二十四节气中医药特色家长学校课程方案,充分发挥学校主导作用,密切家校联系,做到孩子与家长共同"起居有常",养成良好作息习惯,既不贪逸,又不妄作劳,重视调节起居作息。

第二节 以"医"促劳的基本概况

作为上海中医药大学的附属初中,晶城中学借助"中医药文化进校园"的契机,开拓校园文化建设思路,并采取各种有力举措进一步丰富中医药文化宣教资源,打造了校园文化特色品牌,实现了校园基础设施建设与中医药文化的有机结合,以及中医药特色教学与学生实践探究的有机结合,涵养了鲜明的中医药特色文化环境,形成了办学理念、校训校风、校园建设等多层次、立体化的中医药特色校园文化格局,以"医"促劳是其中的重要组成部分。

《义务教育劳动课程标准(2022 年版)》明确要求,义务教育劳动课程以丰富开放的劳动项目为载体,重点是有目的、有计划地组织学生参加日常生活劳动、生产劳动和服务性劳动,让学生动手实践、出力流汗,接受锻炼、磨炼意志,培养学生正确的劳动价值观和良好的劳动品质。根据这一课程标准并深入贯彻《上海市学校劳动教育"十四五"规划》和《闵行区教育综合改革示范项目实施方案(2022—2025 年)》等文件精神,晶城中学充分发挥上海中医药大学资源优势,借助中医药特色和中医药种植基地,整合学校、家庭、社会各方面力量,协同育人,创新劳动实践活动,以"菁菁园"为窗口打造中医药文化宣传阵地,传递丰富的劳动知识和中医药传统文化,并探索确立了劳动教育的四大活动课程体系。

一、构建“学科＋劳动”课程，劳动教育与学科教学相融合

普通学校中的劳动教育发源于欧美的劳作学校教育和“从做中学”以及苏联的统一劳动学校教育。而新时期的劳动教育内涵进一步扩展，具有本质自然性、目标改造性、概念发展性、内涵统领性、内容强联结性、执行适度性、价值召唤性和评价自发性等特征。①

学校积极探索新时期劳动教育的概念，以大劳动观和大教育观为抓手，积极响应新时代的号召，在学科层面上关注劳动教育的彰显与融合，同时激活劳动教育的手段、形式、目的，与学科教学深度融合，在彰显其自然本质的基础上，挖掘学科内容关联，增加可实行性，并逐步建立合理、可靠的劳动课程开发、教学、评价体系。

学校以培养学生的劳动素养为目标，构建“学科＋劳动”课程，促进劳动教育与学科教学的融合。目前学校各学科组以地域性的中医药文化和农耕文化为基础，根据不同年级设计了“分学段的学科实践＋劳动研学”的课程。以中医药种植为例，各学科组围绕“中医药”展开知识教学和实践探究活动，形成了语文学科、生物学科、地理学科、物理学科、化学学科、美术学科、中医药学科七大类中医药种植探究活动手册。

同时，结合拓展型学科特色精选项目和载体，开发传统农耕种植劳作、跨学科拓展实践、“药食同源”调查实践、线上课程等板块的课程内容。以“菁菁园农耕劳作”课程为例，要求每个学生都要参加规定课时的户外种植生产劳动。学生完成对应时令的拓展型劳动课程，这些课程整合了语文、生物、地理、劳技、美术、民俗等相关知识，以项目学习的方式进行创意制造实践。设立劳动争章制度，由对应的学科教师评价赋分，中队辅导员结合实际情况颁章。

在针对全校891位学生的《晶城中学中医药文化进校园现状调查》问卷中，针对“你认为学校开展的劳动教育相关课程丰富吗”这一问题，774位（占86.87%）学生选择丰富，45位（占5.05%）选择不丰富。这体现了学校目前开展的“学科＋劳动”课程已经满足了绝大多数学生的要求，构建了更加多样化、更加丰富的学科劳动教育课程体系。

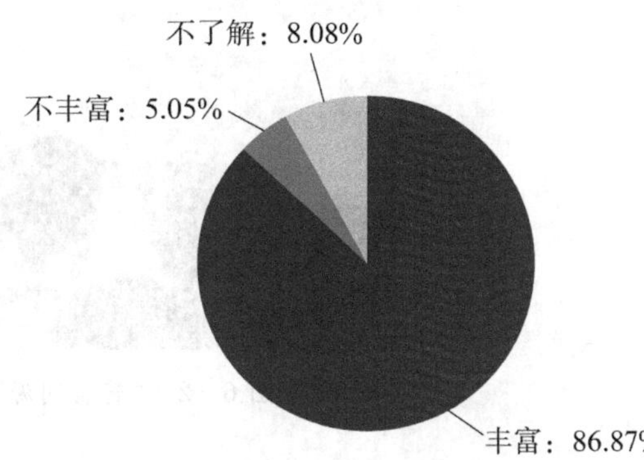

图6-1　你认为学校开展的劳动教育相关课程丰富吗？（学生卷）

① 王连照．论劳动教育的特征与实施[J]．中国教育学刊，2016(07)：89.

二、构建“劳动＋X育”课程，五育融合

劳动教育和德、智、体、美四育存在着基础关联，也是其他四育的重要价值彰显。在当代五育融合的时代大背景和号召下，必须凸显综合性与统领性，让劳动教育成为一种价值召唤，强化劳动教育的激励性与基础性，让劳动成为一种积极的生存方式，加强劳动教育与其他四育的融合，让劳动教育成为一种制度建构，避免劳动教育在实际学校生活中被弱化、被软化、被淡化，可以保障劳动教育在新时期得到真正、全面、科学的实施，真正奠定劳动教育作为为五育中必不可少的重要地位。①

学校以劳动实践为路径，构建“劳动＋X育”课程，促进五育融合。例如，在体育板块，加强体育与健康课程、劳动课程的跨学科学习，通过种植、采摘等劳动活动激发学生的身体锻炼，在身体运动和劳作的过程中增强体质，感知劳动的乐趣，真正体悟劳动的精神和奉献的精神。在美育板块，通过创造性的生产劳动，生产美的产品和思想，使学生在劳动的过程中欣赏美、感受美、体验美和创造美，逐渐培养美育素养。在“食育”板块，通过食物和食品的饮食教育，例如种子的播种、收割和劳动种植体验让学生感知食物最原始的状态，培养儿童正确的饮食习惯。

图6-2 “药食同源”德育劳动特色课程

三、构建“生活＋劳动”课程，劳动教育与生活融合

国内学者针对目前劳动教育所面临的窘境，将其概括为劳动教育目的的“外在

① 陈理宣，刘炎欣. 劳动教育与德智体美教育的基础关联和价值彰显[J]. 中国教育学刊，2017(11)：65.

化”、途径的“去身体化”、环境的“去自然化”以及方法的“规训化”等价值困境。① 这些价值困境的背后，掩盖了劳动教育本真意蕴，忽视了学生自身的全面发展、价值的提升和自我完善。劳动教育作为促进学生精神成长的重要教化方式，在实践取向上应当回归自然，回归杜威所倡导的“从做中学”，走进学生的生活，打破学生生活和学校的死板极限，破除福柯所界定的在学校场域内对学生的身体规训，让学生回归到自然生活中去，在生活中学习，在实践中收获。

在此理论基础上，学校以劳动为媒介，构建“生活＋劳动”课程，促进劳动教育与生活融合。例如，在植树节，组织学生在奉贤区的中草药种植基地亲手体验播种，以真实生动的形式让学生走进中草药种植环境。通过主题学习和不同类型的劳动，将“劳动最光荣”的精神外化于少先队员的实际行动中。在传统节日之际，结合学校中医药特色，开展手工制作等劳动活动，让学生深刻体悟传统节日与劳动的意义。根据时令前往“菁菁园种植基地”，探索实施劳动实践教育，邀请农技人员、农业种植能手等到基地面对面、手把手传授农业生产知识和技能，学生来到基地的田间地头完成基础型课程，参与除草、翻地、挖沟、开垄、平整、种菜、浇水、采收等传统的农业劳动，体验劳动的艰辛和收获的喜悦，完成基础型劳动课程可纳入劳动教育学分。

四、构建“技术＋劳动”课程，劳动教育与技术融合

基于《义务教育劳动课程标准（2022 年版）》确立的劳动观念、劳动能力、劳动习惯和品质、劳动精神四大劳动素养，构建劳动文化、劳动实践、劳动审美和劳动创意四大课程板块，每个板块兼顾基础性与延伸性的基础课程与拓展课程，体现选择性与差异性的必修课程与选修课程。② 而这离不开技术对劳动教育的支持，技术一是指学生实践层面的内容学习，劳动可以充分体现科技感、现代性，而不是局限于传统所定义的体力劳动；二是指学校实施层面，可以借助科技的力量推广实施劳动教育课程。

图 6－3 学校 2018 年春季社会实践活动

学校以劳动为本体，构建“技术＋劳动”课程，促进劳动教育与技术融合。以探索“农耕田缘”学习实践为例，带领学生参观农耕田缘科普馆，让学生在知识科普、科技互动表演的听、视、感三种记忆维度中了解二十四节气、稻谷的生长过程、“五无蔬

① 徐海娇．劳动教育的价值危机及其出路探析[J]．国家教育行政学院学报，2018(10)：22．

② 王飞．新时代劳动教育课程体系的构建研究——基于《义务教育劳动课程标准(2022 年版)》的分析[J]．教育参考，2022(04)：34．

菜”(无农药、无化肥、无激素、无转基因、无除草剂)的种植方式,进一步认识农耕用具,并在垃圾分类的实际劳动中感受绿色、低碳生活。

结合学校中医药特色文化以及学校“食育”课程建设,以“药膳制作、精油萃取”实践课程为例,着重让学生体验食物“从田间到餐桌”的神奇变化过程,经历原料采收、精油萃取、食物烹饪全过程。每个时令都有节气食物、养生食物、地域美食,这些都可以衍化为操作性强的实践内容。学生通过个人、小组合作、亲子合作等形式参与劳动体验和项目研究,感受药膳制作的奥秘、饮食文化的魅力,感悟“国以农为本,民以食为天”的深远意义。

综合运用以上途径,学校倡导“从做中学”“从学中做”,打造了一系列传统和特色的劳动教育课程与实践活动,在保证学生校内劳动时间基础上,规范校内劳动内容,科学设计校内外劳动课程和任务单,采取项目式、主题式、探究式等学习方式,让学生在劳动实践中学习传统文化知识的同时,直接体验和亲身参与,培养他们吃苦耐劳、坚忍顽强、合作奉献、创新创造的劳动精神,让学生在劳动课程中体验到其树德、增智、强体、育美的综合育人价值。

第三节 以“医”促劳的实践探索

苏霍姆林斯基曾说:“劳动是有神奇力量的民间教育学,给我们开辟了教育智慧的新源泉。”围绕劳动的教育价值,学校因地制宜,深入挖掘中医药文化和传统文化中的特色元素,开发中医药实践课程,在劳动教学中渗透中医药文化,并依托传统节日策划了各类主题劳动活动,真正使学生在传承优秀传统文化的过程中增长智慧,锻炼劳动技能。学校针对以“医”促劳的实践探索可以说是遍地开花、百卉千葩,尝试了多种多样的与中医药文化息息相关的劳动活动。

在一项针对全校学生“请你按照喜欢程度(由高到低)对学校中医药文化相关劳动活动进行排序”中,356 名(占 41.59%)学生将中医药相关的劳技课放在第一顺位,随即是中草药种植活动、中医药相关的活动、二十四节气和传统节日相关的活动、学校安排的家庭劳动等。本节将参照学生偏好选择,选择学校部分特色活动和课程,描绘学校本草沁香、劳动育人践初心实践探索的美丽画卷。

表 6-1 请你按照喜欢程度(由高到低)对学校中医药文化相关劳动活动进行排序(学生卷)

选项	综合得分	排第 1 位	小计(人)
中医药相关的劳技课	5.1	356(41.49%)	858
中草药种植活动	5.02	165(19.81%)	833

（续表）

选项	综合得分	排第1位	小计（人）
中医药相关的活动（如制作药膳、香囊）	4.41	137（17.21%）	796
二十四节气和传统节日相关的活动（如制作重阳糕）	4.09	161（20.69%）	778
学校安排的家庭劳动	2.73	19（2.46%）	771
劳动研学活动	2.44	30（4.01%）	749
“劳动小能手”活动	1.97	23（3.05%）	754

一、融合中医实践，开发劳动课程

劳动课程是劳动教育的重要途径，具有鲜明的思想性、突出的社会性和显著的实践性，在劳动教育中发挥主导作用。学校以培养学生的劳动素养和劳动技能为目标，聚集各学科教学组教师的力量，精心开发了中医药特色劳动课程。这一课程旨在以中草药文化课程为依托，结合不同学科特点引导学生对中医文化、中药种植、道地药材、药膳指南等进行科学探究，从而掌握中草药种植等知识并养成一定的劳动技能。同时，让学生在此基础上进一步了解中医药文化历史及农耕文化，提高对中医药文化的兴趣，感悟传统优秀文化的底蕴及传承的重要意义。

例如，在主题为“菁菁校园”的劳动实践课程中，学校以薄荷生长周期为主线，融入学科知识进行劳动实践，开发了学科主题鲜明、实践过程完整、劳动实践评价齐全的项目式劳动课程。此外，在课程实施的全过程，贯穿了学生的自主探究活动，包括“探秘中医药传统文化”“探秘道地药材”“探究中草药薄荷种植”“探究制作薄荷药膳”“中草药数据统计与分析”等不同主题。具体方案如下：

第一阶段，在薄荷种植前（节选）

第一课时：由中医药学科组开展“中医药辨识之旅”主题课程，从中医药基础知识科普开始，通过中医药与中学基础课程的交叉和融合教学，把中医的整体观、系统学与基础学科学习融合，逐步升华中学生的思维。整个课程以中草药文化为依托，让学生对中医文化、中药种植、道地药材、药膳指南等内容的科学探究过程有深入了解，组织学生运用现代科学方法，对中医治疗技术和方剂进行实证研究，逐步培养学生的中医药探究能力。

第二课时：由地理学科组开展“打造专属田园——探索地理的奥妙”主题课程，介绍薄荷生长、发育的地理相关知识，适宜的气候、地形、水资源、土壤条件等。运用所学知识和地理工具，通过中医药种植基地的劳动课程，帮助学生观察和感悟地理环境及人们生产生活的状态，尝试解决实际地理问题。

第三课时：由物理学科组开展“小种植大学问——生活中的物理”主题课程，介绍种植薄荷的劳动工具使用的物理知识、简单机械在生活中的应用等，提高学生劳动效率。

学校牢牢把握新时代劳动教育价值追求，以中草药文化为依托，多维开展劳动实践活动，从中医药文化出发，以春生、夏长、秋收、冬藏为主线确立劳动教育的领域目标和能力目标，以“药食同源”项目式学习活动打造劳动教育特色课程。充分发挥学校在劳动教育中的主导作用，根据时令节气制定“菁菁园种植基地”基础型课程，结合学科特色精选项目和载体，开发传统农耕种植劳作、跨学科拓展实践、“药食同源”劳动项目等拓展型课程。

通过以上特色劳动实践课程，学生一方面在课堂教学和自主探究中学习到了学科理论知识，另一方面又亲身参与动手实践，锻炼了劳动能力，这一模式真正体现了“将劳动教育贯穿于人才培养全过程”的理念以及劳动教育与德育、智育、体育、美育的完美融合。

二、渗透中医药文化，实施劳动课堂教学

中医药学是中华民族的伟大创造，是中国古代科学的瑰宝。《中医药文化传播行动实施方案(2021—2025 年)》提出，要深入挖掘中医药文化精髓，讲好中医药故事、传播中医药文化、展示中医药文化魅力，这不仅有助于增强中医药文化吸引力，引导人们正确认识中医药的价值和贡献，同时也是推动中医药传承创新发展、弘扬中华优秀传统文化的实践需要。为进一步展示和传播中医药文化的魅力和价值，学校以“远志”学校少年宫为教学活动平台，围绕中医药文化特色并结合学生的日常生活健康教育和美感教育，设计了一系列精彩有趣的劳动教育课堂，如“制作中草药标本”“绘制本草”“制作香囊”“陶笛制作”等线下劳动教学活动。在此基础上，学校从 2020 年至今，在每年寒暑假期间持续开展“制作中草药标本”“绘制本草”“制作香囊”“制作药膳”等线上同步教学课堂，以丰富学生在寒暑期的劳动实践活动。

在面向全校教师的“你认为学校中医药文化与劳动教育有机结合的情况如何”的问卷调查中，共计 102 位教师做出了选择，其中，98 位教师认为“很好”，占总人数的 96.08%，仅有 4 位(占 3.92%)教师认为目前结合状况“一般”。这体现了目前学校就教师思想层面上率先实现了中医药文化与劳动教育有机结合，教师高度认识到了中医药文化与劳动教育结合的重要性和必要性，并为之付出了努力。

表 6-2　你认为学校中医药文化与劳动教育有机结合的情况如何?(教师卷)

选项	小计(人)	比例
很好	98	96.08%
一般	4	3.92%

（续表）

选项	小计(人)	比例
比较差	0	0%
不清楚	0	0%
本题有效填写人次	102	

（一）制作中草药标本

制作中草药标本是学校劳动教育的一个特色活动，既是对学校中医药文化的再度弘扬，充分体现和使用了学校百草园和校外基地的百草植被，同时，也让学生们在制作中草药标本的过程中，做到知识技能双丰收——一方面，可以感受到中草药不同时期生长的脉络、了解中草药的习性特点药性、近距离动手接触和辨别百草；另一方面，通过对标本制作的学习，学习灵活使用工具的技能。

正如苏联教育家克鲁普斯卡娅所讲，劳动既是有趣的，又是力所能及的，同时还要是一种创造性的劳动，而不仅是一种机械式的劳动。在“制作中草药标本”劳动课堂上，学校梁清锋教师在导入环节中带领学生认识和回顾校园百草园和本草园中很多有名的中草药，如田七、天麻、枸杞、厚朴、女贞子、藿香、佩兰、紫苏、薄荷等，并以藿香、佩兰、紫苏、薄荷等中草药的季节生长特性向学生提问“如何保存中草药的美”，由此开启了中草药标本的制作环节。学生通过灵活使用胶水、针线、卡纸、吸水纸、硬纸板、标本夹、绳子、剪刀和相框等，制作自己独一无二的标本。学生指尖上塑型的百草标本，在制作的过程中，就已经染上了学生在劳动中散发的趣味性、创造性。当将这些标本悬挂于墙上时，更是有无与伦比的满足感涌上学生心头，这就是劳动的魔力。

图 6－4　学生们的百草标本

（二）制作香囊

在劳动课上制作香囊，既可以发挥学生的动手能力，又可以让他们切实感受到中草药的魅力和实际用处。例如，将中药配制成香囊随身佩戴在身上，可以起到预防疾病的作用。香囊可以扶正气，调节机体的内环境，提升免疫力，通过中药的挥发性的物质，芳香避秽，改变病毒依附的生存环境，从而抑制病毒的感染。

早在唐朝药王孙思邈的《千金要方》中就有"佩绛囊，避疫气，令人不染"的记载，此句中"囊"指香囊，"疫"指疫病。意思是通过佩戴香囊，可以起到预防疫病、预防传染性疾病的作用。

"制作香囊"也是学校特色的传统劳动活动之一。在百草园植物肆意生长的暑假，学校梁清锋教师多次带领学生学习和制作了防疫香囊，并手把手讲解、展示制作的步骤和细节。

图 6－5　学生们的手工香囊

（三）制作药膳

我国传统的"药食同源"思想是一种养生思想的反映，从字面理解，即是指食物与药物具有相同的起源。它包括中医学中的食养、食疗等多方面内容。① 古代本草，尤其是食物类本草著作，记载了大量的"药食两用"中药材，并对相关原理、功效、禁忌及用法等进行详述。《千金要方》云"夫为医者，当须先洞晓病源，知其所犯，以食治之，食乃不愈，然后命药。药性刚烈，犹若御兵"，强调了药物性味猛烈，食物性味平缓。食物对人体的调节功能和药物不同，药物性质强烈，而食物平和，常具有补益作用，主要

① 朱建平，邓文祥，吴彬才，等."药食同源"源流探讨[J].湖南中医药大学学报，2015(12)：27－30.

体现在“食养”和“治未病”方面。[①] 而“药食同源”下最为生动的实例便是各地在历史事件中形成的各种“药膳”。总的运用原则是选择那些药性平和、适口、有应用传统的种类，大抵以补虚、强体、辟邪、应时为目的，运用的方式多种多样，以广大群众所熟知的，如为应对南方湿热天气的凉菜；以清热解毒为主体原料配制成固定配伍并具有特定功能的各种凉茶品牌，而形成了具有岭南独特的凉茶文化且已成为珍贵的非物质文化遗产；民间应用十分普遍的保健汤羹类等。[②]

学校植根于中医药特色实践，重点挖掘了药膳制作，并在学校食堂中依据“不时不食”原则为学生提供合乎时节、强身健体的药膳，通过融入一日三餐的学校饮食文化和线上课程资源、中医“药食同源”劳动实践课程等形式，提高学生的劳动素养，努力构建无边界的学校社会生活大课堂，让学生在更加广阔、更加丰富、更加灵活的时空体验到中医药文化与劳动相结合的魅力。

在线上课程中，学校“远志”学校少年宫专门开设十分贴近生活的实用课堂——“制作药膳”。在一节“制作药膳”的课堂上，根据不同季节的特点，任课教师将会讲解不同类型的药膳制作。如在炎炎夏日，结合夏季炎热的特点，教学生制作桂圆莲子粥来食用，以达到清热解暑、益气生津的功效。引用《本草纲目》的记载，解释荷花、莲子等的特性和药用价值，展示制作“桂圆莲子粥”的食材，并手把手为学生展示了制作的全过程。

桂圆莲子粥讲解内容(节选)

一份药膳的材料包含圆糯米60克、桂圆肉10克、去芯莲子20克、红枣6克、冰糖适量。其中莲子，能够补脾止泻、益肾固精、养心安神。桂圆肉，又称龙眼肉，具有补心脾、益气血的作用。大枣，补中益气，养血安神，缓和药性。之所以教学生制作“桂圆莲子粥”，一方面是因为它有补血安神、健脑益智、补养心脾的功效，对失眠、心悸、神经衰弱、记忆力减退、贫血具有较好的疗效。另一方面是因为夏季是一年当中阳气最旺的时节，阳气外发，伏阴在内，气血运行旺盛，活跃在机体表面，夏季膳食应顺应季节特点，应注意清热解暑、益气生津。

此外，炎热的夏季，部分学生容易出现消化道不适的一些症状，如脘腹胀满、食欲不振、恶心呕吐等。而据历代医书记载，陈皮是治疗脾胃气滞、脘腹胀满、不思饮食、嗳气呕吐、消化不良的常用药。学校教师随学生身体状况而定，特意推出“陈皮粥”教学视频，教学生制作和食用“陈皮粥”，有助于理气健脾，燥湿化痰，改善食欲不振、纳差食少、恶心呕吐、咳嗽痰多、胸膈满闷等症状。

---

① 单峰，黄璐琦，郭娟，等. 药食同源的历史和发展概况[J]. 生命科学，2015(08)：1064.

② 刘勇，肖伟，秦振娴，等. “药食同源”的诠释及其现实意义[J]. 中国现代中药，2015(12)：1251.

（四）创造本草

正如苏联学者德廖莫夫在《美育原理》中所说，劳动不仅创造着美，而且劳动本身就是美。劳动作为一个过程，在一定条件下可以带来美的享受。学校教师充分开拓中医药本草之美，让学生以中医药植株作为创作素材，感受劳动之美。在“绘制本草”劳动课堂上，吴晓茜、华中元等教师带领学生绘制了多彩多样的本草作品。例如，在2021年寒假国画教学第一课——绘最美本草课堂中，吴教师向学生介绍了药材“枇杷”的功效，以及蕴藏的寓意、诗词等文化知识，将劳动教育与美育、语文学科教学等相融合。

枇杷，属于蔷薇科枇杷属常绿小乔木，是美丽的观赏树木和果树。作为药材，枇杷可以入药并具有多种功效。例如，枇杷的果实味甘、酸，性凉，归肺、脾经，有润肺、下气、止渴的功效，多用于治疗肺燥咳喘、吐逆、烦渴等。枇杷的叶子味苦、微辛，性微寒，归肺、胃经，有清肺止咳、和胃降逆、止渴的功效，一般用于治疗肺热痰嗽、阴虚劳咳、咳血、吐血、胃热等症状。

在中华文明传统文化里枇杷有高贵、美好、吉祥、繁盛等美好象征，也寓意着家庭团圆美满，它的外形是金黄色，并且外形也是圆的，所以它象征着团圆、多子多福。另外，枇杷树也是一年四季常青的，生命力很旺盛，有着“希望、活力”之意。

从古至今有无数用诗词绘画表现过它的美好，国画大师亦喜爱它，曾有大师写道：“芳香不买隔年花，欲堕黄金树干斜。曾遇白沙谙此味，始知人世少枇杷。”

课堂上，教师通过带领学生欣赏大家百草绘画、剪纸作品等形式，学习创造百草的要求和细节。通过教师的讲解，一幅栩栩如生的百草水墨图、剪纸画、拓印画以各

图6-6 学生制作“最美本草”作品

种各样的形式跃然纸上……

三、开辟劳动基地，开展综合实践劳动

党的二十大报告明确提出，要“在全社会弘扬劳动精神、奋斗精神、奉献精神、创造精神、勤俭节约精神，培育时代新风新貌”。2020 年中共中央、国务院发布的《关于全面加强新时代大中小学劳动教育的意见》中明确要求，“学校逐步建好配齐劳动实践教室、实训基地”。

为进一步贯彻党的二十大报告提出的要求，深入贯彻落实相关文件精神，学校结合中医药文化特色，与上海市奉贤区临海村党支部合作共建，开辟了学校首个综合性劳动实践基地——“上海市菁菁校园中医药文化宣传教育基地”（简称“菁菁校园”），以进一步加强学校劳动教育，协同开拓劳动育人的“大思政课”的新视野。

2023 年植树节，“菁菁校园”基地开启了首种仪式。为了让学生在劳动实践中学有所获、劳有所得，劳动基地的教学采取了“学”与“做”结合的方式。首先，学校邀请农学专家带领团队为学生展示了中草药的种植方法，以直观、浅显易懂的方式引导他们了解现代农业耕种技术。与此同时，学校中医药学科指导教师为现场学生讲解中草药的生长环境、种植方法和药用价值。随后，现场的家长和师生在指导教师的帮助下一起分工协作、挥锄培土，种下了一颗颗中草药药材，如薄荷、艾草、枸杞，以此开启中草药“辨识明理”之旅的第一课。

学生反馈（节选）

在草长莺飞的三月，我们来到了“上海市菁菁校园中医药文化宣传教育基地”参加首种仪式。当我踏上属于自己班级的土地时，我的内心按捺不住喜悦和兴奋。在指导教师的带领下，我们先后种植了薄荷、玫瑰、线茄、栀子花以及桑树。在种植的过程中，我学会了许多农学知识，比如，只有巴掌大的幼苗也需要留出足够的距离，为以后的生长留足空间。中医药学科的梁教师也告诉我们，桑树全身都是宝，桑叶、桑枝、桑葚、桑白皮都可以入药。我们在土地上挥洒汗水，感受着劳动带给我们的充实和满足，在劳动实践中认识中草药，积累中医药文化基础知识，感受中华优秀传统文化的魅力。

在“你认为学校劳动基地的综合实践劳动开展情况如何”调研问题中，全校共计 891 位学生进行投票，其中，770 名（占 86.42%）学生认为目前学校劳动基地的综合实践劳动状况开展良好，113 名（占 12.68%）学生认为一般，认为开展不尽人意的仅有 8 名学生。这体现了目前学校“菁菁校园”基地已经获得了较大进展，满足了大部分学生需求。当然，也留下了一定成长空间，留待继续挖掘完善。

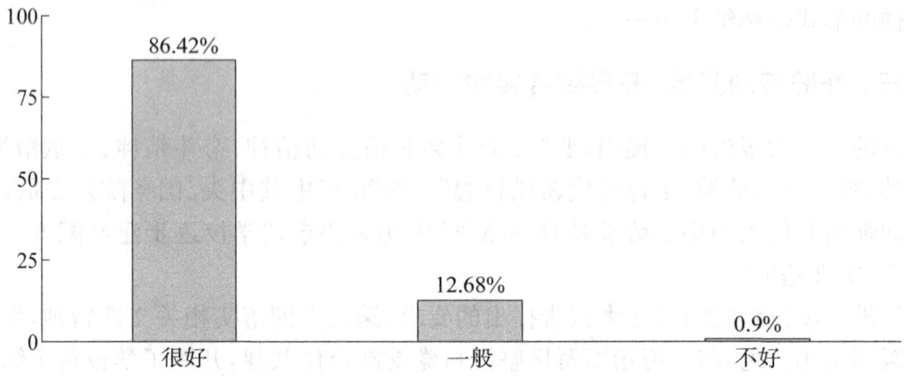

图 6-7 你认为学校劳动基地的综合实践劳动开展情况如何？（学生卷）

四、依托传统节日，策划主题劳动活动

文化兴则国运兴，文化强则民族强。习近平总书记强调："没有中华文化繁荣兴盛，就没有中华民族伟大复兴。"中华优秀传统文化是中华民族的"根"和"魂"，促进优秀传统文化的创新性发展是我国文化和教育事业发展的一个重大命题。

著名作家林清玄曾说过：人应该站在传统上，内心才会深刻，才会有信心。近年来，许多中小学兴起了国学热潮，为优秀传统文化的复兴提供了实践的突破口。然而，要真正发挥优秀传统文化润心立德的作用，让学生增强对优秀传统文化的自觉和自信，必须在"学"和"做"上下更多的功夫。正如古代大儒荀子所言：君子之学也，入乎耳，箸乎心，布乎四体，形乎动静。端而言，蝡而动，一可以为法则。由此，学校在深入挖掘优秀传统文化和中医药文化的基础上，结合传统节日文化，用心设计"学"与"做"相结合的主题劳动教育活动，在丰富多彩的劳动中培养学生的劳动素养、厚植学生的家国情怀。

春节、端午节、中秋节、重阳节等节日的缘起都充满了古代劳动人民对美好生活的向往与追寻，学校熔铸中医药特色，让这些传统的中华传统节日焕发不一样的光彩，充分利用现实校内资源，合理分配教师，根据不同年级的身心特点设计不同主题的中医药与传统节日相结合的特色活动。以下选择端午节作为案例进行展示：

图 6-8 六年级学生端午节活动

每年的端午节，百草园内的艾草正郁郁葱葱，它的芳香浓郁，能够刺激感官使人清醒，同时还有净化空气的作用。端午节插艾草，有着招百福的美好寓意，表达了人们对美好生活的向往。学校张玲丽教师带领六年级的学生前往学校百草园采摘新鲜艾叶，与其他花材、

五彩绳、香囊等配件一起制作艾叶门挂，将浓浓祝福情裹进悠悠艾草香。

七年级的学生则前往“思邈馆”，在梁清锋教师的指导下运用中医药课程中所学到的知识，按方配制本草驱虫香包制作香囊。八年级的学生则以“裂纨素兮似雪，制团团兮如月”诉说团扇胜雪之美，在团扇上画着满是翠绿色彩的艾叶，悠悠本草，鼻尖绽放。

图 6-9　学生进行端午节活动

五、促进家校联动，丰富家庭劳动生活

著名教育家苏霍姆林斯基曾说：“没有家庭教育的学校教育和没有学校教育的家庭教育，都不可能完成培养人这样一个极其细微的任务。”对于学生的健康成长和全面发展，家庭和学校的作用都不可或缺。只有学校教育、家庭教育两者联合起来形成教育合力时，才能在学生的成长过程中发挥出教育的最大作用。因此，家校共育下的劳动教育更有利于提高学生的劳动素养。[①] 2020 年，中共中央、国务院和教育部先后发布了《关于全面加强新时代大中小学劳动教育的意见》和《大中小学劳动教育指导纲要（试行）》，其中明确提出“中小学劳动教育要推动建立以学校为主导、家庭为基础、社区为依托的协同实施机制，形成教育合力”。

（一）学生居家劳动实践活动

为进一步提升家校协同育人促进劳动教育的成效，学校围绕“三主体”的理念，充分利用自建校来就形成的“家长驻校”和“家长委员会”等制度，设计了一系列家校联动的劳动实践活动。例如将校园日常劳动与家庭日常劳动结合开展的“劳动小能手”和“实践巧手”活动，此外还有校园节日劳动、居家劳动、寒暑假家庭劳动以及劳动教育主题月劳动等相结合的劳动活动，通过持续性形式多样的生活劳动，激发学生的劳动主动性，帮助他们掌握多样化的劳动技能。

① 马凯，沈思琪. 家校共育：促进青少年劳动教育合力发展[J]. 吉林省教育学院学报，2023(04)：33-38.

学校每月会分年级组织开展各类劳动实践活动。如在2022年5月的劳动中，七年级学生开展了“房间‘美颜’计划”“中医药膳”“饮品制作”“晾晒衣物”等活动，八年级学生开展了“美化盆栽或绿植”“制作趣味果盘”“清洁碗具”等活动。学生每天一点一滴地用心劳动，运用他们在学校学习到的劳动技能、劳动知识，提高了各自的生活自理能力，又将中医药饮食文化、中医药植株养护方法传播到千家万户中。

(二) 家长劳动教育特色课程

2017年，教育部印发《中小学德育工作指南》，《指南》明确将家庭教育纳入德育工作体系，指导各地各校建立家庭教育工作机制，丰富家庭教育指导内容，帮助家长提高家教水平。2019年，中共中央、国务院印发《关于深化教育教学改革全面提高义务教育质量的意见》，《意见》要求重视家庭教育，充分发挥学校主导作用，密切家校联系，把“家校协同育人”作为教育部工作的重中之重。在上述文件精神指导下，学校从家长普遍关心的学生学习及健康成长问题着手，建立家校共育新模式，创新并丰富家庭教育内容，形成家庭教育的新高地。

从学校的中医药特色出发，建设“菁菁家园”家庭教育新阵地，提升家长在学生教育方面的参与度与高度。“菁菁家园”就家长关心的学生饮食、保健、家庭氛围营造、青春期教育等问题，以二十四节气为主题打造中医药特色内容，传承和弘扬中华民族优秀传统文化，深化家庭家风建设。每节课程包含候(气候)—居(起居)—食(饮食)—乐(游乐)—动(运动)五项内容，促进家庭教育氛围建设，教育和引导家长更新教育观念，树立科学的育儿观，加强家校共育，共同促进孩子的健康发展。

表6-3 “菁菁家园”二十四节气中医药特色家长课程

节气	主题
立春	初春生命的律动——立春(健康理念:顺阳—疏肝)
雨水	红梅点点传春讯，春雨蒙蒙万物生
惊蛰	春雷乍响，感受生命的律动
春分	春面不寒杨柳风，一起学习平衡的智慧
清明	气清景明，慎终追远
谷雨	雨生百谷，清净明洁
立夏	孟夏之初，共赴这场“成物礼”
小满	小得盈满——小满节气里的大智慧
芒种	绵绵梅雨的困扰——芒种(健康理念:祛湿—健脾)
夏至	圆荷始散芳，新麦已登场
小暑	盛夏开启，暑热渐浓

（续表）

节气	主题
大暑	暑日炎炎的烦恼——大暑(健康理念：清热—宁心)
立秋	秋之始：一枕新凉一扇风
处暑	暑气渐消，开启秋日好时光
白露	更深露重，北雁南飞
秋分	昼夜等长，一程收获的时光
寒露	寒露菊芳，天凉好个秋
霜降	秋高霜冷的“燥动”——霜降(健康理念：润燥—资肺)
立冬	斗指乾，为立冬，文化传承一起来
小雪	小雪雪满天，来岁必丰年
大雪	银装素裹，共赴一场冰雪之约
冬至	隆冬腊月的寒意——冬至(健康理念：散寒—补肾)
小寒	数九寒天，一起寻找冬日的温暖
大寒	江山十里雪，烟火又一年

第四节　以“医”促劳的实践与展望

中医药学本身就是一门实践的科学，在千百年的历史发展过程中，中医药之所以绵延不绝、生生不息，离不开历代医者的辛勤劳动和付出，正是一代代从医者自觉以自身的脑力劳动、体力劳动进行探索和实践，中医药文化才得以继承和发展至今。

自建校以来，学校就十分重视中医药文化的传承以及劳动教育的实施。犹记得，2017年学校建成之时，由于时间仓促和人手紧缺，学校的卫生和布置整理工作还是由当年第一批学生和家长主动帮助完成的。从那时起，劳动的种子已经在晶城中学生根发芽，劳动的传统也一直传承至今。如今，学校在国家教育政策的指引下，将中医药文化与劳动教育结合，这既是学校传承中医药文化的重要举措，也是加强新时代中小学生劳动教育的特色工程。

多年来，学校因地制宜，依托上海中医药大学丰富的中医药文化资源，努力探索和打造出以中草药种植园——“菁菁校园”为核心的中医药劳动教育实践基地，开发出中医药文化传承＋劳动实践相结合的特色校本课程，让学生在丰富的劳动实践中认识中草药，积累中医药文化基础知识。

与此同时，学校发挥中医药文化和传统文化对劳动教育的引领作用，大力弘扬勤劳创造的传统美德，鼓励学生结合传统节日和习俗开展特色劳动，并从日常生活中的小事做起，在劳动实践中培养劳动素养，引导学生从青少年时期理解和学习“工匠精神”。

正是这一系列的组合拳，使得学校劳动教育内容丰富、形式多样，进一步实现了让学生在劳动中求知、在劳动中健体、在劳动中尚美、在劳动中成长的目标。在“下列与中医药相关的活动，哪些较有特色”的问卷调查中，全校共计 891 位学生进行投票，752 名(占 84.4%)学生选择了校外中医药种植基地(种草药、植树活动等)，这说明，目前学校开展的校外实践活动已经取得了较大进展，依托校外中医药种植基地成功打造了学校的劳动教育品牌特色。随即是中医药相关的活动(制作药膳、香囊、中草药标本、祛痘药皂等)、中医药文化实践课程、二十四节气和传统节日相关的活动(制作重阳糕、水饺等)，这些都构成了学校劳动教育的重要组成部分，为学校多姿多彩的劳动教育添了浓墨重彩的几笔。

表 6-4 下列与中医药相关的活动，哪些较有特色(学生卷)

选项	小计(人)	比例
校外中医药种植基地(种草药、植树活动等)	752	84.4%
中医药相关的活动(制作药膳、香囊、中草药标本、祛痘药皂等)	703	78.9%
中医药文化实践课程	684	76.77%
二十四节气和传统节日相关的活动(制作重阳糕、水饺等)	667	74.86%
劳动研学活动	428	48.04%
“劳动小能手”评选活动	378	42.42%

学校的一系列创新实践，不仅陶冶了学生的身心，丰富了我国基础教育阶段中医药文化启蒙教育的实践，还有力地提升了学生的劳动实践技能，受到了师生、家长和社会各界的广泛赞扬。在“你认为学校是否重视劳动课程和活动”的问卷调查中，全校共计 891 位学生进行投票，754 位(占 84.62%)选择重视，105 位(占 11.78%)选择一般，7 位选择不重视，25 位选择不清楚。这体现了学校中医药文化相关的劳动实践在宣传层面上，尽可能地扩大了劳动教育的号召力，让大部分学生认识到了劳动教育的重要性。

在“你参加过与中医药文化相关的劳动实践活动吗”的问卷调查中，全校共计 891 位学生进行投票，712 位(占 79.91%)选择参加过，179 位(占 20.09%)选择没参加过，这体现了学校中医药文化相关的劳动实践活动在落地层面上取得了一个极大的

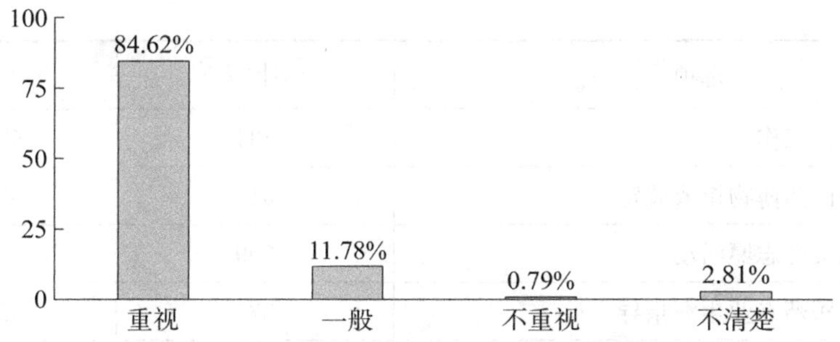

图 6-10　你认为学校是否重视劳动课程和活动(学生卷)

突破。这些活动动员了全校大部分学生充分参加，通过实际动手操作，如种植百草、制作药膳等，感受中医药文化和劳动的魅力。

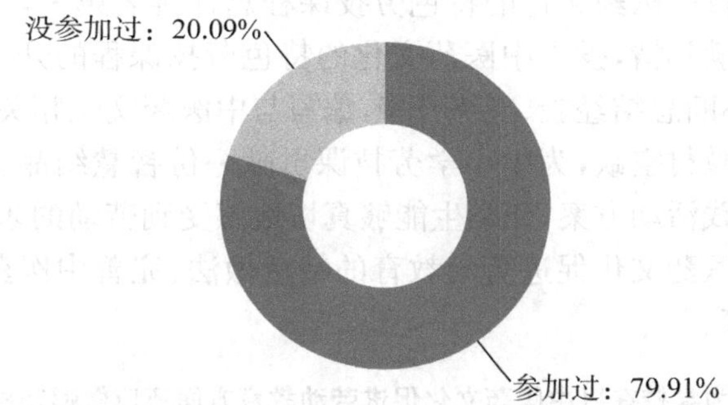

图 6-11　你参加过与中医药文化相关的劳动实践活动吗?(学生卷)

在 2023 年度学生对学校劳动教育评价中，绝大部分学生认为学校开展的劳动教育相关课程丰富，认为学校开展的劳动教育课程具有特色，但是针对学校目前的活动，大多数学生还希望学校开展更多形式的劳动活动。例如评选"小神医"、参观中医药博物馆或展览、体验医护工作、丰富中医药文化课题研究等，这也给学校开展下一步劳动教育工作安排提出了新的要求和展望。来来先上上方看，眼界无穷世界宽。通过进一步了解学生的需求，学校将在充分尊重学生意愿的基础之上，充分尊重"三主体"传统，做好调研工作，扎实脚步，走卓越创新之路。

表 6-5　你希望学校开展哪些与中医药文化相关的活动?(学生卷)

选项	小计(人)	比例
评选"小神医"	448	50.28%
演名医话剧	424	47.59%
丰富中医药文化课题研究	543	60.94%

（续表）

选项	小计(人)	比例
体验医护工作	534	59.93%
参观中医药博物馆或展览	612	68.69%
增加相关的志愿活动	399	44.78%
开展中医药专业生涯指导	375	42.09%
增设中医药文化社团	462	51.85%

在“你认为学校在以中医药文化促进劳动教育方面还应做哪些探索”的问卷调查中，全校共计102位教师进行投票，对学校下一步以中医药文化促进劳动教育提出了新的展望。其中开发中医药文化的特色劳技课程总计排名第一，学校将持续动员教师以一以贯之的饱满热情，投入中医药文化的特色劳技课程的开发中来。在课程不断开发的过程中，不断总结经验、凝练升华，编写与中医药文化相关的劳技课教材，弥补相关领域的校本教材空缺，为中小学劳技课贡献一份智慧结晶。学校将不断完善中医药文化劳动实践活动方案，让学生能够真切地感受到劳动的乐趣。与此同时，学校也将持续打造中医药文化促进劳动教育的特色做法、完善中医药文化促进劳动教育的评价方式，等等。

表6-6　你认为学校在以中医药文化促进劳动教育方面还应做哪些探索？（教师卷）

选项	小计(人)	比例
开发中医药文化的特色劳技课程	82	80.39%
编写中医药文化相关的劳技课教材	68	66.67%
完善中医药文化劳动实践活动方案	78	76.47%
打造中医药文化促进劳动教育的特色做法	72	70.59%
完善中医药文化促进劳动教育的评价方式	58	56.86%
提升中医药文化对学生劳动观念的影响	60	58.82%
加强学生日常劳动习惯的培养	57	55.88%

中医药是一座知识的宝库、文化的宝库、科学的宝库。中医药进校园，是中学生迈向文化自信的重要途径，是弘扬中华传统文化的重要举措。教育工作者能为年轻人打造一个喜闻乐见的、能参与、重体验、有反思、促成长的中医药文化实践劳动天地，是一件幸事。

未来，学校将继续发挥上海中医药大学资源优势，借助中医药特色和中医药种植基地，整合学校、家庭、社会各方面力量，协同育人，创新劳动活动和课程，逐步创造劳动教育促进五育融合的新景象，用劳动教育促进学生全面发展，生成一系列卓越育人丰硕成果。

在国家加强新时代大中小学劳动教育的号召下，学校通过劳动教育使学生在文化底蕴、科学素养、身心健康、劳动精神等方面的素质得到全面的提高，并且取得了一定成效。

道阻且长，行则将至；行而不辍，未来可期。美好生活，劳动创造。学校将紧紧围绕新时代要立足于“培养什么人、怎样培养人、为谁培养人”这个根本性问题，完善劳动教育课程体系，丰富劳动教育实践路径；继续视以“医”促劳为契机，弘扬“劳动最光荣、劳动最崇高、劳动最伟大、劳动最美丽”的时代新风尚，培养学生正确的劳动价值观和良好的劳动品质。

学校将一如既往地赓续力量，为培养社会主义现代化事业的建设者和接班人砥砺前行！

第七章

辐射影响:中医药文化融合教育的显著成效

面对教育高质量发展的新形势、新要求,晶城中学确立了传承中医药文化的办学特色,并将校园文化延伸、渗透到学生德育、校本课程、课堂教学、校园文化诸多领域,引领学校优质发展。学校师生秉承"天人合一,情理相融"的办学理念,认真践行"尚善求真"的校训,结合五育并举的时代要求,大力传承与弘扬优秀中华传统文化,努力将学校打造成具有浓郁中医药特色的个性化、现代化、国际化学校,全面提高学校办学质量,学校的办学实践得到了家长、上级主管部门和社会的高度认可。

第一节　中医药文化融合教育的媒体报道

近年来,通过中医文化融合教育的探索与建设,学校在育人方面和建校方面创造出了特色,取得了显著成效。学校中医药文化融合教育吸引了众多媒体报道,在全国范围产生了较为广泛的影响,树立了中医药文化特色教育的品牌,提升了学校的知名度和认可度。

以五禽戏为例,学校自 2019 年 4 月起,成为全国基础教育阶段首所推广五禽戏的学校。五禽戏最早由东汉名医华佗创编,主要是模仿虎、鹿、熊、猿、鸟五种动物的动作。五禽戏进入学校学生课间操,已形成学校独具特色的中医药校园文化。除课间操外,学校依托三类课程——"一课、一团、一队"扎实推进五禽戏的实施。学校在六年级专门开设了一节五禽戏基础性课程,与"4+1 体育课"紧密结合,面向全体学生;面向具有浓厚兴趣和一定基础的学生,开设了五禽戏社团课,即拓展性课程;而对于一些以技术见长、出自内心喜欢、愿意钻研和担当传承的学生,学校组成了五禽戏校队,作为探究性课程发展学生特长。此外,学校派教师到上海中医药大学参加培训,并获得结业证书,为学校开展五禽戏提供了师资保证。除了学生们喜欢,学校教师也积极参与。课间操期间,在工会的组织下,教师们也一起投入练习,舒展筋骨,强身健体。学校也向家长推广五禽戏,形成"教师、学生、家长"三主体共同参与的局面。这种丰富的体育锻炼形式让家长也深感新鲜。不仅如此,学校也向区域内的梅陇镇小初教育联盟成员校推广五禽戏，发挥辐射作用，让这一具有中医药特色文化的项目在更大范围内传承与推广。

在2019年12月举行的教育部中华优秀传统文化传承基地五禽戏传承学校签约仪式上，上海中医药大学附属闵行晶城中学和上海市浦东新区观澜小学、上海市浦东新区福山外国语小学、上海市浦东新区东荷小学等校一起，被评为教育部优秀传统文化五禽戏传承基地。晶城中学与这些学校进行紧密合作，参与构建了大中小学一体化的五禽戏传承教育体系。学校开办五年多来，连续四年在学生体质健康区级抽测中稳居闵行一流水平。五禽戏课间操被《人民日报》《光明日报》、学习强国APP、人民网、《新闻晨报》《东方教育时报》、上海电视台等各大媒体争相报道，并经国务院新闻办《中国网》宣发。学校的《弘扬中华优秀文化，传承中华体育传统项目——记闵行晶城中学五禽戏项目实践》还获得《上海武术》"爱我中华，武术传承大发展"系列征文活动一等奖，推动了五禽戏在基础教育中的实践。

学校的中医药特色的办学模式也受到广泛关注。2021年8月，《光明日报》发布了文章《中医药可以"很有趣"——上海面向青少年创新传播中医药文化》，其中便涉及晶城中学的中医药办学实践，重点报道了学校将中医药文化融入学科教学的方式与经验：

中医文化进课堂这一课题开展以来，上海中医药大学附属闵行晶城中学的教师们开始了中医文化融入学科教学的探索和实践。中医知识的融入，丰富了课堂，也传承了文化……"在晶城中学，课堂教学成了中医药文化进校园的主渠道。"晶城中学校长孙强讲到。学校鼓励教师深挖课程价值、加强学科建设，打造"中医课程"和"课程中医"相结合的模式。除了在六年级开设中医药文化课、七年级开设中医药探究课等"中医课程"外，开拓性地尝试"课程中医"教学，即以"中医药文化元素＋"的形式，构建与基础课程相融合的课堂教育体系。

学校通过推动中医药文化进校园，传承了中华民族优秀传统文化，搭建了学生综合应用学科知识的平台，提供了学生学习的新动力，提高了学生的综合素质能力。

2023年5月，《新民晚报》发表文章《从百草园到菁菁园，晶城中学开启中医药文化教育》，报道上海市菁菁校园中医药文化宣传教育基地"菁菁园"的建成：

晶城中学学生代表带来表演《十九畏方剂诀歌谣》。晶城中学党支部副书记季芳解读《中医药种植基地"药食同源"劳动实践课程实施方案》。闵行教育局副局长王维刚、奉贤区教育局副局长周英为中医药种植基地"药食同源"劳动实践课程揭幕。晶城中学学生代表共同发出倡议：百草约定传国粹，热爱劳动共成长；五育并举促成长，文化传承向未来。

"菁菁园"为学生提供了直接接触中医药的机会，为学生进行中医药文化实践提供了重要场所。

因中医药特色创新教育模式，学校受到了社会各界的广泛关注。这些媒体报道不仅是对学校多年来办学成绩的肯定，充分展现了学校师生风采和办学特色，也是对学校继续开拓进取的激励，鼓励学校进一步办好让人民满意的教育。

表 7－1　全国媒体对学校报道情况一览表

时间	媒体/平台	标题
2020.1.4	上海教育电视台栏目《申学记》	晶城中学迎新晚会活动
2020.3.23	“闵行教育”公众号	【云微课】浓浓药草香　微微云上来
2020.6.1	教育部中学校长培训中心	孙强：传承中医文化，争做“治未病”思想践行者——浅谈新冠疫情背景下学校管理新策略
2020.11.5	“上海升学”公众号（《新闻晨报》）	五禽戏上演，上海这所学校的课间操火了！然而更炫的还有……
2020.11.9	《人民网》	上海一中学课间操打五禽戏
2020.11.28	上海电视台新闻综合频道	五禽戏
2020.11.30	《东方教育时报》	五禽戏走进中学校园成热点
2020.12.29	《新晨早报》、“上海家长”公众号	新鲜！闵行这所中学的学生必须先考出自行车驾驶证，才能骑自行车上下学
2021.1.7	《青年报》	孩子们为什么对中医课情有独钟？关键在于领路人
2021.1.27	上海学习平台	【每日校训】上海中医药大学附属闵行晶城中学：尚善求真
2021.4.10	东方网教育频道	“让情感成为教育的动词、教学的暖流”——首届“晶城杯”学术节暨梅陇镇学区中学联盟展示活动闭幕式在晶城中学举行
2021.7.10	东方网教育频道	“晶”彩少年正青春　百年风华启新程-上海中医药大学附属闵行晶城中学 2021 届（首届）毕业典礼顺利举行
2021.8.7	河北卫视《我中国少年》	【我中国少年·校长说】国风少年展“五禽”之神韵
2021.8.22	《光明日报》	中医药可以“很有趣”——上海面向青少年创新传播中医药文化
2021.10.9	中国新闻网	推进中医药进校园　首届长三角青少年学中医药文化论坛开幕
2021.10.19	第一教育	沪上这所 4 岁的学校，有一颗几千岁的灵魂……
2021.10.23	上海教育电视台	爱国风传统文化节目

（续表）

时间	媒体/平台	标题
2021.11.1	“今日闵行”公众号	国风学校
2021.11.6	上海电视台	《课外有课》栏目——五禽戏和六艺的故事
2022.1.14	“宝山教育”公众号	共研食育课程，助力学校发展——行知中学附属宝山实验学校赴晶城中学参观学习
2022.3.22	“第一教育”公众号	时隔3年的云主题班会上，沪鄂两地的学生展开了一场群聊……
2022.4.19	“闵行教育”公众号	拥抱阳光，坚定信念！晶城中学云端关爱学生心理健康
2022.4.21	“闵行人大”公众号	【代表风采】孙强：奏响疫情防控“守护、使命、担当”三部曲
2022.3.23	中国教育电视台	时隔3年，沪鄂两地学生再聚云端谈抗疫
2022.5.9	上海电视台新闻综合频道	课外有课
2022.5.21	“今日闵行”公众号	面对延迟的中考，初三考生可以做些什么？
2022.5.24	“上海中医药大学”官网	新闻|“我爱国风潮”小程序正式上线，推动中华优秀传统文化创新传播
2022.5.25	上观新闻	讲述|网课2个月很想念学校，我用无人机记录学校从方舱还原美丽校园|附视频
2022.5.30	《上海中学生报》	劳动战疫情，宅家也精彩
2022.6.3	上海学习平台	【菁菁教苑】晶城中学开展劳动教育主题活动，让同学们通过劳动感受生活的美好
2023.3.13	《新民晚报》	晶城中学在中医药文化宣教基地举行首种仪式
2023.4.3	上海教育电视台	上海中医药大学附属闵行晶城中学校长孙强：让学校成为我们终生留恋的地方
2023.4.5	“今日闵行”公众号	从“毛坯房”到“样板校”，6年里闵行这所学校发生了什么？

第二节　中医药文化融合教育所获荣誉

一、通过学术会议，推介中医药文化融合教育成果

学校中医药文化融合课程、中医药文化体验活动等具有鲜明特色，不仅让学生更

深入地了解中医药文化，更好地理解和传承中华传统文化，也培养了学生的实践能力和创新精神，推动学生全面发展。

学校突出中医药等传统文化特色，进行整体布局，倡导学生、教师、家长“三主体”的管理模式，打造一流师资队伍，建设丰富多元课程。学校中医药文化特色教育在社会范围内取得了广泛影响。笔者作为晶城中学的校长，时常通过各种机会，介绍学校在这方面取得的成果，呼吁更多的学校加入中医药文化融合教育的行列中来，共同推动中华传统文化的传承和发展。

2021 年 4 月，首届“晶城杯”学术节暨梅陇镇学区中学联盟展示活动闭幕式在晶城中学举行，笔者在大会上做了主题为《让情感成为教育的动词、教学的暖流——提升优质办学的方略》的大会主旨报告，从学校“情理课堂”的来龙去脉、“情理课堂”的面貌特征、“情理课堂”的艺术实施、“情理课堂”的专业支撑这四点来展开报告，介绍无论是在落实“五育并举”全面发展过程中“情理课堂”的重要性、教学过程中的融情达理，还是基于情理教学的教师专业成长，都是学校在认真落实国家课程的基础上，以基础型课程校本化实施，拓展型和探究型课程自主化、个性化实施为依据，实现各类课程融通，形成课程合力，来助推学生与教师的可持续成长和发展。

2022 年 7 月 20 日，“上海中医药大学附属学校中医药文化特色经验总结暨儿童青少年中医药健康素养提升项目推进会”在晶城中学举行，笔者以“基于中医药特色建设的学校实践探索”为主题，从“做好中医药文化内涵的顶层设计”“建设具有中医药特色的校园文化”“建设具有中医哲学特点的行为文化”“五育融合视野下的中医药特色课程建设”“打造中医药文化的辐射引领圈”五个方面汇报了学校五年来中医药文化特色建设成果。

学校坚持通过中医药特色教育发展品质教育。2022 年 11 月 12 日，笔者参加了中国教育学会主办的教师专业发展学术会议并发言，以《中医药特色课程助推学校优质发展》为主题，分享学校依托上海中医药大学高校资源，传承中医药文化办学特色的校园文化。笔者从中医药特色课程实施背景、中医药特色课程体系构建、中医药课程建设显著成效、中医药课程建设憧憬展望四个方面进行发言，详细介绍了晶城中学建校以来在中医药特色课程一体化方面的研究探索，以新课程视域的角度，分享学校的课程一体化建设的实践与成效。

笔者还曾做过《传承中医文化，争做“治未病”思想践行者——浅谈新冠疫情背景下学校管理新策略》的报告，提出要思考运用中医文化“治未病”思想引领与制定疫情与后疫情下学校管理新策略，如从提前信息技术培训到“停课不停学”，探索线上教育教学工作，到立足长远制定后疫情卫生防控风险的长效机制等，抓住教育新契机。这些发言均进一步扩大了中医药文化融合教育的影响，推动中医药文化融合教育在中小学中的应用。

二、搭建各种平台，引领中医药文化的传播交流

中医药是中华文明的瑰宝，自国家颁布《中医药发展战略规划纲要（2016—2030年）》以来，中医药文化进校园、进社区、进家庭的各项工作不断展开。学校通过“情理课堂”的改革和实践，打造中医药特色课程、五禽戏、射箭及数学、物理等学科建设，起到了示范和引领作用，成为学区联盟引领校。为促进中医药文化的传播和交流，学校积极搭建相关平台和基地，打造中医药文化的辐射引领圈。学校不仅提供了学术交流、研究合作等机会，也为学生和社会公众提供了更多了解中医药文化的途径。同时，学校还组织了多场中医药文化活动，通过中医药文化知识竞赛等形式，进一步推动中医药文化的传播和发展，给考察专家留下深刻印象，带动其他学校参与中医药文化融合教育，与区域学校协同发展，在各类赛事中取得良好成绩。

（一）打造中医药国学辐射圈

中医药文化是中国传统文化的重要组成部分，具有深厚的哲学思想、文化内涵和实践价值。学校对中医药文化的传承与创新高度重视，坚持“天人合一，情理相融”的办学理念，充分依托上海中医药大学特色课程经验，以学科名师工作室专家为核心推进学区联盟名师工作室，成立学术指导委员会，将特色课程一体化建设融入学区化办学模式。

2019 年，学校成为闵行区梅陇镇学区联盟盟主校，为把学区打造成具有中医国学特色的学区联盟，学校建构了以中医药共建共享课程为核心的，以“一赛（区级中医药文创大赛）、一操（学区传统操比赛）、一景（中医药一校一品建设）”为圆弧的中医药国学辐射圈，进一步推动了中医药学习的新热潮，提高人们对健康生活的认识和意识。

（二）推动共建共享

学校着力建设“上海市中小学中医药特色示范性基地”，长期坚持开展中医药科普进中小学主题活动、举办中医药科普夏令营、开设中医药科普特色校本课程、编撰中医药科普系列读本等，不断搭建平台推进中医药的科普和中医药文化的弘扬，创新实践中医药科普知识。“射箭”与“中医药研磨”课程作为梅陇镇区域共享课程，为区域中小学提供课程资源共享，学校学生多次参加上海市青少年生态文明探究小论文评比活动，并获得奖项。2019 年 10 月学校被评为“闵行区体育传统校”，每年度都有 30 余人次在市区各类青少年射箭比赛中获得个人、团体名次，以射箭为基础的展示活动《射以观德》多次参与市区活动展演，获得表演奖项。

2021 年，为弘扬传统文化，丰富校园文化生活，推进阳光体育运动，增强学生身体素质，提升协作精神和集体荣誉感，彰显梅陇学子风采，学校承办了首届梅陇学区中小幼学生传统操展示活动。梅陇学区自 2017 年起依托上海中医药大学的优质资源，确立了“中医药国学、传统文化”的特色办学目标，并逐步加大了紧密型学区建设

的步伐,重点打造以“中医药”为核心、“六艺”为框架的国学课程,形成了具有鲜明的中医药特色的“一课、一操、一景”学区文化。“传统一操”比赛和展示活动主要基于梅陇学区特色打造,既促进了学生的体质健康,又促进了梅陇学区人文精神的发展。本次学区的“一操”比赛经过视频初赛和获奖展示两个阶段,产生了中小幼各组一、二、三等奖共17个,3个优秀教师创编奖。学校的积极参与并引领了学区学习中医药文化的热潮。

中医药文化是中国传统文化的精华。2023年3月,学校结合中医药特色文化,基于中学生核心素养发展需要,与奉贤区柘林镇临海村党支部合作共建,建设“上海市菁菁校园中医药文化宣传教育基地”,以“菁菁园”为窗口打造中医药文化宣传阵地,传递丰富的劳动知识和中医药传统文化,让学生在种植中辨识草药、学习更多中医药知识,弘扬传承中国几千年的中医药文化,同时培养学生吃苦耐劳、坚忍顽强、合作奉献、创新创造的劳动精神。这些活动充分展现了学校师生风采,推动了中医药文化融合教育的内涵、形式的发展,丰富了中医药文化进校园的方式方法。

为进一步普及、弘扬中医药文化,丰富学生假期生活,学校定期面向上海市中小学生举办“晶城杯”中医药文化科普系列活动。以第二届“晶城杯”中医药文化科普系列活动为例,本次活动分为“中医药文化知识知多少”“本草绘制”“经典方剂歌诀朗诵”“制作养生药膳”四个部分,学生可自主选择参加任一或全部活动。活动一“中医药文化知识知多少”为线上答题形式,中医药文化知识非常广泛,包括中药材知识、针灸推拿知识、中医诊断知识、中医养生知识等,通过趣味答题,推动学生了解中医药文化知识的历史、理论、实践和应用等方面的知识,培养学生的思维能力和解决问题的能力,增强学生的学习效果。活动二为“本草绘制”,教师指导学生绘制本草图,绘制对象为药用植物,作品中需标注植物名、中药名、用药部位及功效等,学生通过绘画的方式表达自己对中药的理解和感受,提高对中药的认识和兴趣,激发好奇心和求知欲。活动三为“经典方剂歌诀朗诵”,学生围绕中医药方剂歌诀制作朗诵微视频,朗读方剂歌诀原文,解读方剂歌诀。歌诀朗诵是一项创意性的活动,能够充分展现中医药方剂歌诀的魅力。学生可以结合自己的理解和创意,将中医药文化进行演绎和诠释,锻炼其对传统文化的传承创新能力。活动四为“制作养生药膳”,学生围绕中医药或地区特色制作养生药膳的微视频,展示制作药膳的过程,解读养生药膳,在活动过程中学生能够学习制作养生药膳的方法和注意事项等知识,了解中医药养生药膳的重要价值,掌握一些实用的制作技巧,提高自己的健康意识。学生因此能够进一步运用和实践中医药知识,对知识有更深层次的理解和探究,同时锻炼其表达和动手能力。这些活动内容丰富,形式多样,进一步推广了中医药文化知识,使广大中小学生深入了解中医药的历史渊源、理论体系等,体悟中医药文化的丰富内涵,更好地保护和传承了中医药文化。

图 7-1　第二届"晶城杯"中医药文化科普系列活动

三、开展合作交流,集中展现中医药文化进校园的成果经验

学校就中医药文化进校园积极展开合作交流,突出学生的主体地位,并经常指导学生参与中医药文化类的比赛。2021 年,学校参与长三角首届"仲景杯"青少年传统中医药文化知识大赛活动及长三角青少年学中医药文化论坛。在活动及论坛中,校长对学校中医药文化融合教育的经验与成果进行了推介。

2022 年,学校成功承办了中医药文化进校园现场交流推进会,对如何在学校传承与弘扬中医药文化精神进行了充分论述。

2022 年 11 月,在由长三角中医药学会联盟、长三角中医药健康科普创新联盟主办的长三角第二届"仲景杯"中小学生学中医文化大赛中,学校积极组织学生参加比赛活动。在"仲景杯"中小学生中医药知识竞赛项目中,学生田艺轩荣获一等奖,学生史洪源荣获二等奖,学生吕任卿荣获三等奖,于若熙等 14 名学生获得入围奖。在"仲景杯"青少年讲中医药故事 3 分钟短视频竞赛项目中,学生陈雅萱荣获一等奖,顾昱城、林子琪、王浩哲、熊以榕 4 位学生荣获三等奖,李佳慧、蔡忻彤、范墨轩、顾俊哲 4 位学生获得入围奖。比赛以青少年喜闻乐见的活动形式,通过演绎、朗诵等形式,很大程度上调动了学生学习传统文化的积极性,为喜爱中医药文化的中小学生提供了学习的平台,满足了中小学生"学中医、用中医、爱中医"的热爱与需求。

通过活动,学校涌现出很多优秀的中医药创新作品。这丰富了学生的学习生活,激发了中小学生了解和学习中医药文化的兴趣，增强了学生对中医药文化的了解和认识，提升了学生的中医药文化健康素养，帮助学生进一步确立文化自信。

2023 年 7 月，学校陈文婷教师指导下的《闪“药”晶城——中药歌诀〈十九畏〉》和梁清锋教师指导下的《五禽戏》两件作品入围了《中国中医药报》评选的“2022 年中医药文化进校园展示视频征集活动优秀作品”，这些作品除了在国家中医药管理局局属全媒体平台进行发布和展播外，还在中央广播电视总台、学习强国 APP 等主流媒体平台推送，并纳入“中医药文化进校园优秀活动案例”在全国推广。这两件作品开拓性地尝试用“中医药文化元素＋”的形式，将中医药文化知识和初中音乐、体育、美术等基础学科进行充分融合，不仅立足于中华优秀传统文化，深挖中医药文化的内涵精髓，还集中体现了学校开展中医药文化进校园工作的成果经验，为各地更好开展校园中医药文化主题活动提供了有益借鉴。

第三节　中医药文化融合教育的研究与成果

教育科研是学校发展的原动力，对提高学校管理水平、提升和激励教师专业发展、促进学校深化改革、提高学校教育质量起着极其重要的作用。学校注重以科研为引领，通过中医药文化相关的课题研究，开展系列化、深层次的持续研讨，集中教师力量进行深入研究，不断探索和创新，深化办学内涵，提高中医药文化的传承和发展水平。

一、以科研为引领，推动课题研究

学校进行制度建设，合理规划。根据学校未来发展对教师团队的专业需求，立足学校实际，针对不同层次、不同年龄结构的教师需求，学校寻找专家支持，制定具体路径与目标，进行追踪调查，合理制定了《晶城中学教师个人发展三年规划》。在校长室、专家的引领下有效衔接市区资源，规划教师系列培训和梯队建设，通过建立“项目团队”、开展“青教研修班”等形式，给教师提供更多发展平台，促进教师专业发展。

学校科学引领，强化研讨机制。以课题研究为抓手，落实科研管理工作，进一步完善学校原有的科研评价和激励机制，使科研有章可循，奖惩有据。用学习引领研修路径，由专家引领教学方法，以校本研修为依据，关注课堂教学、课程建设，由课程引领教师发展，逐步形成有同伴的积极主动合作、有高端教师的同步指导引领的研修范式。引导教师加强专业学习，进行相关科研培训，提高教师科研素养。晶城中学的教研活动形式多样，通过不同年级、不同层次的研讨，着力解决传承和实践中医药文化中的问题，推动中医药文化融合教育的可持续发展，不断提高教师的专业素养。

学校钻研中医药文化特色教育，成绩显著。以教育科研促整体发展，倡导人人皆为科研工作者，成功立项区级大课题7个、区级小课题16个、校级课题14个，不断探索和创新，为推动中医药文化的发展贡献力量。

学校着力研究了运用中医药文化优化提升学校教学质效的问题。如学校课题《在中医药特色"情理课堂"中培养学生科学思维——〈探秘道地药材〉的案例分析和反思》在2020年获得闵行区中小学幼儿园优秀教学案例评选一等奖。学校注重弘扬中医药精髓，培养学生综合运用知识的能力。学校建设了诸多以中医药文化为特色的项目化学习，如《探秘中医名方——从清肺排毒汤中谈古代名医张仲景中药使用原理》这一项目结合科学、中药、劳技三门学科的知识，让学生通过学习经典方剂，从分析、解读方剂中体会中医治疗疾病的智慧，从君、臣、佐、使配方的原则中体会中医组方的奇妙，并最终在理解和再创造的过程中贯彻科学学科素养。此外，学生在过程中还能对时空观念产生更深的理解，培养热爱中医药优秀传统文化的文化自信和家国情怀。在项目实施过程中，学生以小组为单位学习古代名医著名方剂，深入了解方剂；教师结合实际，提出驱动性问题，引导学生进行思考和讨论，并以线上线下相结合的方式为学生搭建多元的项目成果展示平台；学校将中医药文化融入教学，以此来丰富学生的知识和文化背景，推动学生了解中医药文化的发展历程，认识中医药文化的价值和意义，进而自觉传承和弘扬中医药文化，锻炼灵活运用知识的能力。其中，《以项目化学习探寻中医药文化教学新模式》在2021年获得闵行区项目化学习成果评选论文类三等奖。

同时，学校还尝试运用中医药文化推动学校管理。在大课题《初中学校创建"情理校园"的实践研究》的指导下，学校树立了四情四理的课堂教学理念，其中四情：情境、情感、情绪、情怀；四理：理解、理念、理想、理性。教师努力探寻融情入理的教学设计模式、课堂教学模式，建立基于情理的课堂教学观测表、教学调研表，构建基于情理的课堂评价方案。学校"情理课程"根植于"天人合一，情理相融"的办学理念。在课堂教学过程中，教师根据学生的认知基础和特点，通过激励赞扬，感染学生情感，传递立德树人价值观，深化提升家国情怀，关注学生合作交流学习、理性思维传递、核心能力提升。

2019年，学校成为梅陇镇学区小初联盟中医药特色项目、名师工作室牵头校。2020年，学校参与信息化国家重点课题子课题1个、德育及少先队市级重点课题2个。此外，科技类、体育类、艺术类比赛获奖也是捷报频传，学生荣获市区级奖项130个；教师荣获市区级教育教学奖项54个，其中2名教师荣获上海市班主任基本功大赛一等奖。经过全校师生的共同努力，学校荣获闵行区2019学年办学绩效综合发展"优秀二等奖"，办学质量稳步提高。

学校还研究了中医药文化与各学科课程进行交叉融合的问题，探究运用中医药的文化核心打造特色校本课程，用中医药的诊断方法和理念更好地促进初中阶段文史哲、理化生科目的学习和校本教材的编写。学校在上海市闵行区教育科学研究课题《“医理微课程”的教法设计和实践研究》引领下，通过深入挖掘记载在古医籍中的中医药传统文化资源，引入“微课”范式的融合创新，以校自主拓展型课程的形式尝试传承发展的探索。“医理微课”是以视频为中心，以中医药文化为载体，针对基础学科知识点或教学环节而设计，通过正规课堂教学或通过网络平台展示简短、完整的教学活动。“医理微课”将记载在古医籍中的中医药传统文化通过“微课”的范式，转化为具有广泛参与性、交互性强的教学活动。学校在区级大课题的实践中，逐步形成系列衍生课程，实现跨学科的整合，开发了诸如“历史上的本草——名家、中医与社会”“无‘化’不说——现代化学与中医”“中医药与书画艺术”“中医世界里的光和影”“中国古代哲学与中医”等衍生课程。中草药特色课程与化学、生物、美术、哲学、信息技术等学科相结合，与书画艺术、民俗文化等主题文化之间进行整合。

如学校课程“本草园探秘”，通过科学观测方法，研究不同种植方式下中草药叶片的大小、长短、黄化率、含水量、精油的含量、药性药理等，培养学生对中医药与生物、化学等学科交叉研究的综合素质。“历史上的本草名家、中医与社会”课程基于中国历史发展的脉络，挖掘中医药发展的起源、形成特点、历史演变等，从历史的角度观察中医药发展的兴衰及历史发展对中医药的影响和作用。此外，学校还将《扁鹊见蔡桓公》等耳熟能详的历史典故编排成舞台剧表演，让学生懂得及时就医的道理和中医中药望、闻、问、切的特色诊疗方法。

课程“中学物理与中医火罐”同样具有代表性。拔罐是以罐为工具，利用燃火使火罐吸附于体表，造成局部瘀血，以达到通经活络、行气活血、消肿止痛、祛风散寒等作用的疗法，用于治疗许多痼疾，在中国有悠久的历史。该微课以“中医火罐疗法”视频为切入点，巧妙利用视频资源，突破教学难点，让学生对传统火罐疗法有一个直观的认识，让教学生动、有趣。

中医火罐疗法以文字描述为主，缺少客观性、量化性的语言，无法做到集简洁与严谨于一身。因此，课题组有效利用视频资源，通过视频资源让学生直观地认识中医火罐这种传统治疗方法。接着课题组再组织学生开展中医火罐现代化理化性质研究分析。以目标明确的中医药科技研究课题——《中医火罐治疗腰酸背疼症状并探究物理压强》为依托，让学生们自主查阅文献资料、自主研究讨论、自主操作测试，激发学生用大胆畅想、小心求证的科学精神去学习中医火罐背后的机制机理，通过更具客观性和量化性的科学语言来解释中医火罐传统疗法的原理。整个过程激发了学生学习中医药知识的积极性，锻炼了学生的动手社会实践能力，培养了学生科学探究的能力以及向更深的科技海域进发的勇气。这些为学生未来所进行的科学研究提供了一块坚实的垫脚石，并深埋了中医药现代化火种。

表 7-2　学校相关"中医药文化"课题立项及研究情况

年份	课题名称	承办单位	等第	教师姓名
2021	《"医理微课程"的教法设计与实践研究》	上海市闵行区教育局、上海市闵行区教育学院	区级良好	梁清锋
2021	《初中学校创建"情理校园"的实践研究》	上海市闵行区教育局、上海市闵行区教育学院	区级良好	孙强
2020	《依托教育联盟开展中医药文化体验活动的实践研究》	上海市闵行区教育局、上海市闵行区教育学院	区级	孙强
2020	《结合中医药文化，创新红领巾奖章活动的实践研究》	上海市少先队工作学会	区级	孙强、裴芸婷
2019	《中学物理与中医》		区级	梁清锋、华中元

表 7-3　学校教师在区级"中医药文化"课题研究中获奖情况

年份	比赛名称	承办单位	教师姓名	等第
2021	2021年闵行区晶城杯中医药科创比赛		梁清锋	优秀指导奖
2021	2021年"阅中华·悦成长"闵行区中华优秀传统文化教育(课程：民乐)	上海市闵行区教育局	杨雪茹	优秀指导教师
2021	2021年"阅中华·悦成长"闵行区中华优秀传统文化教育(课程：五禽戏)	上海市闵行区教育局	夏英杰	优秀指导教师
2019	第十三届上海市青少年生态文明探究小论文评选活动	上海市科技艺术教育中心		优秀指导奖

二、以课程为平台，成效明显

中医药文化教育的发展对学校的高质量发展具有重要的带动作用。学校推动五育融合视野下的中医药特色课程建设，以中医药文化特色引领学校教学改革，同时积极开展中医药特色课程教学，立足中医药基本知识的教授，针对认知发展最为迅速的中学时期的特点，建立把中医药特色课程打造成中学生"性智"与"量智"融合培养、"科学"与"人文"同步启蒙的综合型教学平台，形成基础知识教学、探究能力培养、思维水平升华三层次的中医药特色课程教学体系，使学生从小埋下中医药现代化和中医药文化传承的火种，为祖国中医药学发扬光大奠定重要的人才基础。积极推动课程改革，坚持德育为先，提升智育水平，加强体育美育，落实劳动教育。

学校聚焦学生核心素养的发展，注重实践能力的形成，建设了内容完备、衔接紧密的课程体系。围绕学校“情理相融，三位一体，全面发展，特色成长”的教育理念，通过对学校课程的规划、建设、决策、实施、管理和评价，提升学校教师团队的专业能力，实现学生全面发展、特色成长的课程目标。

在课程建设过程中，学校首先注重推动学生综合素质的全面提升。学生发展核心素养是落实立德树人根本任务的一项重要举措，也是适应世界教育改革发展趋势、提升我国教育国际竞争力的迫切需要。在中小学普及中医药传统文化具有深远的意义，对培养学生成为全面发展的人有着重要的作用。学校将中医药文化课程与德育、智育、体育、美育和劳动有机融合、相互促进，在立德树人的实现过程中更能内化于心。中学阶段实施定位以探究发现为主，以“中医文化元素＋”的形式融入基础课程当中，一方面培养学生运用所学的科学技术，探究中医药文化，深埋中医药现代化火种；另一方面也在搭建综合应用学科知识的平台，给予学习新动力，培养学生科学研究能力，提高学生综合素养。

其次，注重培养学生的关键技能与创新精神。重视在学习中培养学生关键技能，培养乐于动手、勤于实践、勇于创新的意识、习惯和能力。通过多种途径，包括实践活动、社团活动和班团队活动等，促进学生形成积极向上的生活和学习态度、良好的学习策略和可持续发展的学习能力。

最后，完善学习方式拓展学习时空。倡导学生进行自主探究、实践体验和合作交流有机结合，“做、想、讲、看、听”有机统一的学习，鼓励合理灵活地利用各种课程资源和信息技术，实现学习方式的多样化，通过多种途径来满足学生多样化和个性化发展的需要。

在国家基础课程和特色课程的融合方面，学校强调“抓实基础点，找准结合点，创新育人点”。在中医药特色课程的覆盖上，学校设计低年级学生以普及型课程为主，高年级学生则以拓展型和探究性课程为主，形成特色课程结构。通过这样的培育，让从晶城中学毕业的学生带着对传统文化、中医药文化深厚的情感和浓浓的兴趣，进入下一阶段的学习。

学校中医药特色课程建设，从中医药基础知识科普开始，通过中医药与中学基础课程的交叉和融合教学，把中医的整体观、系统学和辩证法融合于“德智体美劳”基础课程学习，形成了基础知识水平、探究能力培养、思维水平升华三层次的中医药特色课程培养目标，打造了以中医药普及性基础型课程、“中医药＋”学科融合的拓展型课程、探究型课程实施模式，具有逻辑性和层次性。

在中医药普及性基础型课程建设方面，根据中学生认知发展规律，组织编制中医药校本读本，以图文并茂的方式传授中医药基本知识。在此基础上编写的《菁菁本草》一书正式出版。结合读本，六年级全面展开中医药特色课程教学，每周 1 课时，课程内容包括中医特色诊疗、理疗、药学及中医药故事等内容，培养学生对中医药的兴

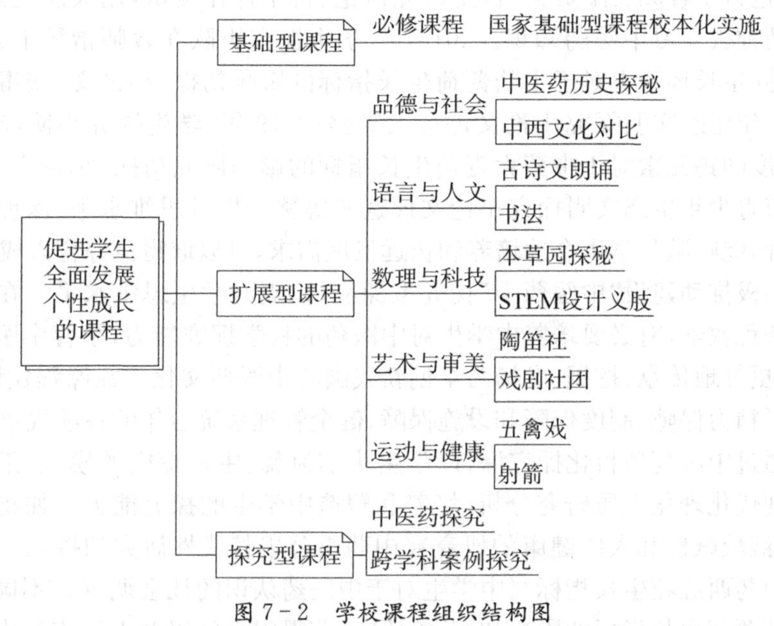

图 7-2　学校课程组织结构图

趣，营造中医文化氛围，厚植中医药学习土壤。

在“中医药＋”拓展型课程方向，通过中医药特色文化促进学科融合，奠定中医药哲学观基础。学校开拓性地尝试“课程中医”教学，即以“中医药文化元素＋”的形式，充分融入初中文史哲、理化生等基础课程当中，探索中医药文化与中学基础课程、基础教育相融合的课堂教育体系，达到中医药文化知识进校园减负不增负的教学效果，打下中学生整体观、系统论和辩证思维的哲学基础。

学校努力打造中医药文化核心的特色校本课程，用中医药哲思和理念，激发学生对传统文化的热爱和自信，更好地促进初中阶段文史哲、理化生科目的学习，在学习现代科技文化的同时与中华传统文化碰撞激发灵感和激情，让中学生从小埋下中医现代化的种子，奠定发扬中医药优秀传统治疗方法、弘扬祖国优秀传统文化的基础。通过做强、做实以中医药文化主导的校本课程，充分运用中医药特色课堂，充分发挥课堂主渠道的作用，系统地推动中医药文化进教材、进课堂，将中医药文化进校园落到实处。部分拓展型课程如“本草园探秘”“历史上的本草名家”“现代生物与中医”“中医方剂歌诀创编与演唱”以及“中医药图谱绘画与现代艺术”等，很大程度上能够帮助激发学生兴趣，厚植中医药学习土壤。

以“本草探秘”课程为例，教师在课堂上将热爱中医文化的六、七年级学生组成中医药文化探究小队，通过学生头脑风暴、主动探究的模式，开展中医药现代化理化性质研究分析，培养和塑造中学生探究能力。以目标明确的中医药科技研究课题为依托,学生通过自主查阅文献资料、自主研究讨论、自主操作测试,用大胆畅想、小心求证的科学精神去学习中医药知识。2018 年,学生探究小队在教师指导下开展研究,形成的《不同生长环境下对于中药薄荷生长指标的影响初探》小论文,获得第十二届上海市青少年生态文明探究小论文评选三等奖;2019 年,学生探究小队经研究形成的《不同浓度的钙元素对于中药大麦苗生长指标的影响研究初探》小论文,获得第十三届上海市青少年生态文明探究小论文评选三等奖。提升思维水平、深埋中医药现代科学火种,能够满足学生个性培养和长远发展需求,可以取得良好育人成果。

学校积极推动建设"中医药+"探究型课程,以提升学生思维水平。在中学生开展中医药课程教学,有必要培养中学生对中医药的科学探究能力,孕育中医药现代化种子,从而更好地传承、挖掘、发扬乃至创新我国的中医药文化。在课程建设过程中,学校建立了精力保障、制度保障和设施保障,健全管理系统运作的各项规章制度。

学校通过中医药项目化探究课,以学生头脑风暴、主动探究的模式,组织学生开展中医药现代化理化性质研究分析,培养和塑造中学生的探究能力。如指导学生完成《关于唾液酸碱性和人体健康的研究》《中药雷公墨替代性研究初探》《不同生长环境下名贵中药西红花生长指标》《中学生对于中医药认识的社会调查》《不同生长环境下对于中药薄荷生长指标的影响初探》等研究,获得闵行区以及上海市初中生研究性学习和科创大赛多项成果奖项。

学校坚持以生为本,用学生喜爱的方式来学习和传承中医药文化,并结合现代教育的特点,进行全方位育人。学校对中医药知识的基础教育十分扎实,通过中医文化融合教育,增强了学生传统文化涵养。学校将中医药课程与活动紧密结合,让学生们在活动中参与、在参与中感动、在感动中成长。六年级学知识,七年级掌握技能,八年级同学则可以探索研究,立项课题。近年来,学生们所做的《神农百草》《再见了,流感君》等课题都在市区级获得奖项,充分证明了学校学生徜徉在博大精深的中医药海洋,不断坚定文化自信。

三、促进五育融合创新,全面育人

学校以中医药文化为引领,大大推动了学校德智体美劳五育融合,取得了一系列成果。学校坚持德育工作为先,不断与时俱进,创新德育课程设计与实施。近年来获得诸多荣誉,包括上海市班主任基本功大赛一等奖 1 人、德育市级课题《构建信息化校本德育评价长效机制的实践研究》1 个、区级德育论文及案例获奖达到 9 人、区级优秀组织奖 2 个。

在开发智育方面,教学是学校工作的核心,学校通过"情理课堂"的改革与实践,在中医药特色课程、五禽戏、射箭及数学、物理等学科建设中起到了示范和引领作用,同时成立了学区联盟引领校、梅陇镇物理名师工作室和梅陇镇数学名师工作室。此外,学校还拥有区第五届闵教杯中青年教师比赛一等奖 1 人、二等奖 1 人,区首届"新苗杯”教学比赛一等奖1人，闵行区“园丁奖”1人。

学校体育也得到了强化，射箭、五禽戏等成为学生体育课学习的重要内容。市区级射箭比赛荣获一、二、三等奖共16个，区级运动会体育单项比赛6个，团体比赛4个。学校已成为教育部中华优秀文化传承基地五禽戏传承学校、闵行区体育传统学校。此外，学校的美育得到持续提升，学校成立三团一队，即合唱团、民乐团、书法社团和舞蹈队，以中华优秀传统文化艺术为重点，艺术社团参加校内外展示不下8次，参加集体比赛3次，区级艺术类学生获奖40个，区级合唱比赛荣获二等奖1个，区级小龙人展演比赛一等奖1个，区级戏剧展演比赛一等奖1个。学校建立陶笛普及特色社团、京剧特色社团等，进行国际陶笛项目校内展示1次。

在劳动教育方面，校内开展劳动教育实践活动每学期不下5次，参加区级劳动小能手比赛1次，校内主题劳动展示活动2次；学校成立上海市公益基地，开展梅陇镇人文行走中医药公益活动1次；结合中医药特色课程，学校开发了系列劳动教育课程，以中草药的种植、研制、应用主题活动每学期平均14次。

四、鼓励学生科研创新，成果斐然

学校立足学生的健康成长和长远发展，积极鼓励学生结合中医药文化进行科研创新，对中医药文化进行项目化探究，开展课题研究，深埋中医药现代化火种，硕果累累。2021年，在上海市闵行区教育局举办的2021年闵行区晶城杯中医药科创比赛中，学校在知识文化类方面获得一等奖1项、二等奖9项、三等奖15项，本草绘画类二等奖2项、三等奖2项、方歌朗诵类三等奖1项。

学校对培养学生探究能力高度重视，不断改进育人方式。要想让传统国粹中医药焕发青春活力，就有必要采用国际通用的现代科学语言来诠释中医药理论体系。在中学生开展中医药课程教学时，有必要培养中学生对中医药的现代化探究能力，孕育中医药现代化种子，从而更好地传承、挖掘和发扬我国传统中医药科学。为实现这个目标，学校针对七年级学生，开设中医药探究课，通过学生头脑风暴、主动探究的模式，组织学生开展中医药现代化理化性质研究分析，重视中学生探究能力的培养和塑造，积极引导学生参与研究性学习，并鼓励学生参与科研比赛，锻炼实践能力。

以研究性学习《中学生对于中医药认识的社会调查研究》为例，项目成员由3名七年级学生组成，在学校中医药文化的熏陶下及“天人合一”理念的影响下，学生对中医药知识产生了浓厚兴趣，因此很有必要围绕中学生对于中医药的认识展开探究。在学校教师的指导和初步调研的基础上，项目成员设计了相关问卷内容，制定了10个有针对性的题目，涵盖中医名人、中药知识、中医药就医体验、中医药文化推广建议等内容。项目组收集到200余份问卷，在此基础上，对这些问卷进行了统计，分析当下学生对中医药知识的认识程度，并分析学生继承和发展中医药文化的途径。通过对问卷答案的分析，可知中学生对中医药知识有一定的了解，但不全面；有些学生有一定的中医药治疗的经历，但不经常。上海的中学生相对于“中医药知识作为中国传统国学值得发扬光大”有统一的认识，并期望政府针对中医药知识进行通识教育，投入更多宣传，使中医药文化发挥更大的作用，让中医药拥有美好的前景。这项研究成果最终获得闵行区初中生研究性学习成果评选三等奖。

表 7-4 2020 年学生“中医药文化”课题研究获奖情况

年份	比赛名称	承办单位	项目名称	学生姓名	等第	指导教师
2020	闵行区初中生研究性学习成果评选	上海市闵行区教育学院	《“天外来客”中药雷公墨替代性》	史轩逸	二等奖	梁清锋
2020	闵行区初中生研究性学习成果评选	上海市闵行区教育学院	《中学生对于中医药认识的社会调查研究》	贾昆灏、姚奕、洪天锡	三等奖	梁清锋、赵卉、朱阳旭、屠伊能
2020	闵行区初中生研究性学习成果评选	上海市闵行区教育学院	《可折叠载人月球车方案设计研究》	刘镇源	三等奖	梁清锋

中医药是一座知识的宝库、文化的宝库、科学的宝库，为在认知发展最为迅速的中学时期开展中医药特色课程教学，学校高度重视中医药基本知识的传授，把中医药特色课程打造成中学生“性智”与“量智”融合培养、“科学”与“人文”同步启蒙的综合型教学平台，让学生从小埋下中医药现代化和中医药文化传承的火种，为祖国中医药学发扬光大奠定了重要的人才基础。

五、积累教学成果，推动特色课程教材出版

学校通过中医药文化融合教育的研究与实践，提升了课堂教学效果，积累了大量教学成果。通过中医药文化元素渗透与课堂教学，提高了日常课堂的趣味性和效率，增强了学生主动学习的意愿，达到了有效教学的目的。

学校以中医药文化特色为抓手，推动学校教学模式转变，更新教学理念，推动教学改革，逐步提升教师素质和专业水平，扩大社会影响力，获得社会的广泛关注。在大量积累教学成果基础上，学校注重转换教学成果，抓住时机推动特色课程教材出版，并以此不断推进学校教师进行反思和拓展，完善教学内容，更好地传授教学经验和知识。通过特色课程的出版，进一步扩大中医药文化融合教育的影响力，使更多的人受益。

以《菁菁本草》为例，《菁菁本草》一书于 2021 年 9 月由上海交通大学出版社正式出版，是学校“含菁咀华”中医药文化科普读本系列的第 1 辑，章节内容有：追溯本草

入药的源起、细寻中医药学的发展、解析药食同源的演变、思索今日本草的前景、绘制道地药材图谱、探究中草药的种植、创造智能园圃环境、解锁古药方的智慧。同时，本书开发与课程相关的AR课件：微课程、3D建模、H5互动等，融合中医类博物馆研学单、项目化学习任务单的设计，学生能够从线上、线下多个角度将书本知识同实际生活联系在一起，实现学以致用。特色课程教材的出版使教学成果得到进一步的凝练，推动了当代相关课程改革。

此外，学校还出版了《中医撷菁：中医药文化的跨学科项目化学习》，七年级学生通过学习本书，进一步体验中医药文化的跨学科项目化学习。七年级第一学期，学生首先从身边的中医药开始，认识中医药的三种类型。其次从熟悉的学科语文中开始跨学科学习中医药，而后从书本过渡到实物，以实物为载体学习中医药。最后再回归到生活中，学习传统节日与中医药的关系。在经过将近一学期的项目化学习后，学生对“生活中医”有了一定思考后，进而产生对中医哲学的探讨。七年级第二学期，学习难度有所上升，在教学设计上设计为“一个大项目+若干小项目”的组合。其中，大项目是真药物的获得，小项目是以丝绸之路的外来药物为对象，从培育、采收、加工到药方的使用为项目线路。

图7-3　《菁菁本草》一书于2021年9月正式出版

《中医撷菁：中医药文化的跨学科项目化学习》一书涉及多个学科，包括语文、历史、美术、生命科学、地理等学科，如第一章《身边的中医药》涉及地理、历史、生命科学等学科。自古以来，人们用来治疗疾病的药物有很多，包括植物、动物和矿物学。不同种类的药物数量也有很大差异，其中以植物里的草类最多，所以古人就用“本草”二字来代替药物。第二章《文学里的中医药》关联语文学科，其中提到中医为古典文学创作提供了丰富的素材，拓宽了文学题材的领域；且文学作品灵活多样的表现形式使得中医枯燥的理论显得更加通俗易懂。第三章《文物里的中医药》关联历史、美术等学科，提出从古到今，除了文学，人们还用绘画书法、瓷器工艺等多种形式呈现中医药文化。中医药文化可谓是渗透于人们的日常生活中。该书通过对中医药文化的讲解并串联各个学科知识，培养学生综合素养。此外，该书的体例也进行了精心的设计，设置“生活发现”模块创设情景、“学科思考”模块引出驱动性问题、“项目挑战”模块引导学生解决驱动性问题，以及“过程性评价量规”模块，主要包含实证素养、学科解释、成果表现、倾听回应等内容。

第四节　中医药文化融合教育助推学校治理

学校致力于发扬中医药等中华传统文化，加强顶层设计，秉承“情理相融”的教育理念，实现全面发展与特色成长相结合，满足社会对优质初中教育资源的需求。经过不懈努力，学校不仅在教学质量方面跻身闵行一流学校行列，而且以中医药为核心内容的传统文化办学特色日益彰显，在课堂建设、教学管理等方面大举创新，建立了独具特色的教育体系，形成成熟的实践路径，逐步成为闵行教育的一张靓丽的名片。学校致力于将中医药传统文化与学校教育的结合，从思想到实践都体现了中医药文化特色教育，构建目标明确、特色鲜明的育人模式，获得了显著成效。

一、优化校园建设，特色鲜明

基于中医药文化特色，学校教师、领导达成教育共识，形成育人合力，落实立德树人根本任务。在建校之初，学校就对校园建设高度重视，将中医药这一传统文化逐渐渗透到学校的点点滴滴之中，成为这所新创学校的“灵魂”。通过多年软硬件设施的建设，学校现已充满了中医药文化氛围，形成了独具特色的中医药校园文化，因此被评为“传统文化特色样板校”。在校园文化建设方面，学校努力将中医药文化浸润于每一位学生心中，且取得了良好育人效果，建设了具有中医药特色的校园文化。在顶层设计上，学校将办学目标定为：以中医药特色创建为主线，以弘扬中华传统文化为己任，建设一所个性化、现代化、国际化大学附中。学校通过思邈馆、本草园、中医药种植花园等的建设，打造具有中医药特色的校园文化，让中医药融入新时代师生学习生活之中。经过数年不懈建设，晶城中学逐渐成为一所环境优美、人文底蕴深厚、区位优势明显的特色学校。

学校把校园基础设施建设与中医药文化有机结合起来，形成鲜明的中医药特色环境文化。如学校主体建筑楼用中医药特色名称进行命名，如每层楼的茶水间等命名为“仲景阁”“时针泉”等；教学楼和实验楼等用中草药命名为“凌霄楼”“远志楼”“佩兰楼”“厚朴楼”等；大厅文化墙摘取《黄帝内经》篇章作为背景墙……此外，大厅冷僻字小药箱的设计旨在解决两个问题：一是解决疑难杂症；二是帮助实现人格上的知行合一。此外，学校五层楼分别用“木火土金水”五种物质的内涵，进行对应的颜色设计，用来阐释事物之间相互关系的抽象概念，五脏（肝、心、脾、肺、肾）对应五行，而“德智体美劳”全面发展教育理念正符合“木火土金水”五行规律，体现其整体性和系统性，增强了对全面人才培养模式新理论、新方法的探索。

学校充分利用各种宣传阵地，如利用黑板报、中队角、宣传栏、电子班牌等，普及与推广中医药文化，发挥舆论导向作用，形成学校特色走廊文化、膳食文化等。如在学校各楼层走廊中用中医药特色的中草药宣传画、学生本草绘制图等进行布置和美化;设计富有中医药特色的"少先队特色争章"活动;以历代名医个性特点设计中队角等。这些能让学生时刻接受传统道德文化的熏陶,不仅丰富了学生知识,还开阔了学生眼界,从根本上升华学生的心灵,提高学生的修养。

学校积极建设具有中医哲学特点的行为文化,完善规章制度,深入挖掘和探索管理育人的内涵与规律,努力探寻育人工作的新途径、新方法,落实立德树人根本任务。秉承"未病先防"的思想,加强学校教育教学工作管理策略的思考。在疫情防控期间,学校未雨绸缪,根据教育发展规律和国家政策的要求,加强信息化校园建设,依据《晶城中学信息化校园建设三年规划》的要求,积极参与由原上海市闸北第八中学校长刘京海主持的教育部科技司重点课题《智能环境下的自适应学习应用实践共同体》的子课题研究,并在 2020 年 1 月放寒假前完成了两轮对全体教师的信息化平台操作培训,教师们基本上掌握了操作平台的技能,使得在线教学期间能够从容应对,获得非常好的在线教育效果,使学校工作得到有序开展。因此在 2020 年,学校《以大数据精准反馈评价驱动在线学习共同体建设的学校实践》案例报告被评为"上海市基础教育信息化应用经典案例一等奖",是"学校在线教育教学实践案例"版块唯一获评一等奖的初中。

二、完善校园管理,内化动力

学校吸收中医药文化的优秀内涵,增强学校发展活力,师生对于学校具有很强烈的归属感,社会对于学校的满意度较高。在办学思想方面,学校实施"天人合一,情理相融"的管理文化。中医药文化提倡的"仁者爱人""和谐统一""中正仁和",无不传达着"和谐""平等""尊重""诚信"等理念。学校遵循"人与社会""人与自然"的和谐共存理念,倡导"四情四理"与"精诚",追求做人包容豁达、踏踏实实、精益求精、积极进取。学校将这些优秀的中医药文化渗透到学校的管理中,让教师能够保持积极的工作态度和正确的教学观,平等耐心、有教无类,充分发挥教师的育人智能。

办学以来,学校逐渐形成具有学校特点的办学体系与运行机制,形成学校情理文化管理体系,提出了"让学校成为我们终生留恋的地方"的办学愿景。学校常规管理规范有序,形成校长室领导下的行政服务中心、教学中心、信息中心、德育中心和后勤保障中心的主要领导组织架构,并形成以校长室领导下的级部管理机制,各中心部门推进学科组、备课组室等,推进学校教育教学工作实效。

通过中医药文化的渗透,培育一支拥有一定国学素养与良好专业修养的、视野高远的创新型教师。现学校已初步成为以弘扬与传承优秀中华文化为主要方向,具有开放包容的国际视野,人文与科技特色相结合,充满理解文化个性化、现代化、国际化的高质量大学附中。

学校建设了基于情理的信息化智慧校园管理,将学校的教育教学管理与现代化技术相结合，包括智能物联的校园卡、智能班牌等。学校在2022年继续新的探索，重视信息化建设，思考“治未病”模式下如何主动运用信息技术开展教学的新探索，创新在线教学新样态，前瞻性地布设信息化建设平台，实现了多种教学模式交替融合、无缝对接全时空的教学模式，入围全国“双减”经典案例。在建设过程中，学校特别注意教育大数据的使用不是为了数据，也不是为了技术，而是为了教育。智慧校园建设推动学校的教育教学管理科学化、智能化，为学生提供更加便捷和高效的学习体验，促进学生的全面发展。

面对疫情影响下的教学模式变化，学校积极运用“既病防变”的思想，使师生快速转变观念，适应新教学模式带来的挑战，做出诸多完善疫情防控工作机制的新举措，进行了三级网络工作架构、四级防控工作流程、十大工作组、五维工作法（包含工作架构、工作职责、工作标准、工作流程和工作台账）等诸多举措，保障了学校的正常教学秩序。学校于2020年被评为“上海市健康促进学校”。

学校坚持开展课后服务。2017年办校之初，学校便积极响应国家“办人民满意的教育”方针政策，持续优化教风学风。坚持每天课后服务，获得家长和社会的广泛好评。

同时，学校的“食育”也与中医药文化紧密结合，食堂悬挂养生及药膳知识，并每日为师生提供两款养生汤，学校组织撰写的《中医思维＋食育为学生美好生活奠基》荣获“上海市学校食育优秀案例”。药食同源是中医药中的重要理念，通过在学校的种植园地里种植各种中药，借助食育，既让学生不断探索药食同源的深刻内涵，也教育学生了解自己的身体，关注自己的健康。

三、实现文化育人，提升内涵

经过长期沉淀，学校已形成了独具特色的校园文化，浸润学生心灵，培育“情之所至，理之所达；寓情于理，以理御情”的学风。学校科学构建了情理理念引领下的德育主题课程，组织校园四大节日（传统文化节、艺体节、国际文化节、科技节），深受学生欢迎。

学校通过一系列举措，办学质量稳步提升，取得了优异的教学成绩，2021年首届中考普通高中达线率近97%，2021、2022年两届中考创造佳绩，硕果累累，位列全区学校前列，这是学校坚持素质教育和科学育人的成果。目前，学校已经成为上海市教委教研室组织的“指向核心素养培育的新教研”项目校，先后荣获“教育部中华优秀传统文化五禽戏传承基地”传承校、上海市依法治校示范校、上海市绿色学校、上海市安全文明校园、上海市公益基地校等称号，努力成为“梅陇地区家门口的好学校”。由此可见，学校发展进入了良性循环的轨道。

表 7-5　学校"中医药文化"获奖情况

年份	获奖名称	承办单位	获奖情况
2021	闵行区未成年人暑期工作,寻中医之本,立探索之魂——2021 暑期中医药主题"远志少年宫"	上海市闵行区教育局	三等奖
2021	闵行区晶城杯中医药科创比赛	上海市闵行区教育局	优秀组织奖
2021	2021 年"阅中华・悦成长"闵行区中华优秀传统文化教育	上海市闵行区教育局	优秀学校
2021	2021 年闵行区中小学第七届"君莲杯"传统文化	上海市闵行区教育局	优秀组织奖
2021	2021 闵行区梅陇镇学区中小幼学生传统操比赛(初中组)	上海市闵行区梅陇镇教委/梅陇镇学区	一等奖
2020	教育部中华优秀传统文化传承基地《五禽戏》	上海中医药大学	
2019	2019—2022 学年度闵行区体育传统项目学校	上海市闵行区教育局	
2019	2019—2020 年度闵行区文明校园荣誉称号	上海市闵行区教育局	

在国家重视、政府支持、学校办出特色的背景下,学校特色课程一体化建设从思维层面、理念层面和行为层面,真正将中医药文化渗透、植入中小学传统文化教育,系统地推动中医药文化进教材、进课堂,真正将中医药文化进校园落到实处。这对中医药优秀传统文化在青少年中的普及推广产生了重要的推动作用。学校高度重视文化引领的重要性,遵循人才成长规律和教育规律,充分整合校内外资源,从多个维度促进了中医药文化融合教育在基础教育中的应用与发展,以科研为引领,以课程为平台,显示出独特的设计理念,打造了中医药特色教育品牌,提升了办学水平。学校中医药进校园的实践收获,可以总结为使学生热爱中华传统文化、学生更加热爱文化学习、校园人际关系更加和谐、学校发展更加具有动力。通过中医药文化特色教育,学校完善教育评价体系,不断提升规范办学水平,获得一系列创新成果,有效提高整体办学水平,推动校园治理科学化、人性化,加强精神引领,努力实现"让学校成为我们终身留恋的地方"这一目标,为当代中国中小学教育提供重要的借鉴价值。

新时代、新征程,学校将落实新发展定位,贯彻新发展理念,以文化铸魂,不断巩固中医药文化特色主动服务和融入新发展格局,坚定前进信念,扎实办好人民满意的教育。

附录一

晶城中学中医药文化进校园现状调查(学生卷)

一、单选题

1. 你了解学校“天人合一,情理相融”的办学理念吗?
   A. 了解　B. 不了解
2. 你认为学校的特色文化是中医药文化吗?
   A. 是　B. 不是　C. 不确定
3. 作为晶城学子,你了解学校校徽的含义吗?
   A. 了解　B. 不了解
4. 你是否参加过与中医药有关的活动或课程?
   A. 是　B. 否
5. 你喜欢参加学校的中医药特色活动吗?
   A. 喜欢　B. 不喜欢
6. 你喜欢中医药文化吗?
   A. 喜欢　B. 不喜欢　C. 无所谓
7. 你喜欢在百草园、思邈馆等场所学习吗?
   A. 喜欢　B. 不喜欢　C. 无所谓
8. 你愿意将中医药文化知识与各学科学习结合起来吗?
   A. 愿意　B. 不愿意　C. 不确定
9. 你对中医药文化进校园的态度是?
   A. 支持　B. 不支持
10. 你认为我校中医药文化进校园的实践探索?
    A. 成功　B. 不成功　C. 不清楚
11. 你是否深入学习过中医药文化名家的故事?
    A. 学习过　B. 接触过但未深入学习　C. 未学过　D. 没听说过
12. 你认为学习中医文化有助于提升品德修养吗?
    A. 有助　B. 无助　C. 不清楚
13. 你在生活中会效仿中医名家的品行吗?

A. 经常会　B. 偶尔会　C. 不会　D. 不确定

14. 你认为学校的主题仪式教育活动开展情况如何？

A. 非常好　B. 一般　C. 不好　D. 不确定

15. 你了解学校的“少先队特色争章”实践活动吗？

A. 了解　B. 不了解　C. 不清楚

16. 你认为学校“我和校长有个约会”的活动开展情况如何？

A. 非常好　B. 一般　C. 不太好　D. 不清楚

17. 你参加过学校的“校园听证会”活动吗？

A. 参加过　B. 没有参加

18. 你觉得学校“全员导师制”实施的效果如何？

A. 非常好　B. 一般化　C. 不太好

19. 你是否参加过学校的社团活动？

A. 参加过　B. 没有参加过

20. 你觉得学校社团活动开展情况如何？

A. 非常好　B. 一般化　C. 不太好

21. 你对中医药校本课程是否满意？

A. 满意　B. 一般　C. 不满意

22. 你认为中医药文化融入学科教学有无必要？

A. 必要　B. 一般　C. 不必要

23. 你对授课教师将中医药融入学科教学是否满意？

A. 满意　B. 一般　C. 不满意

24. 在中医药融入学科教学过程中，你觉得哪个学科融入得最好？

A. 语文　B. 数学　C. 英语　D. 物理　E. 化学　F. 生物　G. 政治　H. 历史　I. 地理　J. 其他

25. 你是否参与过中医药的项目化学习？

A. 是　B. 否

26. 你若参与过中医药的项目化学习，你对学习的效果是否满意？

A. 满意　B. 一般　C. 不满意

27. 你是否参与过中医药的校外课程实践？

A. 参加过　B. 未参加 t

28. 你若参加过中医药的校外课程实践，你是否满意？

A. 满意　B. 一般　C. 不满意

29. 你觉得中医药融入教学的过程中，以下哪方面影响最大？

A. 良好习惯养成　B. 相关知识学习　C. 远大梦想培养　D. 其他，请写出

30. 你的家长是否参与过学校中医药文化课程建设？

A. 参加过　B. 未参加

31. 你每周大约多长时间参与学校中医健体活动中(如五禽戏)?

A. 0—10 分钟　B. 10—30 分钟　C. 30—60 分钟　D. 1 小时—2 小时　E. 2 小时以上

32. 你喜欢传统的课间操还是五禽戏?

A. 传统的课间操　B. 五禽戏

33. 你是否喜欢学校中医健体活动?

A. 喜欢　B. 不喜欢

34. 通过参与学校中医健体活动,你觉得自己的精气神是否有一个显著提升?

A. 显著　B. 一般　C. 不显著

35. 你是否会向家长或朋友传授你学到的中医健体知识?

A. 会　B. 不会

36. 疫情期间,你每周大约有多少时间投入中医健体活动中?

A. 0—30 分钟　B. 30—60 分钟　C. 1 小时—2 小时　D. 2 小时—3 小时　E. 3 小时及以上

37. 你认为学校是否营造了很好的中医健体氛围?

A. 是　B. 否

38. 你觉得学校的餐饮的营养均衡是否满足你的日常需求?

A. 满足　B. 不满足　C. 不确定

39. 你喜欢学校的美育课程吗?

A. 喜欢　B. 不喜欢　C. 不确定

40. 你认为学校中医药特色融入美育的程度如何?

A. 较高　B. 一般　C. 较低

41. 你对学校美育人文环境感受如何?

A. 较好　B. 一般　C. 不好

42. 你认为学校的美育资源如何?

A. 丰富　B. 一般　C. 较少

43. 你认为学校美育教育是否有助于自身的个性化学习需求?

A. 有助于　B. 一般　C. 没助于

44. 你是否支持学校举办艺术活动?

A. 支持　B. 一般　C. 不支持

45. 你觉得学校是否重视美育教育?

A. 重视　B. 一般　C. 不重视

46. 你经常参加学校的艺术活动吗?

A. 经常参加　B. 偶尔参加　C. 很少参加　D. 不参加

47. 你参加过学校的艺术类社团吗?
A. 参加过 B. 没有参加
48. 你经常在课余时间参与艺术活动吗?
A. 经常参加 B. 偶尔参加 C. 很少参加 D. 不参加
49. 你参加过与中医药文化相关的劳动实践活动吗?
A. 参加过 B. 没参加过
50. 你认为学校是否重视劳动课程和活动?
A. 重视 B. 一般 C. 不重视 D. 不清楚
51. 你了解学校中医药传统文化与劳动教育结合的做法吗?
A. 了解 B. 不了解 C. 不清楚
52. 你认为学校担任劳动教育课程的师资丰富吗?
A. 丰富 B. 不丰富 C. 不了解
53. 你认为学校开展的劳动教育相关课程丰富吗?
A. 丰富 B. 不丰富 C. 不了解
54. 你认为学校开展的劳动教育课程有特色吗?
A. 有特色 B. 没特色 C. 不了解
55. 你认为学校劳动基地的综合实践劳动开展情况如何?
A. 很好 B. 一般 C. 不好
56. 你认为学校依托二十四节气开展的劳动活动如何?
A. 很好 B. 一般 C. 不好
57. 你认为学校劳动研学活动开展情况如何?
A. 很好 B. 一般 C. 不好
58. 你认为学校每月"劳动之星"评选实施的效果如何?
A. 很好 B. 一般 C. 不好
59. 学校安排的劳动课程和实践活动是否体现中医药文化?
A. 有 B. 一般 C. 没有

二、排序题

60. 请根据你的了解,对以下课程中融入中医药教学的深浅进行排序。
A. 语文 B. 生物 C. 历史 D. 化学 E. 地理 F. 数学 G. 英语 H. 物理 I. 政治
61. 请根据喜好程度,为下列活动或课程排序。
A. 中医药文化与学科学习结合 B. 百草园、思邈馆等动手实践活动 C. 中医药相关知识讲座 D. 专门的中医药课程
62. 请你按照喜欢程度(由高到低),对下列活动进行排序。

A. 校园"四大节日" B. 主题仪式教育 C. 晶城之星:"我和校长有个约会" D. 少先队特色争章 E. 校园听证会 F. 专家讲座 G. 家长驻校 H. 家长课堂

63. 请你按照喜欢程度(由高到低)对学校中医药文化相关的劳动活动进行排序。

A. 中医药相关的劳技课 B. 中草药种植活动 C. 中医药相关的活动(如制作药膳、香囊) D. 二十四节气和传统节日相关的活动(如制作重阳糕) E. 学校安排的家庭劳动 F. 劳动研学活动 G. "劳动小能手"活动

三、多选题

64. 你希望学校开展哪些与中医药文化相关的活动?

A. 评选"小神医" B. 演名医话剧 C. 丰富中医药文化课题研究 D. 体验医护工作 E. 参观中医药博物馆或展览 F. 增加相关的志愿活动 G. 开展中医药专业生涯指导 H. 增设中医药文化社团

65. 你喜欢学校美育教育的哪个方面?

A. 美育课程 B. 艺术活动 C. 艺术社团 D. 学校人文环境

66. 你觉得参加美育教育的最大制约因素是什么?

A. 课程内容不感兴趣 B. 场地 C. 器材 D. 家长配合程度

67. 下列与中医药相关的活动哪些较有特色?

A. 中医药文化实践课程 B. 校外中医药种植基地(如种草药、植树活动) C. 中医药相关的活动(如制作药膳、香囊、中草药标本、祛痘药皂) D. 二十四节气和传统节日相关的活动(如制作重阳糕、水饺) E. 劳动研学活动 F. "劳动小能手"评选活动

四、开放题

68. 你对我校中医药文化进校园的实践探索有何意见或建议?

附录二

晶城中学中医药文化进校园现状调查(教师卷)

一、单项选择题

1. 你认同学校“天人合一,情理相融”的办学理念吗?

   A. 认同　B. 不认同

2. 你了解学校“三主体”办学思想吗?

   A. 了解　B. 不了解

3. 你认为我校中医药进校园的实践探索是否成功?

   A. 成功　B. 一般　C. 不成功

4. 你了解中医药传统文化吗?

   A. 了解　B. 一般　C. 不了解

5. 你愿意在平时教学中融入中医药文化吗?

   A. 愿意　B. 无所谓　C. 不愿意

6. 你是否支持学校的中医药文化办学特色?

   A. 支持　B. 无所谓　C. 不支持

7. 你认为中医药文化教育与五育融合结合起来是否可行?

   A. 可行　B. 不可行　C. 不清楚

8. 你平时会学习中医药文化相关知识吗?

   A. 经常学习　B. 偶尔学习　C. 很少学习　D. 没有学习

9. 你了解五育融合理念吗?

   A. 了解　B. 不了解

10. 你认为“三主体”思想对开展中医药文化教育有何影响?

    A. 积极作用　B. 无影响　C. 消极作用

11. 你认为中医药文化对学生德育有无促进?

    A. 有促进作用　B. 作用不大　C. 不清楚

12. 你认为学校在打造中医药文化校园环境做得如何?

    A. 很好　B. 一般　C. 较差　D. 不清楚

13. 你认为学校“四大节日”活动开展的效果如何?

A. 很好 B. 一般 C. 较差 D. 不清楚

14. 你认为学校的“少先队特色争章”实践效果如何?

A. 很好 B. 一般 C. 较差 D. 不了解

15. 你认为学校校园听证会开展的效果如何?

A. 很好 B. 一般 C. 较差 D. 不了解

16. 你认为学校“家长驻校制”落实的效果如何?

A. 很好 B. 一般 C. 较差 D. 不清楚

17. 你认为学校“全员导师制”实施的效果如何?

A. 很好 B. 一般 C. 较差 D. 不了解

18. 你认为学校在中医药文化与德育融合效果如何?

A. 较好 B. 一般 C. 较差 D. 不清楚

19. 学校中医药文化在促进学生德育方面效果如何?

A. 较好 B. 一般 C. 较差 D. 不清楚

20. 你认为“我和校长有个约会”活动效果如何?

A. 较好 B. 一般 C. 较差 D. 不了解

21. 目前你所教授的科目中是否融入中医药文化内容?

A. 是 B. 否

22. 你认为你在学科教学中融入中医药相关知识的效果如何?

A. 很好 B. 一般 C. 不好

23. 你认为中医药融入学科教学是否必要?

A. 有必要 B. 没必要 C. 说不清楚

24. 学校在中医药文化融入学科教学的过程中,是否提供足够的经费支撑?

A. 提供充分 B. 一般 C. 提供不充分

25. 在学校提供的教师培训中,有没有中医药文化相关知识的内容?

A. 有 B. 没有

26. 你觉得学校是否充分挖掘教师个人能力,开设多样的中医药课程?

A. 是 B. 否

27. 你在使用学校建设的中医线上资源时,是否满意?

A. 满意 B. 一般 C. 不满意 D. 不了解

28. 你每周大约多长时间参与学校中医健体活动?

A. 0—10 分钟 B. 10—30 分钟 C. 30—60 分钟 D. 1—2 小时 E. 2 小时以上

29. 你更喜欢传统课间操“舞动青春”还是五禽戏?

A. “舞动青春” B. 五禽戏

30. 你是否喜欢学校中医健体活动,如射箭?

A. 喜欢　B. 一般　C. 不喜欢

31. 用五禽戏代替传统课间操,你觉得这对学生的精气神是否有显著提高?

A. 有　B. 一般　C. 没有　D. 不清楚

32. 在学校各种中医健体比赛中,你认为学生参与是否充分?

A. 充分参与　B. 没有参与　C. 不了解

33. 目前学校举行中医健体活动中,家长是否充分参与?

A. 充分参与　B. 一般　C. 没有参与　D. 不了解

34. 你对学校美育的现状是否满意?

A. 满意　B. 一般　C. 不满意

35. 你接受过美育方面的相关培训吗:

A 有　B. 没有

36. 你认为学校现已建立完善的美育课程体系了吗?

A. 已建立　B. 未建立　C. 不清楚

37. 你认为美育课程在学校课程体系中的地位如何?

A. 较高　B. 一般　C. 较低　D. 不清楚

38. 你认为学校美育是否有助于满足学生个性化的学习需求?

A. 有利于　B. 一般　C. 不利于

39. 你对学校举办艺术活动的态度如何?

A. 支持　B. 无所谓　C. 不支持

40. 你认为学校利用社会美育资源的程度如何?

A. 较好　B. 一般　C. 较差

41. 你是否学习过中共中央、国务院印发的《关于全面加强新时代大中小学劳动教育的意见》?

A. 有　B. 没有

42. 你认为学校领导对中医药文化与劳动教育融合是否重视?

A. 非常重视　B. 一般重视　C. 不重视　C. 不清楚

43. 你认为学校实施劳动教育的教师资源如何?

A. 丰富　B. 一般　C. 匮乏

44. 你认为学校开展劳动实践活动资源是否丰富?

A. 丰富　B. 一般　C. 匮乏

45. 你认为学校在家校联动促进劳动教育的效果如何?

A. 很好　B. 一般　C. 比较差　D. 不清楚

46. 你认为学校在依托二十四节气开展劳动实践活动的效果如何?

A. 很好　B. 一般　C. 比较差　D. 不清楚

47. 你认为学校每月“劳动之星”评选的实施效果如何?

A. 很好　B. 一般　C. 比较差　D. 不清楚

48. 你认为学校中医药文化与劳动教育有机结合的情况如何？

A. 很好　B. 一般　C. 比较差　D. 不清楚

49. 当前学校以中医药文化促进劳动教育的实效性如何？

A. 很强　B. 一般　C. 较差　D. 不清楚

二、排序题

50. 请根据喜好程度，为下列活动或课程排序。

A. 中医药文化与学科学习结合　B. 中医药相关知识讲座　C. 百草园、思邈馆等动手实践活动　D. 专门的中医药课程

51. 请你对学校中医药文化相关的德育工作按照成效（由高到低）进行排序。

A. 主题仪式教育　B. 校园“四大节日”　C. 晶城之星：“我和校长有个约会”　D. 少先队特色争章　E. 校园听证会　F. 家长驻校　G. 家长课堂　H. 专家讲座

52. 请你对学校中医药文化相关的劳动教育活动按照成效（由高到低）进行排序。

A. 中医药劳技课　B. 依托基地开展综合实践劳动　C. 家校联动开展劳动活动　D. 结合二十四节气开展劳动活动　E. 结合传统节日开展劳动活动

53. 请你对以下课程教学中融入中医药情况（由高到低）进行排序。

A. 语文　B. 生物　C. 化学　D. 英语　E. 数学　F. 物理　G. 地理　H. 历史　I. 政治　J. 其他，请写出

54. 在中医药融入学科教学中，请将以下因素按照重要程度进行先后排序。

A. 整合学校资源，建设校本教材研发团队　B. 邀请中医专家，彰显中医课程文化底蕴　C. 加强学科渗透，进行基础学科创新改革　D. 线上线下共建，搭建优质中医资源平台　E. 其他，请写出

55. 针对以“医”启智的保障举措，请将以下因素按照重要程度进行先后排序。

A. 加强教师培训，保障教师能力发挥　B. 挖掘教师能力，创新多样差异课程　C. 深度挖掘项目，深入中医理论基础　D. 经费保障支持，项目鼓励保障绩效　E. 依托校外资源，打造共创融合课程

56. 在以“医”健体的实践探索中，请将以下因素按照重要程度进行先后排序。

A. 学科教学挖掘需求，常规教学融会贯通　B. 深度融合传统文化，打造健体特色活动　C. 搭建各种竞体平台，提高学生的参与度　D. 食育搭配中医养生，搭建身心健康基础

三、多项选择题

57. 你认为学校在以中医药文化促进德育方面还应做哪些探索？

A. 开发中医药文化德育课程　B. 编写中医药文化德育教材　C. 加强学生中医药文化的深度学习　D. 拓展学生学习中医药文化的渠道　E. 丰富学生中医药文化的实践活动　F. 完善中医药文化促进德育的评价方式　G. 打造中医药文化促进德育的特色做法　H. 加强中医药文化对学生日常行为的规范

58. 你认为学校在以中医药文化促进劳动教育方面还应做哪些探索?

A. 开发中医药文化的特色劳技课程　B. 编写中医药文化相关的劳技课教材　C. 完善中医药文化劳动实践活动方案　D. 打造中医药文化促进劳动教育的特色做法　E. 完善中医药文化促进劳动教育的评价方式　F. 提升中医药文化对学生劳动观念的影响　G. 加强学生日常劳动习惯的培养

59. 你认为学校美育教育可以从哪些方面加强?

A. 师资队伍建设　B. 功能教室　C. 校本教材研发　D. 课程建设

四、开放题

60. 你对我校中医药文化进校园的实践探索有何意见或建议?

参考文献

1. 卜中海. 今天怎样当老师[M]. 银川：宁夏人民教育出版社，2018.
2. 陈爱录. 践行生长教育　奠基幸福人生[M]. 石家庄：河北人民出版社，2019.
3. 陈辉. 武术文化传承与健身推广研究[M]. 长春：吉林大学出版社，2020.
4. 陈振勇，等. 少数民族体育文化促进民族关系和谐的理论与实践研究[M]. 北京：中国广播电视出版社，2016.
5. 程明太，陈怡倩. 中外艺术教育研究新趋势[M]. 上海：上海教育出版社，2019.
6. 崔文成，刘清贞，张若维. 中医儿科薪火传承辑要[M]. 济南：山东科学技术出版社，2019.
7. 戴伟芬. 杜威画传[M]. 济南：山东教育出版社，2018.
8. 黄希庭，毕重增. 心理学第 2 版[M]. 上海：上海教育出版社，2020.
9. 姜振骅. 一课一世界[M]. 桂林：广西师范大学出版社，2020.
10. 金开诚. 传统文化六讲[M]. 北京：北京出版社，2019.
11. 赖治锋，张良，曾军胜. 携手追梦[M]. 北京：九州出版社，2020.
12. 梁晓珊. 高校校园文化建设[M]. 长春：吉林人民出版社，2021.
13. 鲁威人，陈红英，赵晓琳. 体育文明 600 年[M]. 北京：首都经济贸易大学出版社，2019.
14. 邱运山. 让每位教师都有人生出彩的机会：潜能教育行思录[M]. 武汉：武汉出版社，2021.
15. 舒晓丽，李莉，吴静珊. 学生发展与学习心理[M]. 广州：华南理工大学出版社，2021.
16. 孙来斌. 中国梦之中国复兴[M]. 武汉：武汉大学出版社，2015.
17. 孙培青. 中国教育史(第四版)[M]. 上海：华东师范大学出版社，2019.
18. 吴克礼. 吴克礼集[M]. 北京：商务印书馆，2019.
19. 吴式颖，李明德. 外国教育史教程(第三版)[M]. 北京：人民教育出版社，2015.
20. 杨光富. 传奇教育家杜威[M]. 太原：山西人民出版社，2018.
21. 易健华. 传统文化与青少年文明素养研究[M]. 北京：世界图书出版公司，2018.

22. 于泽俊. 大医精诚　回族中医马牧西传[M]. 北京:华夏出版社,2018.
23. 余海波. 高校校园文化建设和少数民族学生培养[M]. 北京:民族出版社,2018.
24. 岳廷玉. 知行之道[M]. 青岛:中国海洋大学出版社,2018.
25. 张其成. 中医哲学基础[M]. 北京:中国中医药出版社,2016.
26. 中医中药中国行组委会. 走进中医:领略中医药文化的无穷魅力[M]. 北京:中国中医药出版社,2018.
27. 周宇. 家庭医学全书[M]. 北京:中医古籍出版社,2021.
28. 郭蕊."优秀传统文化进校园"的现状及促进策略研究[D]. 昆明:云南师范大学,2019.
29. 李敏. 马克思主义人的全面发展学说与素质教育[D]. 成都:电子科技大学,2004.
30. 刘琳. 五禽戏术式及功效的历史渊源[D]. 北京:北京中医药大学,2012.
31. 刘秋艳. 中学开展体育社团对体育教学的影响[D]. 天津:天津师范大学,2014.
32. 苏玉玲. 中学历史教科书中医文化内容教学研究[D]. 天水:天水师范学院,2020.
33. 魏琳璐. 初中生物学教学中融入中医药文化的实践与研究[D]. 昆明:云南师范大学,2022.
34. 杨红光."八段锦"源流及其文化内涵探析[D]. 郑州:郑州大学,2011.
35. 袁俊杰. 两周射礼研究[D]. 郑州:河南大学,2010.
36. 赵洋洋. 中小学劳动教育的实践困境与出路研究[D]. 重庆:西南大学,2019.
37. 陈理宣,刘炎欣. 劳动教育与德智体美教育的基础关联和价值彰显[J]. 中国教育学刊,2017(11).
38. 陈玉成,孙鹤娟."三主体"教育:内涵、性质与价值[J]. 教育研究,2012(10).
39. 陈志刚. 教学设计的变革与大概念、大单元教学的实施[J]. 历史教学,2021(09).
40. 崔乐泉. 中国古代体育精神及其文化特质[J]. 人民论坛,2021(22).
41. 单峰,黄璐琦,郭娟,等. 药食同源的历史和发展概况[J]. 生命科学,2015(08).
42. 方磊,严隽陶,孙克兴. 传统养生功法五禽戏研究现状与展望[J]. 中华中医药杂志,2013(03).
43. 郭敏. 中医药文化进课堂是中医复兴的重要抓手[J]. 国医论坛,2021(03).
44. 胡真,王华. 中医药文化的内涵与外延[J]. 中医杂志,2013(03).
45. 黄建波,张光霁. 论"治未病"理论体系建设[J]. 中华中医药杂志,2017(03).
46. 黄志华. 家校社协同,让教育有温度[J]. 新教师,2022(07).
47. 吉文辉. 试论中医药文化内涵的界定[J]. 南京中医药大学学报(社会科学版),2009(03).
48. 李春艳. 中学地理"大概念"下的单元教学设计[J]. 课程. 教材. 教法,2020(09).
49. 李赣,等. 大中小学一体化中医药文化教育的困境与应对策略[J]. 中医药管理杂志,2023(03).

50. 李梅,陈富祥.传统文化在中学生心理健康教育中的作用及发扬途径[J].甘肃教育,2015(24).
51. 刘勇,等."药食同源"的诠释及其现实意义[J].中国现代中药,2015(12).
52. 马凯,沈思琪.家校共育:促进青少年劳动教育合力发展[J].吉林省教育学院学报,2023(04).
53. 马松,楼招欢,刘雨诗,刘泽莹,方平鸽.新时代中医药文化传承创新策略[J].中医药管理杂志,2022(20).
54. 宁本涛,樊小伟.成融合气象,育中国少年——"全国五育融合研究论坛"综述[J].基础教育,2020(02).
55. 宁本涛,樊小伟.论"五育融合"的生成逻辑和实践路径[J].杭州师范大学学报(社会科学版),2022(05).
56. 宁本涛."五育融合"与中国基础教育生态重建[J].中国电化教育,2020(05).
57. 欧阳蓉,欧阳斌,符太胜.中小学中医药文化教育的价值意蕴、实施困境及突破路径[J].教育评论,2022(07).
58. 全婵兰.中医药文化进中学课堂的实践探索——以上海市上海中学"医学探微"课程为例[J].现代基础教育研究,2018(04).
59. 田世宏.论中医文化中的工匠精神[J].广西中医药大学学报,2018(04).
60. 王飞.新时代劳动教育课程体系的构建研究——基于《义务教育劳动课程标准(2022年版)》的分析[J].教育参考,2022(04).
61. 王洪龙,黎红梅,周艳芬.中医药传统医德精神的内涵特点及德育价值[J].文化创新比较研究,2021(33).
62. 王连照.论劳动教育的特征与实施[J].中国教育学刊,2016(07).
63. 王欣麒,程先宽.浅谈《内经》中的三因制宜思想[J].云南中医学院学报,2010(03).
64. 谢红雨,肖荷.文化教育人类学视野下民族文化传承的教育路径研究[J].民族高等教育研究,2017(01).
65. 熊益亮,等.中小学中医药文化综合实践活动课程体系建设探讨——以北京宏志中学"杏林实验班"为例[J].中国中医药现代远程教育,2018(20).
66. 徐海娇.劳动教育的价值危机及其出路探析[J].国家教育行政学院学报,2018(10).
67. 杨铭铎.关于我国饮食文化传承与发展的思考[J].商业时代,2012(09).
68. 杨耀文,杨芳.中医药文化育人策略研究[J].安徽农业大学学报(社会科学版),2022(06).
69. 杨耀文,杨芳.中医药文化育人价值及实现路径研究[J].楚雄师范学院学报,2022(05).

70. 张海华.学校美育的超越性——基于中学美育实践的困境与策略[J].集美大学学报(教育科学版),2020(02).
71. 张继,沈澍农.中国传统哲学与中医导引五禽戏发展探源[J].南京中医药大学学报(社会科学版),2011(01).
72. 张其成.论中医药文化核心价值“仁和精诚”的凝练[J].中国医学伦理学,2018(10).
73. 张其成.中医文化是中华文明伟大复兴的先行者[J].南京中医药大学学报(社会科学版),2020(02).
74. 张其成.中医药文化核心价值“仁、和、精、诚”四字的内涵[J].中医杂志,2018(22).
75. 张烯,等.食育干预对初中学生健康素养的影响[J].中国食物与营养,2021(01).
76. 张烯,等.基于传统饮食文化的“食育”教育发展[J].中国食物与营养,2020(07).
77. 张玉亮.中医药文化与思想政治教育关系研究[J].湖北开放职业学院学报,2020(07).
78. 朱建平,等.“药食同源”源流探讨[J].湖南中医药大学学报,2015(12).

索　引